D1694191

Impressum

Texte
Greta Jansen, Köln

Satz und Bildredaktion
Greta Jansen, Köln

Cover
Südgrafik, Stuttgart

Repro
PPP Pre Print Partner, Köln

1. Auflage 2016
© DuMont Reiseverlag GmbH & Co. KG
Marco-Polo-Straße 1
73760 Ostfildern
www.dumontreise.de

Alle Rechte vorbehalten. Alle Angaben ohne Gewähr. Für Hinweise und Anregungen sind wir jederzeit dankbar (info@dumontreise.de).

Printed in Spain
ISBN 978-3-7701-8889-5

FSC MIX Papier aus verantwortungsvollen Quellen FSC® C105485

Vorsatz: Badespaß im ehemaligen Werksschwimmbad der Zeche Zollverein

S. 6/7: In den Carlsgärten in Köln-Mülheim

Bildnachweis

Bad Wünnenberg Touristik GmbH: S. 8 u. l., 16 u.
DuMont Bildarchiv/Bäck: S. 32 u., 156 u., 200 3. R. l., 204 o. r.; Berg: S. 80 u. l., 86 o.; Fischer: S. 242; Kiedrowski: S. 8 u. M., 10 u., 14 u., 178 u., 186 o., 188 u.; Lueger: U1 o. l., S: 5 o. r., 84 u.; Selbach: S. 174 o.
Glow Images/Creativ Studio Heinemann: S. 44 u.; Kuttig: S. 114 u.
Huber-Images/Klaes: S. 94, 152 u. r., 154, 244 o.; Lukasseck: S. 160 u.; Ritterbach: S. 14 o.
iStockphoto/Bieberstein: S. 194; Busch: S. 80 o. l., 84 M.; Gerlach: S. 4 u., 58 o. r., 64/65, 65 r.; Hoffmann: S. 64 l.; joel-t: S. 156 o. r.; Luhrenberg: S. 80 3. R., 96 M., 96 u., 217, 226 3. R. l., 248 u.; Mathes: S. 84 o. r.; Saupe: S. 102 u. li., 106 o.; Jansen: U4 u., S. 84 o. l., 152 u., 156 M.; Witi: S. 156 o. l.
Greta Jansen: S. 4 o. r., 5 u., 8 2. R. r., 8 3. R. r., 18 o. l., 24, 26 o., 26 u., 27, 30 o. l., 42, 71, 102 o., 102 3. R. l., 104 o., 105, 108 o., 108 M., 120/121, 130 u., 142, 158 o., 172 M., 196 o., 199, 200 o., 200 3. R. r., 206 u. r., 207, 214, 222 o., 223
laif/Bermes: S. 18 u.; Bungert: S. 68 M.; 248 o.; Burg + Schuh/Palladium: S. 224/225; Bussenius: S. 226 3. R. r., 238 o.; Chebil: S. 209 u.; Eisermann: S. 76 u. r.; Ernsting: S. 113 o., 246 o.; Gotthardt: S. 222 M.; Granser: S. 54; Hohenberg: S. 200 2. R. l., 222 u.; Hub: S. 113 u.; Huber: S. 30 3. R. r., 48 o. r.; Jung: S. 58 o. l., 76 o. l.; Kirchner: S. 8 o. l., 28 o., 28 u.; Klein: S. 57, 57 u.; Knoll: S. 246 u.; Kost: S. 107; Linke: S. 6/7; Moritz: S. 40/41, 112; Perkovic: S. 58 3. R. l., 78; Rabsch: S. 70 o., 70 u.; Schmidt: U4 o. r., S. 0, 96 o.; Schneider: S. 80 2. R. l., 92 u.; Specht: S. 18 M.; Steinhilber: S. 184 M.; Tjaden: S. 106 u.; Trippe: S. 4 o. l., 66 M.; Zanettini: S. 62 o., 62 u.
Klaus-Peter Kappest: S. 60 o. l.
Mauritius Images/age/Krutz: S. 152 3. R. l., 165; Alamy: U1 u. r, U4 u. r., S. 22 o., 22 u., 30 3. R. l., 34 u., 36, 46, 50/51, 51 r., 68 o. l., 82 o., 126 o., 126 u., 167, 176 3. R. l., 187, 204 o. l., 204 M., 206 o., 206 u. l., 209 o., 210, 218 u., 220, 228; euroluftbild.de/Blossey: S. 226 o. l., 242 o.; imagebroker/Blossey: S. 162, 216 o.; imagebroker/Boensch: S. 16 o., 20 o., 102 2. R. l., 117; imagebroker/Dietrich: S. 166 l.; imagebroker/fotosol: S. 38 u.; imagebroker/Friedrich: S. 20 u.; imagebroker/KFS: S. 68 u.; imagebroker/Kuttig: S. 114 o.; imagebroker/Möbus: S. 166/167; imagebroker/Rein: 50 l.; imagebroker/Robbin: S. 82 o., 188 o.; imagebroker/Schickert: S. 204 u.; imagebroker/Schmitz: S. 152 2. R., 160 o.; imagebroker/Schöfmann: S. 30 o. r., 34 o., 44 o. l., 44 o. r., 190 o., 190 u., 191, 218 o., 250 o. l.; imagebroker/Sommariva: S. 164; imagebroker/Tack: S. 88 u.; imagebroker/Wirth: S. 76 o. l., 216 M.; imagebroker/Ziese: S. 80 u. r., 100, 108 u., 122; Lukasseck: S. 226 o. r., 232 u.; Mehlig: S. 98; Otto: S. 8 o. r., 12, 186 u.; Seba: U1 u., S. 200 u., 216 u., 232 o.
Neptunbad GmbH & Co. KG, Köln: 58 3. R. r., 60 o. r.
picture-alliance/akg-images: S. 130 o. l., 146 o., 146 u.; AP Images: S. 180 u.; Arco Images GmbH/Schneider: S. 92 M.; Baumgarten: S. 128; bildagentur-online/Falkenstein: S. 60 u., 192 u.; Bildarchiv Monheim/Monheim S. 80 o. r., 90, 202 o., 226 M., 230/231; Blickwinkel/Royer: U1 M. l, S. 5 o. l., 104 u.; Blickwinkel/Schuetz: S. 152 3. R. r., 170/171; Blickwinkel/Wolke: S. 192 u.; Blickwinkel/Ziese: S. 58 2. R. M., 58 u., 72 o. l., 72 o. r., 72 M., 72, 73, 74, 102 3. R. r., 110, 168 o., 184 u.; Böttcher/Tiensch: S. 244 u.; Chromorange/Willig: S. 176 3. R. r., 184 o. r., 238 u.; Chromorange/Wirth: S. 30 u. l., 32 o.; dpa/Becker: S. 125 u., dpa/Berg: S. 132 o., 176 m., 188 m., 234 u.; dpa/Bonn-Meuser: S. 66 o.; dpa/Carstensen: S. 130 o. r., 140, 140 M.; dpa/Gamberini: S. 116 o.; dpa/Gentsch: S. 136, 198; dpa/Gerten: S. 116, 209 M.; dpa/Hartmann: S. 209 M.; dpa/Hitij: S. 240/241; dpa/Kaiser: S. 152 o. l., 174 u.; dpa/Konopka: S. 125 o., 125 M.; dpa/Scheidemann: S. 196 u.; dpa/Seidel: S. 66 u.; dpa/Sinaitis: S. 140 u.; dpa/Thissen: S. 130 3. R. r., 138 o., 138 u. l., 138 u. r.; dpa/Weihrauch: S. 80 2. R. r., 88 o.; dpa/Weihs: S. 126 M.; Dünzl: S. 68 o. r.; Ecomedia/Fishman: S. 48 o. l.; Eibner-Pressefoto: S. 91; Endermann: S. 144 u.; Glisler-Fotopress/Hardt: U4 l., S. 130 3. R. l., 132 u.; Goldmann: S. 10 o. l, 10 o. r., 18 o. r., 130 2. R. r., 134 M., 134 u., 148 o., 148 u.; Hackenberg: S. 226 u., 236; Joker/Allgöwer: S. 92 o.; Joker/Khandani: S. 193; KNA/Rebmann: S. 234 o.; Knoff: S. 144 o.; Knoll: S. 200 2. R. r., 212 o., 212 u., 247 u.; Lamm: U1 o. r., S. 168 u.; Morell/Lage: S. 48 u.; Ossinger: S. 38 o., 158 u., 172 o., 172 u. 202 u., 250 o. r., 250 M., 250 u.; Rech: S. 178 M.; Steiner: S. 176 u., 183 o.; Vennebernd: 184 o. l.; Volkmann: S. 118; ZB/euroluftbild/Blossey: S. 134 o., 150, 176 o. l., 178 o., 183 u.; ZB/euroluftbild/Grahn: S. 52/53
Schapowalow/Schmid: S. 30 2. R., 44 M.

S. 38 u.: »Pavillon, Museumsinsel Hombroich«, Erwin Heerich, © VG Bild-Kunst, Bonn, 2015

S. 202 o.: »Haus Lange (Ansicht)«, Ludwig Mies van der Rohe, © VG BIld-Kunst, Bonn, 2015

S. 202 u.: »Haus Esters (Ansicht)«, Ludwig Mies van der Rohe, © VG BIld-Kunst, Bonn, 2015

Rathaus Bensberg 208
Rathaus Lemgo 211
Rathaus Paderborn 211
Ratingen 95
Raumland 27
Red Dot Design Museum 37, 85
Rees-Haldern 145
Reformation 199
Reggae 135, 141
Reich, Lilly 203
Rellecke, Horst 73
Remscheid 19
Rheda-Wiedenbrück 29
Rhein 233
Rhein-Herne-Kanal 99
Rheinauhafen 65
Rheine 29
Rheinisches Braunkohlerevier 107
Rheinland 79, 107, 129, 161, 205
Rheinromantik 193
Rieppel, Anton von 91
Rock 137
Rock im Revier 137
Roetgen 61
Rothaargebirge 21
Rothaarsteig 9, 21, 165
Ruhr 99, 247
Ruhrgebiet 37, 47, 64, 73, 77, 79, 83, 85, 87, 89, 93, 97, 99, 109, 123, 137, 141, 151, 185, 207, 239, 247
Ruhrmetropole 247
RuhrMuseum 85
Ruhrquelle 21
Rur 15

Salz 49
Sammy Maedge 56
Sandstein 119, 157
Sauerland 21, 27, 111, 115
Sauna 61
Schacht XII 85
Schermbeck 17
Schieferschaubergwerk Raumland 27
Schiffshebewerk Henrichenburg 99
Schlade 105
Schladern 25
Schleiden 179
Schloss Anholt 215

Schloss Augustusburg 205
Schloss Brake 211
Schloss Dyck 159
Schloss Hülsdorf 215
Schloss Neuhaus, Paderborn 211
Schmallenberg 21
Schmidt Helmut 182
Schmidt, Loki 182
Schumannfest Düsseldorf 147
Schupp, Fritz 37, 85
Senf 71
Senfmühle Monschau 71
Senne 29, 166
Siebengebirge 193
Siegerland 75
Siegerland-Wittgenstein 165
Siegfall 25
Singer-Songwriter 133, 145
Sintervorhänge 111
Sir Norman Foster 37, 64
Solingen 91
Sophienhöhe 107
St. Engelbert, Köln 206
St. Georg Schanze 21
St. Stephanus und St. Vitus 33
Stalagmiten 111
Stalaktiten 111
Steinbruch Alte Dombach 105
Styrumer Schloss 83
Summerjam Festival 135
Symphonie der Hengste 241

Tagebau Garzweiler 107
Tagebau Hambach 107
Tagebau Inden 107
Täuferreich 199
Telgte 29, 43
Teutoburger Wald 13, 29, 157, 166, 195
Textilfabrik Cromford 95
The Palace of Projects 85
Thermen 61
Thyssen, August 83

Urdenbacher Kämpe 173
Urft 179
Urfttalsperre 179

Vainstream Rockfest 149

Verkarstung 111
VerSeidAG 203
Via Agrippa 189
Via Belgica 189
Villa Hammerschmidt 182
Villa Hügel 185
Vogelsang ip 179

Wahner Heide 161
Waldskulpturenweg 21
Walpertsdorf 75
Waltrop 99
Warendorf 29, 241
Wasserburgen 215
Wasserquintett 19
Wasserstraßenkreuz Minden 213
Wasserwandern 15
Waterframe 95
Weinsheimer, Hans 55
Weltmusik 139
Weserrenaissance 211
Westfalenpark 141
Wewelsburg, Büren 211
Weyhe, Maximilian Friedrich 39
Wiembecketeich 157
Wildpferdebahn 175
Windecker Ländchen 25
Winterberg 21
Wipper 19
Wisent 165
WisentWelt Wittgenstein 165
Wittgensteiner Land 165
Wittgensteiner Schieferpfad 27
Wunderland Kalkar 67
Wupper 91
Wuppertal 101
Wuppertaler Schwebebahn 101
Wuppertalsperre 19

Xanten 45, 163

Zeche Nachtigall, Witten 109
Zeche Zollverein 37, 85, 97
Zeltfestival Ruhr 151
Zentralmoschee, Köln-Ehrenfeld 208
Zerkall 15
Zollfeste Zons 249
Zülpich 189

Herzfeld, Anatol 39, 40
Hexenbürgermeisterhaus, Lemgo 211, 245
HipHop 139, 141
Hochsauerland 155
Höfen, Eifel 11
Höhlen 111
Höhlenmuseum Iserlohn 111
Holl, Kurt 56
Hollein, Hans 35
Holzkohle 75
Horn-Bad Meinberg 157
Höxter 33
Hückeswagen 19
Hürth 189

Indie 133, 141, 145
Indie-Pop 143
Industrienatur 97
Insel Hombroich 39, 40
Internationale Bauausstellung Emscher Park 93
Iserlohn 111

Japanische Gemeinde Düsseldorf 69
Japantag 69
Jazz 139
Jüchen 159
Juicy Beats Festival 141

Kaiser Wilhelm II. 99, 101
Kaiserpfalzen 187
Kaiserswerth 187
Kalkar 67
Kall-Urft 191
Kanzlerbungalow 182
Kapoor, Anish 51
Karl der Große 33, 187
Katzensteine 119
Kemnader Stausee 151
Kerspetalsperre 19
Kettwig 247
Kevelaer 43
Kiesinger, Kurt Georg 182
Kirkeby-Feld, Hombroich 39
Kirkeby, Per 39
Kloster Corvey 33
Kohl, Helmut 182
Kohlenmeiler Walpertsdorf 75
Köhlerei 75
Köhlerpfad 75
Köln 55, 61, 64, 65, 69, 79, 133, 135, 189, 207, 229
Kölner Dom 229
Kölner Rennbahn 79
Kölsch 77

Königswinter 193
Konzerthaus Dortmund 239
Kopfweide 233
Kranhäuser 65
Krefeld 79, 203
Krefelder Rennbahn 79
Kremmer, Martin 37, 85
Kreuzberg, Bonn 205
Krummauel 25
Krupp von Bohlen und Halbach, Alfried 185
Krupp, Alfred 185
Krupp, Arndt 185
Krupp, Bertha 185
Kühhude 21
Kumpel 85, 87
Kurfürst Karl Theodor 95

Landbier 77
Landgestüt 29
Landschaftspark Duisburg-Nord 93
Lange, Hermann 203
Langen, Eugen 101
Langer Eugen, Bonn 182
Lehmbruck-Museum 47
Lehmbruck, Manfred 47
Lehmbruck, Wilhelm 47
Lemgo 21, 245
Lennequelle 21
Leverkusen 69
Linster, Alfons 65
Lischka, Kurt 56
Lübbecke 169
Lüdenscheid 61
LWL-Museum für Archäologie 123

Mangakissa 69
Madonna in den Trümmern, Köln 208
Mariendom, Velbert-Neviges 208
Marienheide 19
MARTa Herford 50
Maximilianpark Hamm 73
Mechernich 119
MedienHafen 65
Mediterana 61
Merfelder Bruch 175
Metal 149
Mettmann 117
Mies van der Rohe, Ludwig 203
Minden 211, 213
Mineralogisches Museum 129
Moers 139
Moers Festival 139
Mönchengladbach 35
Monschau 71
Moorhus Besucherzentrum 169
Mülheim an der Ruhr 83

Müller, Karl-Heinrich 39
Müngstener Brücke 91
Münster 13, 149, 199
Münster-Handorf 241
Münsterland 13, 29, 43, 149, 175, 199, 215, 241
Museum Abteiberg 35
Museum für Ostasiatische Kunst 69
Museum Insel Hombroich 39

Naturforum Bislicher Insel 163
Neandertaler 117
Neanderthal Museum 117
Neptunbad, Köln 61
Netphen 75
Nettersheim 189
Neumann, Balthasar 205
Neuss 39, 79
Neyetalsperre 19
Nideggen 119
Niederkassel 69
Niederrhein 17, 35, 39, 43, 45, 67, 79, 139, 145, 159, 163, 173, 203, 207, 233, 249
Nolden, Carl 47
Nordkirchen 215
Landgestüt 241

Oberhausen 89
Open Source Festival 143
Ordensburg Vogelsang 179
Orgel 237
Orgelbau Klais 237
Osnabrück 13, 43
Osthaus, Karl Ernst 47
Ostwestfalen 50
Ostwestfalen-Lippe 29, 33, 49, 127, 157, 166, 169, 187, 211, 213, 243, 245
Oudolf, Piet 73
Outletdorf Münstereifel 63

Paderborn 166, 187, 211, 243
Paffrather Kalkmulde 105
Papiermuseum 105
Perlenbach 11
Pferderennen 79
Philharmonie für Westfalen 239
Pils 77
Plästerlegge 155
Pop 133, 145
Poppelsdorfer Schloss 129
Portal der Industriekultur 85
Publius Quinctilius Varus 195
Punk 149

Raketenstation Hombroich 39
Rap 133, 141

Register

Aachen 187, 235
Aachener Printen 235
Abgeordnetenhaus, Bonn 182
Adenauer, Konrad 181, 182
Adlerwarte Berlebeck 157
Altbier 77
Altwindeck 25
Am Hawerkamp 149
Ameisen-Barfußpfad 17
Aquarius Wassermuseum 83
Archäologischer Park,
 Xanten 45
Arena, Köln-Deutz 208
Arminius 195
Arp, Hans 39
Attahöhle 111, 112
Attendorn 111
Ausweichsitz NRW 191

Bad Berleburg 21, 27, 165
Bad Honnef 193
Bad Münstereifel 63
Bad Salzuflen 49, 211
Bahntrassenradeln 18
Baumwollspinnerei 95
Bergisch Born 19
Bergisch Gladbach 61, 105
Bergisches Land 19, 91, 95, 101, 105
Bethanien Kinder- und Jugenddorf,
 Bergisch-Gladbach 208
Beuys, Joseph 35
Bevertalsperre 19
Bielefeld 166
Bierroute 77
Binnenschifffahrt 99
Bislicher Insel 163
Blaikie, Thomas 159
Bochum 87
Böhm, Dominikus 207
Böhm, Gottfried 208
Böhm, Paul 208
Böhm, Peter 208
Böhm, Stephan 208
Bonn 129, 181, 197, 205, 237
Bottrop 97
Brandt, Willy 182
Brauereimuseum 77
Bree 29
Brucher Talsperre 19
Bruchhausen 21
Bruchhauser Steine 21
Brügelmann, Johann Gottfried 95
Brühl 205
Brühler Schlosskonzerte 205

Bundeshaus, Bonn 182
Bundeskanzleramt, Bonn 182
Buntsandstein 119
Büren 211
Burg Nideggen 119
Bürgermeisterhäuser,
 Bad Salzuflen 211

c/o Pop Convention 133
CASINO Zollverein 85
Chic Belgique 133
Cladders, Johannes 35
Claudius Therme 61
Colonia Ulpia Traiana 45
Corvey, Kloster 33
Cothmann, Hermann 245
Craft Beer 77
Cromford 95

Dahlem 189
Dancehall 135
Dechenhöhle 111, 112
Detmold 195, 211
Deutsch-Japanisches Center 69
Deutsches Bergbaumuseum 87
Domdächer, Köln 229
Dormagen 249
Dortmund 77, 79, 99, 141, 239
Dortmund-Ems-Kanal 29, 99
Dortmunder Rennbahn 79
Drachenfels 193
Dreiborn 23
Dreiborner Hochfläche 9, 23
Dresser, Christopher 51
Drum&Bass 141
Duisburg 47, 64, 93
Duisburger Innenhafen 64
Dülmen 175
Dülmener Wildpferde 175
Düsseldorf 64, 65, 69, 79, 143, 147,
 173, 187, 233
Düsseldorfer Galopprennbahn 79, 143
Düsseldorfer Tonhalle 147

Eggegebirges 166
Eiermann, Egon 182
Eifel 11, 15, 23, 63, 71, 179, 187,
 191, 235
Einruhr 23
Eisenbahnbrücke bei Solingen 91
EKO-Haus 69
EL-DE-Haus 55, 56
Electro 139, 141, 143
Ems 29
Emscher Landschaftsparks 93
Emsdetten 29
Emsland 29

Emsquellen 29, 167
Emsradweg 29
Erftstadt 189
Erhard, Ludwig 182
Essen 37, 85, 185
Essen-Kettwig 247
Esters, Josef 203
Externsteine 157

Felsenmeer Hemer 115
Festivalhalle Moers 139
Folk-Pop 145
Frank Gehry 50, 65
Free-Jazz 139
Freilichtmuseum Oerlinghausen 127
Friedensroute 13
Fühlinger See 135
Residenzschloss, Detmold 211

Gradierwerk 49
Garzweiler II 107
Gasometer Oberhausen 89
Geldern 43
Gelsenkirchen 137
GelsenTrabPark 137
Geologischer Garten Bochum 109
Gerhard von Rile 229
Germanien 195
Greven 29
Großes Torfmoor 169
Grubengelände Hörre 27

Häfen 64
Halde Tetraeder 97
Halden 97
Haldern Pop Festival 145
Hambacher Forst 107
Hamm 73
Hardcore 149
Hauptstadt Bonn 181
Haus der Geschichte 197
Haus Esters, Krefeld 203
Haus Hagemeyer, Minden 211
Haus Heusgen, Heusgen 203
Haus Hill, Minden 211
Haus Lange, Krefeld 203
Haus Müngsten 91
Havixbeck 215
Heerich, Erwin 39
Heilige Stiege, Bonn 205
Heimbach 15
Hemer 115
Hengstfang 175
Hengstschauen 241
Herford 50
Hermann, der Cherusker 195
Herne 123

100 ZOLLFESTE ZONS
Symbiose aus Wehrhaftigkeit und Idylle

Wer sich ein authentisches Bild einer mittelalterlichen Befestigungsanlage samt Stadtmauern, Gräben, Türmen und Toren machen möchte, kann hierfür kaum ein besseres Ziel finden als die niederrheinische Stadt Zons, in der sich Wehrhaftigkeit mit dem Charme jahrhundertealter Ortschaften verbindet.

Wer heute den historischen Kern von Zons betritt, tut dies über das Feldtor im Westen oder das Rheintor im Norden. Letzteres erweist sich als ein beeindruckendes Ensemble, bestehend aus dem knapp 27 Meter hohen Rheinturm, in dem einst die Zollgelder verwahrt wurden, und dem sich nach vorne anschließenden Rheintor samt Kapelle sowie dem Zollhaus. Folgt man nun der Straße – entlang von Wohnhäusern, die bis zurück ins 17. Jahrhundert datieren –, gelangt man zu dem 12.000 Quadratmeter großen Areal der Burg Friedestrom, das räumlich klar von der übrigen Stadt separiert ist, wobei der Juddeturm die Grenze zwischen Burgareal und Stadtkern markiert. Dieser vermutlich nach einer Patrizierfamilie namens Judde benannte Turm zählt zu einem der architektonischen Highlights von Zons, besitzt er doch mit seinen bis zu 2,10 m dicken Außenmauern eine beeindruckende Wehrhaftigkeit, die angesichts der hoch aufragenden, aber keineswegs trutzigen Erscheinung des Turms jedoch nicht offensichtlich zutage tritt. Nur wenige Hundert Meter trennen diesen Turm von der Zonser Windmühle, die vermutlich bereits Ende des 14. Jahrhunderts ihren Dienst tat – und das bis 1909. Kein Besucher lässt sich den Anblick dieses technischen Denkmals entgehen, das durch seine Einbindung in eine mittelalterliche Befestigungsanlage ungemein an Reiz gewinnt.

DIE STADTENTWICKLUNG ZONS ist untrennbar mit dem Namen Friedrich von Saarwerden verbunden, der im langen Zeitraum zwischen 1370 und 1414 das Amt des Kölner Erzbischofs innehatte. Er trat ein schwieriges Erbe an: In den Jahrzehnten zuvor war die Vormachtstellung der Kölner Erzbischöfe am Mittel- und Niederrhein nicht nur kritisiert, sondern offen bekämpft worden. 1288 unterlag Erzbischof Siegfried von Westerburg in der Schlacht von Worringen dem Grafen von Berg, der die Schleifung der erzbischöflichen Burgen von Worringen, Neuenberg und Zons veranlasste. Mehr als 80 Jahre später nahm Friedrich von Saarwerden den Erzstuhl mit dem Vorsatz an, die landesherrliche Vormachtstellung des Kölner Erzbistums wiederherzustellen. Zons spielte bei der Umsetzung dieser Bestrebungen eine entscheidende Rolle.

MIT DER ENTSCHEIDUNG, Zons zur neuen Zollstätte am Niederrhein zu machen, ging nicht nur die Erhebung zur Stadt im Dezember 1373 einher, sondern auch der Ausbau zu einer wehrhaften Festung, der mit der Fertigstellung des mächtigen Rheinturms im Jahre 1388 seinen wesentlichen Abschluss fand. Dass die Befestigungsanlage von Zons heute als ein aufeinander abgestimmtes architektonisches Konzept aus einem Guss wahrgenommen wird, ist nicht zuletzt dieser kurzen Bauzeit zu verdanken – und der Tatsache, dass Brände, Hochwasser oder Bombardierungen nie die völlige Zerstörung der mittelalterlichen Stadt mit sich brachten.

IN KÜRZE

LAGE
Zons, Dormagen; Niederrhein

INFO
Die Windmühle von Zons kann nur in der Saison zwischen April und Ende Oktober besichtigt werden. Infos: www.hvv-zons.de
Öffnungszeiten des Kreismuseums Zons inmitten des Burgareals: Di–Fr 14–18 Uhr, Sa+So 11–18 Uhr

LINKS Niemand kann mit Bestimmtheit sagen, wann die Zonser Windmühle errichtet wurde, deren Flügel nach fast 50-jährigem Stillstand heute wieder zu bewegen sind.

RECHTS Der grazil anmutende und dennoch wehrhafte Juddeturm und die hinter ihm liegende Pfarrkirche St. Martinus bilden ein perfektes Ensemble.

OBEN Das Denkmal vor dem Rheintor zeigt Friedrich von Saarwerden, Erzbischof von Köln, der Zons im Jahre 1373 zur Stadt erhob.

UNTEN Einst war der Juddeturm mit seinen bis zu 2,10 Meter dicken Mauern und den kleinen Fensteröffnungen ein dunkles Verlies, in dem Gefangene ihre Strafe absitzen mussten.

99 ESSEN-KETTWIG
Auf dem Land und doch in der Stadt

Bis heute haben sich die Kettwiger Bürger nicht damit abgefunden, ein Teil der Stadt Essen zu sein. Und tatsächlich wirkt dieser reizende Ort – direkt an der hier aufgestauten Ruhr in einem Flussbogen gelegen – nicht wie der Teil einer Großstadt. Streift man durch seine Straßen, hat man noch immer das Gefühl, in einer selbstständigen Kleinstadt zu sein. In Wahrheit aber wird Kettwig mehr und mehr zum noblen Villenvorort der Ruhrmetropole.

Irgendwie kann man hier alle Seiten verstehen, man begreift, warum es die Essener nach Kettwig zieht und warum die Kettwiger unter sich bleiben wollen: Denn Kettwig ist außerordentlich hübsch. Hier scheint die Welt noch in Ordnung zu sein; wer hier lebt, sieht keinen Grund, jemals wieder wegzuziehen.

DAS HÄNGT AUCH STARK MIT DER LAGE DES STÄDTCHENS zusammen: Einerseits hat man wirklich das Gefühl, auf dem Land zu sein. Vom dicht besiedelten Ruhrpott ist hier wenig zu spüren. Andererseits aber ist die Stadt, nein, sind die Städte sehr nah. Das Stadtzentrum von Essen liegt 14 Kilometer entfernt, das von Mülheim an der Ruhr sogar nur acht Kilometer und Düsseldorf ist auch in 40 Minuten zu erreichen. Es mangelt also nie an Großstadtflair, wenn man es denn gerade braucht. In der anderen Zeit aber genügt die Kleinstadt in ihrer traumhaften Lage an der Ruhr vollauf.

DIE FLIESST BEI KETTWIG IN EINER WEITEN FLUSSSCHLINGE Richtung Mülheim, Duisburg und Rhein, während sich der Ort am orografisch rechten Ufer genau in diese Flussschlinge einschmiegt. Bereits seit dem 13. Jahrhundert sind hier eine Brücke über den Fluss sowie eine bäuerliche Siedlung belegt. Aus dieser Zeit stammt noch die Ruine Kattenburg, der Rest eines Wohnturms, der zum Rittergut Luttelnau gehörte und im 13. Jahrhundert auf der damals dort liegenden Ruhrinsel errichtet wurde. Es gibt aber auch einige sehr schöne Fachwerkhäuser aus dem 17. Jahrhundert, etwa in der Ruhr- und in der Kaiserstraße, sowie Gebäude aus dem 18. und 19. Jahrhundert in Kettwig. Besonders hübsch ist die Kirche am Markt anzusehen, ein aus Ruhrsandstein im 13. Jahrhundert errichteter katholischer Kirchenbau, der im 16. Jahrhundert protestantisch wurde. Aber auch das industrielle Zeitalter ist in Kettwig mit Gebäuden vertreten. Die Stadt hatte Glück, im Zweiten Weltkrieg keine kriegswichtige Industrie zu haben – sie blieb dadurch von den Bombardements der Alliierten weitgehend verschont. Viele der alten Industriebauten werden heute in schicke Wohnungen umgewandelt, die vor allem auch die Großstädter anziehen.

UMGEBEN IST KETTWIG VON EINER KLEINTEILIGEN FLUR, die im Nordosten in das Naturschutzgebiet Rohmbachtal und Rossenbecktal übergeht. Zwei naturnahe Bäche mit einer üppigen Flora und Fauna fließen hier. Noch schöner aber wird es jenseits der Ruhr, rund um den Ortsteil Kettwig vor der Brücke. Der Ruhrtalhang bildet eine markante Geländeformation mit dichten Wäldern, die sich bis Ratingen ausbreiten.

IN KÜRZE

LAGE
Ruhrgebiet;
Essen-Kettwig

RECHTS Am Mühlengraben beginnt der Aufstieg zur Altstadt. Cafés und Geschäfte haben sich in den Gebäuden niedergelassen, in denen Färber und Tuchmacher des mittelalterlichen Kettwig ihre Werkstätten hatten.

LINKS Rund um Tuchmacherplatz, Ruhrstraße, Kirchtreppe und Kirche am Markt ist Kettwig am schönsten. Eine mittelalterliche Kulisse inmitten des industriellen Ruhrpotts.

98 DER HEXENBÜRGERMEISTER VON LEMGO
Vom Teufel geritten

Er besaß das schönste Haus am Platz, der Hexenbürgermeister von Lemgo, Hermann Cothmann. Und er konnte es sich leisten: Gier, Machtstreben, Gewinnsucht und das Verlangen, politische Gegner auszuschalten und mundtot zu machen, waren die Motivation, die Lemgoer Bürger als Hexen zu verfolgen. Vielleicht trieb ihn aber auch ein wenig die Rache an. In seiner Amtszeit wurde mindestens 100 »Hexen und Hexern« der Prozess gemacht. Von einer einzigen Angeklagten abgesehen endeten sie alle auf dem Scheiterhaufen.

Lange bevor Hermann Cothmann geboren wurde, ließ ein reicher Lemgoer Kaufmann sich in den Jahren von 1568 bis 1571 ein stattliches Haus in der Breite Straße errichten. Als ihm das Glück nicht mehr lachte, verkaufte er den imposanten Bau, der der Weserrenaissance zugeordnet werden kann (siehe Tour 84), an Dietrich Cothmann, Hermanns Vater, der ebenfalls einer der angesehensten Familien der Stadt entstammte. So wurde es zu Hermann Cothmanns Elternhaus. Der war nicht in Lemgo, sondern studierte an den Universitäten Rostock und Jena Jura, als man seine Mutter Catharina in Lemgo der Hexerei beschuldigte. Sie wurde verurteilt und um ihr die Qualen der Verbrennung zu ersparen, zahlte Dietrich die »Begnadigungsgebühr« durch die Abtretung von Ländereien. So wurde Catharina 1654 enthauptet, bevor man sie auf dem Scheiterhaufen verbrannte.

ES IST NICHT GESICHERT, inwiefern der gewaltsame Tod seiner Mutter Hermann Cothmann in seinem weiteren Leben beeinflusste. Gesichert ist aber sehr wohl, dass er zeitlebens nicht an Hexerei glaubte. Als er 1661 nach Lemgo zurückkehrte, war sein Vater gestorben, Hermann konnte gerade noch verhindern, dass sein Elternhaus zwangsversteigert wurde. Er eröffnete eine Kanzlei und bemühte sich fortan, in Kontakt zum Bürgermeister Heinrich Kerkmann zu kommen, eben jenem Bürgermeister, der seiner Mutter den Prozess gemacht hatte und der als Hexenjäger bekannt war.

SCHON BALD ÜBERNAHM Cothmann den Posten des Peinlichen Gerichts, wurde also der Direktor über die Folterkammer der Stadt Lemgo. Als ein Jahr später, 1667, Heinrich Kerkmann starb, wurde Cothmann zum Bürgermeister ernannt und begann sein grausames Werk, dem mindestens 100 Personen zum Opfer fielen. In seiner Amtszeit wurden deutlich mehr Männer der Hexerei beschuldigt als in den vorherigen Jahrzehnten. Männer, die Cothmanns Streben nach Macht im Wege standen, die gegen seine Amtsführung aufbegehrten, wurden als Hexer und Zauberer angeklagt. Inwieweit unter den angeklagten »Hexen und Hexern« auch Männer und Frauen waren, die am Tod seiner Muter mitschuldig waren, ist nicht bekannt.

DURCH SEINE AMTSFÜHRUNG war Cothmann zu Reichtum gelangt; sein Wohnhaus, das nach seinem Tod 1683 bald den Namen Hexenbürgermeisterhaus erhielt, ließ er stattlich ausbauen. Insgesamt wurden in Lemgo zwischen 1509 und 1681 mindestens 250 Personen wegen Hexerei verurteilt und hingerichtet.

IN KÜRZE

LAGE
Ostwestfalen-Lippe;
Lemgo

INFO
Hexenbürgermeisterhaus Lemgo
Breite Straße 19
32657 Lemgo
www.hexenbuergermeisterhaus.de

DIE GESCHICHTE DER HEXENVERFOLGUNG

Heute ist das Hexenbürgermeisterhaus Museum, das unter anderem auch Dokumente und Folterinstrumente zur Hexenverfolgung zeigt und die Geschichte der Hexenverfolgung in Lemgo aufbereitet.

OBEN Historische Führungen zu späterer Stunde lassen die Zeit der Hexenverfolgung in Lemgo wieder aufleben.

UNTEN In seiner Fassade beschwört das Hexenbürgermeisterhaus die Tugenden des Humanismus herauf. Doch von der Stärke (links) abgesehen, hielt der Hexenbürgermeister selbst wohl recht wenig davon. Nächstenliebe und Wohltätigkeit sowie – hier nicht sichtbar – Gerechtigkeit galten zu seiner Amtszeit nicht viel, jedenfalls nicht gegenüber den vermeintlichen Hexen und Hexern.

97 PADERBORN
Stadt der Quellen

Sie ist einer der außergewöhnlichsten Flüsse Deutschlands, die Pader. Ihr gesamtes Sein spielt sich innerhalb der Stadtgrenzen der westfälischen Stadt Paderborn ab, dort entspringt sie und dort endet sie auch wieder. Und doch hat sie eine Menge gesehen, bevor ihr Wasser sich in der Lippe verliert.

Überall rinnt und fließt es in Paderborn. Allein sieben Hauptquellen speisen die Pader, insgesamt sind es im gesamten Stadtgebiet mehr als 200 Quellen, die zusammen bis zu 9000 Liter Wasser pro Sekunde ausstoßen und an die Oberfläche befördern. Damit zählt die Paderquelle mit zu den stärksten Quellen Deutschlands, der Fluss selbst aber zu den kürzesten, denn nach nur 4,4 Kilometern mündet er – noch immer im Stadtgebiet Paderborn – in die Lippe, die dem Rhein und damit der Nordsee zufließt.

DOCH TROTZ SEINES KURZEN LAUFS hat das Wasser des Flusses einen weiten Weg zurückgelegt, bevor es in Paderborn aus der Erde sprudeln kann. Es ist der Wasserreichtum des oberen Weserberglandes und des Eggegebirges, aus dem die Pader letztendlich gespeist wird. Von dort fließt das Wasser der Karstlandschaft der Paderborner Hochfläche zu und versickert dort erst einmal. Das Kalkgestein, das sich hier in Millionen von Jahren abgelagert hat und nun durch die unterschiedlichsten geologischen Prozesse wie Erosion, Korrosion und erddynamische Prozesse zerklüftet, unterspült und ausgehöhlt wird, nimmt das Wasser auf, was den Verkarstungsprozess einerseits immer weiter beschleunigt, andererseits das Wasser durch das Innere der Erde leitet. So dauert es drei bis vier Tage, bis das Wasser wieder zutage tritt: in diesem Fall in Form von Karstausstoßquellen in Paderborn.

ÜBERALL TRIFFT MAN IN DER STADT auf die Quellen und Arme der Pader sowie auf Kanäle des Flusses. Allein rund um Dom und Kaiserpfalzmuseum finden sich drei der sieben Hauptquellen. Der Rothoborn entspringt direkt im Keller der einstigen Kaiserpfalz, die sogenannte Augenquelle nahebei. Letztere quillt unter der ehemaligen Domdechanei und heutigen Stadtbibliothek hervor und galt lange Zeit wegen ihres reinen Wassers als Heilmittel bei Augenleiden. Beide Quellen vereinen sich zur Rothobornpader und fließen parallel zur Dielenpader, die noch etwas östlicher entspringt.

IM WESTLICHEN TEIL der historischen Stadt, im heutigen Stadtpark, entspringen drei weitere Hauptquellen in ihren schönen Einfassungen: die Börnepader, was so viel wie Tränkepader bedeutet, weil hier in früheren Zeiten das Vieh getränkt wurde, die Warme Pader, deren Wasser immer 15 °C warm ist, und zwischen den beiden die Dammpader. Noch bevor die sechs Quellflüsschen den historischen Stadtwall durchbrechen, vereinigen sie sich und nehmen hinter dem Wall das Wasser der Maspernpader auf. Von hier aus tritt das Wasser der nun vereinigten Pader seinen kurzen Weg Richtung Lippe an, durchquert einen See und erlebt den letzten Höhepunkt im Vorort Neuhaus, wo sie in einer zauberhaften Auenlandschaft und nahe dem Schloss Neuhaus, einem schönen Beispiel der Weserrenaissance (siehe Tour 84), in die Lippe mündet.

IN KÜRZE

LAGE
Ostwestfalen-Lippe

INFO
Tourist Information
Paderborn
Marienplatz 2A
33098 Paderborn
Telefon: 05251-882980
www.paderborn.de

BESONDERHEIT PADERBORNS

»Der Hasen und der Löffel drei, und doch hat jeder Hase zwei«, so beschreibt ein alter Vers das Paderborner Wahrzeichen schlechthin: das Drei-Hasen-Fenster. Am mittelalterlichen Paderborner Dom finden wir dieses Kunstwerk, das in einem Maßwerkfenster aus dem 16. Jahrhundert drei im Kreis laufende Hasen darstellt.

DIE GROSSEN UND DIE KLEINEN QUELLEN

Sieben Hauptquellen besitzt die Pader, darunter den Rothoborn (unten) im Keller der ehemaligen Kaiserpfalz, die von Bischof Rotho (1036–1051) gesegnet wurde und dadurch angeblich Heilkräfte erlangte. Sie bildet zusammen mit der Augenquelle, ebenfalls eine angebliche Heilquelle, die Rothobornpader (oben). Doch daneben gibt es rund 200 weitere, namenlose Paderquellen. Wo entspringen sie? Überall in der Stadt, in eingefassten kleinen Becken und sogar in den Kellern der Paderborner Häuser. Für die Bewohner eine echte Bereicherung, können sie doch bestes Trinkwasser direkt in ihrem Keller gewinnen.

96 NORDRHEIN-WESTFÄLISCHES LANDGESTÜT
Zucht und Haltung

Nirgends im Land sind Ross und Reiter noch so sehr König wie in dem münsterländischen Städtchen Warendorf. Dort ist das nordrhein-westfälische Landgestüt ansässig. Pferdezucht und Pferdehaltung sowie die Ausbildung und Prüfung von Pferdewirten und Reitern sind sein Geschäft. Ein Rundgang durch die historischen Gebäude ist nicht nur erlaubt, sondern wird auch gern gesehen.

In roten und weißen Petunien und immergrünem Buchs leuchtet das nordrhein-westfälische Wappen inmitten des Landgestüts. Das weiße, steigende Pferd mit aufgestelltem Schweif im rechten Teil des Wappenschilds hat nichts mit der traditionellen Pferdezucht zu tun, sondern stellt das Sachsenross beziehungsweise dessen westfälische Variante, das Westfalenpferd, dar, nichtsdestotrotz ist es hier auf dem Hof des Landgestüts recht sinnfällig. Schließlich dreht sich hier alles um Ross und Reiter.

AUFGABE DES LANDGESTÜTS ist es, Pferdezüchtern Hengste beziehungsweise deren Sperma zur Verfügung zu stellen und dadurch die Qualität der Zucht und einen gewissen Zuchtfortschritt sicherzustellen. Bei den Kaltblütern ist die Zucht dagegen in erster Linie auf den Erhalt wertvoller Gene ausgerichtet. Per Natursprung, Frisch- oder Tiefkühlsperma kommen die Züchter an die Gene der zu Landbeschälern gekörten Hengste. Die Tiefkühlware hat den Vorteil, dass selbst solche Vererberlegenden wie Florestan I, obwohl 2012 gestorben, weiterhin ihr Erbgut weitergeben können. Insbesondere Warmblüter, einige wenige Vollblüter und eine Reihe von Kaltbluthengsten werden in Warendorf gehalten, am häufigsten ist naturgemäß der Westfale vertreten. Außerdem muss auch die Güte der Reiterausbildung und der Ausbildung zum Pferdewirt gewahrt bleiben, dem das nordrhein-westfälische Landgestüt durch seine Ausbildungsplätze sowie Prüfungen Rechnung trägt.

SO VIEL ZUM professionellen Part des Landgestüts. Doch was macht es für Laien so interessant? Zum einen ist da die Möglichkeit, das Gut zu besichtigen. Es wurde 1826 als damals westlichstes der preußischen Landgestüte gegründet und nach dem Zweiten Weltkrieg dem Ministeriums für Klimaschutz, Umwelt, Landwirtschaft, Natur- und Verbraucherschutz NRW zugeordnet. Während der Betriebszeiten darf man das Außengelände des Gestüts erkunden oder an einer Führung etwa durch die Stallungen teilnehmen.

EIN BESONDERES ERLEBNIS sind auch die verschiedenen Veranstaltungen des Gestüts. Die Hengstschauen finden zwar im westfälischen Pferdezentrum in Münster-Handorf statt, doch Hengstparaden, bei denen in 20 Schaubildern und historischen Uniformen etwa 100 Zuchthengste vorgestellt werden, locken Tausende von Zuschauern im Herbst nach Warendorf. Das wird noch übertroffen von der »Symphonie der Hengste«, die an einem Wochenende im August stattfindet. Zu klassischer Musik – live gespielt von einem Sinfonieorchester – und in der schönen Kulisse der historischen Stallungen beweisen die Pferde, dass sie sogar tänzerisches Talent haben.

IN KÜRZE

LAGE
Münsterland; Warendorf

INFO
Nordrhein-Westfälisches Landgestüt
Sassenberger Straße 11
48231 Warendorf
www.landgestuet.nrw.de

LINKS Das Landgestüt aus der Luft gesehen. In seinem Zentrum das Wappen Nordrhein-Westfalens.

RECHTS Die Hengstparaden locken jährlich Tausende Zuschauer an. Bei ihnen zeigen nicht nur die Warmblüter ihr Können. Auch die Kaltblüter beweisen, dass sie alles andere als träge und behäbig sind.

VIERERKETTE
MANNDECKUNG
PRESSING
RAUMDECKUNG
TOTAL VOETBAL
FRANKREICH
GLOBAL
ENGE RÄUME
HOHES TEMPO
TOTALE ORDNUNG
BALLBESITZ
TIKI-TAKA
KURZPASSSPIEL
54 UNGARN
2-3-2-3
M-M SYSTEM
ALF RAMSEY
4-4-2
FUTBOL ARTE
BRASILIEN
4-2-4
1990
VIERERKETTE
2000
4-2-3-1
4-5-1
4-4-2
4-3-3
KONZEPTFUSSBALL
1. OTTO REHHAGEL
2. CHRISTOPH DAUM
3. GIOVANNI TRAPATTONI
1. THOMAS SCHAAF
MOTIVATION

DORTMUND IST LANGE SCHON eine Fußballstadt. Das Deutsche Fußballmuseum hier zu eröffnen, war damit nur eine logische Konsequenz. 1600 Exponate machen die Geschichte des deutschen Fußballs erlebbar. Etwa der goldene Schuh, den Timo Konietzka – ein Borusse natürlich – für das allererste Tor in der Bundesliga erhielt. Darüber hinaus gibt es auch alle vier WM-Pokale, die Deutschland bislang gewonnen hat, zu sehen, aber auch vieles zu Taktiken vergangener Spiele (siehe Bild).

95 KONZERTHAUS DORTMUND
Im Zeichen des Nashorns

Ein geflügeltes Nashorn hat sich das Konzerthaus Dortmund, eines der schönsten und besten Konzerthäuser des Landes, zum Wappentier erwählt. Zum einen als Anspielung auf die außergewöhnliche Akustik des Konzertsaals, die den Vergleich mit dem herausragenden Gehör dieses Tieres nicht scheuen muss, zum anderen, weil es die Kultur der Stadt beflügeln soll. Und das ist gelungen, folgten nach der Eröffnung des Konzerthauses doch weitere Kulturbauten. Den vorläufig letzten Baustein in der Kulturmeile bildet das 2015 eröffnete Deutsche Fußballmuseum.

Es ist noch nicht so lange her, da war das Dortmunder Brückstraßenviertel Vergnügungs- und Rotlichtviertel. Mit billigen Kneipen und Imbissbuden, vor allem aber mit Drogen und Sex wurde hier das Geld gemacht. Das hat sich geändert: Mit dem Konzerthaus Dortmund zog im Jahr 2002 endgültig die Kultur in das Viertel ein.

DAS SOLL EINE PHILHARMONIE sein, mag sich vielleicht so mancher gefragt haben, als er vor dem neu gebauten Konzerthaus stand. Tatsächlich ist das äußere Erscheinungsbild für ein Konzerthaus ungewöhnlich, insbesondere durch die Glasfassade, die am Abend durch LED-Leuchten in wechselnden Farbkombinationen erstrahlt. Da das Grundstück knapp bemessen war, musste auf einen klassischen Vorplatz verzichtet werden. Stattdessen lädt eine gläserne Aula mit Läden, Cafés und Restaurants dazu ein, den Musentempel zu betreten – und auch dann dort zu verweilen, wenn gerade kein Konzertbetrieb ist.

DAS HERZSTÜCK DES BAUWERKS ist der große, 25 Meter hohe Konzertsaal im ersten Stock. Seine Gestaltung hat sich ganz der Akustik verschrieben, die sich stark am Saal des Wiener Musikvereins – einer der besten Konzertsäle der Welt – orientierte. Jedes Detail wurde von Toningenieuren festgelegt – von den wellenförmigen Wandelementen, deren Vertiefungen den Schall auffangen sollen, bis zur Polsterung der Sitze. Als man während des Baus feststellte, dass nicht alle Messwerte dem Ideal entsprachen, fand man den Grund bei der Bestuhlung: Bei nicht ausverkauftem Haus waren es die hochgeklappten Sitze, die die Vollkommenheit des Klangs beeinträchtigten. Kurzerhand wurden in die hölzernen Unterseiten der 1550 Klappsitze jeweils 437 Löcher gebohrt, die nun den störenden Resthall schlucken. Die Nachhallzeit wurde auf diese Weise auf zwei Sekunden reduziert. Alles in allem ist die Akustik des Saales so ausgeklügelt, dass man auch in der letzten Reihe noch jeden Fehler hört.

SCHNELL HAT SICH DAS »NASHORN« als ein Konzerthaus von Weltrang etabliert: Cecilia Bartoli, Anna Netrebko und Vesselina Kasarova, Thomas Quasthoff, Lang Lang, Alfred Brendel und Anne-Sophie Mutter – das sind nur einige der Namen von Rang, die das Programm des Hauses bestreiten. Auch jenseits der großen Namen scheint die verhältnismäßig junge Institution der Stadt kulturelle Impulse zu geben – indem sie durch zahlreiche Aktivitäten die Musik zu den Menschen bringt und indem sie ein wichtiges Glied in der Kette von Einrichtungen darstellt, die heute die Kulturmeile Dortmunds bilden.

IN KÜRZE

LAGE
Ruhrgebiet; Dortmund

INFO
Konzerthaus Dortmund
Brückstraße 21
44135 Dortmund
www.konzerthaus-dortmund.de
Termine zu öffentlichen Führungen finden Sie auf www.konzerthaus-dortmund.de und www.dortmund.de. Eine vorherige Anmeldung ist erforderlich.

Deutsches Fußballmuseum
Königswall 20
44137 Dortmund
www.fussballmuseum.de

AUFTAKT ZUR KUNST- UND KULTURMEILE
Bereits das Dach des Dortmunder Konzerthauses (oben) erinnert von unten gesehen entfernt an das Horn des Wappentiers. Als Skulptur (unten) wiederum weist das geflügelte Nashorn den Besuchern den Weg zur Philharmonie. Doch das Konzerthaus ist nicht das einzige kulturelle Highlight der Stadt: Die Kunst- und Kulturmeile der Stadt zieht sich von hier aus über das neue Fußballmuseum (folgende Doppelseite) bis hin zum Dortmunder U, dem Kunst- und Kreativ-Turm der Stadt.

94 ORGELBAU KLAIS IN BONN
Die Königinnenmacher

Für Wolfgang Amadeus Mozart war die Orgel die Königin der Instrumente, für den Orgelbauer Philipp Klais ist sie eher eine volksnahe Majestät, gelingt es unter ihrer musikalischen Herrschaft doch beispielsweise in Kirchen, aus einer bloßen Ansammlung von Menschen eine singende Gemeinschaft zu formen. Bis eine Orgel diese Qualitäten entfalten kann, braucht es allerdings viel Erfahrung und viel Handwerkskunst. Ein Werkstattbesuch bei der Johannes Klais Orgelbau GmbH.

Wie entsteht eine Orgel? In der Klais'schen Werkstatt, die 1881 vom Urgroßvater des heutigen Inhabers Philipp gegründet wurde, kann man das erfahren. Das Handwerk hat ungewöhnlich viele Facetten, denn der Orgelbauer muss Architekt, Schreiner, Akustiker, Gießer, Schweißer und Zimmermann in einem sein. Und Musiker. Dank letzterem weiß er z. B., dass man die Zinnpfeifen, nachdem ihr Blech gegossen und die Pfeife gelötet wurde, nicht mehr mit bloßen Fingern anfassen darf – das könnte sie verstimmen. Fast alles wird in der Bonner Werkstatt noch auf traditionelle Weise gefertigt, sogar der Leim, den man aus Knochen kocht. Denn die größten Probleme, mit denen Klais bei der Restaurierung von Instrumenten konfrontiert ist, sind die Schäden durch frühere Reparaturen mit billigen Kunstleimen und Kunststoffen.

ORGELN GEHÖREN wie die Querflöte zu den Aerophonen. Doch anders als bei der Querflöte, die durch den Atem angeblasen wird, werden die Pfeifen der Orgel, die bei großen Modellen mehrere Tausend umfassen können, mittels mechanischer Luftzufuhr zum Klingen gebracht. Die Luft kommt aus einem riesigen Gebläse in der Orgel, das heute mit einem Motor angetrieben wird, früher aber von Helfern mittels Pedalen angetrieben werden musste. Gespielt wird das Instrument vom Spieltisch aus, wo mehrere terrassiert liegende Klaviaturen, die Manuale, sowie am Boden eine Klaviatur, das Pedal, vom Organisten bedient werden. Daneben liegen die Register, die eine Reihe von Pfeifen gleicher Bauart und Klangcharakteristik bezeichnen und die es ermöglichen, ein ganzes Orchester mit einer einzigen Orgel nicht zu ersetzen, aber doch nachzuahmen.

EIN INSTRUMENT, das in der Klais'schen Werkstatt entsteht, ist ein Original, geplant und gebaut für einen bestimmten Raum. Danach wird auch das Material ausgewählt. So wird in Europa vornehmlich Bergfichten- oder Eichenholz verwendet. Holz, das in kalten Klimata langsam gewachsen ist und das nur bei abnehmendem Mond gefällt wird, weil dann weniger Säfte im Holz vorhanden sind, was wiederum Schädlinge fernhält. In anderen Regionen der Welt dagegen werden auch regionale Hölzer verwendet – sie entsprechen den Klangfarben der Region und sind weniger anfällig gegen Schädlinge, als fremde Hölzer. Selbst das Leder für die Bälge wird sorgfältig gewählt: In klimatisierten Räumen ist Känguruleder dem von Schaf oder Ziege vorzuziehen, denn dessen Haut ist an Trockenheit und Wärme angepasst und wird weniger schnell brüchig. Materialien, Verarbeitung, Raumklima – vieles spielt beim Bau einer Orgel eine Rolle. Es ist ein Gesamtkunstwerk.

UNGEZÄHLT SIND DIE ORGELN, die im Laufe der Jahrzehnte in der Firma Johannes Klais gebaut oder restauriert wurden. Klais ist Marktführer und einer der renommiertesten und gefragtesten Orgelbauer weltweit.

IN KÜRZE

LAGE
Bonn

INFO
Führungen durch die Orgelbau-Klais-Werkstätten werden grundsätzlich nur nach Absprache und außerhalb der regulären Arbeitszeiten durchgeführt. Die Klais'schen Mitarbeiter dürfen Gruppen und Einzelpersonen durch die Werkstätten führen, aber es ist kein Angebot des Unternehmens, das damit auch keine Haftung übernimmt. Mehr Informationen unter www.orgelbau-klais.com
Johannes Klais Orgelbau GmbH & Co. KG
Kölnstraße 148
53111 Bonn
Telefon: 0228-982400

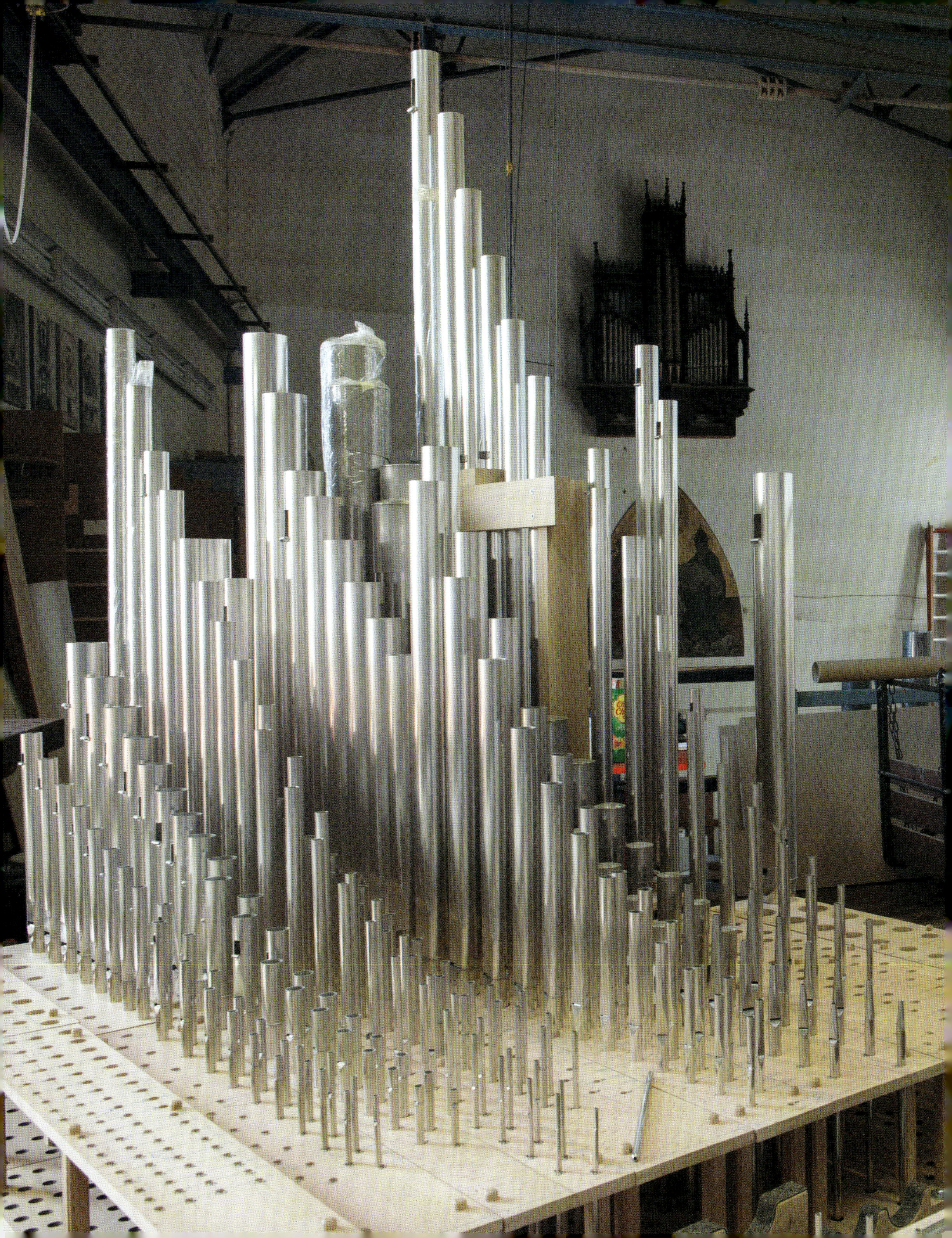

93 AACHENER PRINTEN
Das Gebäck einer Stadt

»Napoleon ist an allem schuld – also auch an der Printe«, heißt es in Aachen lakonisch, und tatsächlich hat der Franzosenkaiser durch seine Außenpolitik die Rezeptur der Aachener Printe maßgeblich beeinflusst. Die Ursprünge des berühmten würzigen Gebäcks liegen indes viel weiter zurück – im Reich der Pharaonen, in dem Honigkuchen zu Festmahlen serviert wurde und als kostbare Opfergabe diente.

Als Archäologen in Ägypten das mehr als 4000 Jahre alte Felsengrab von Pepionkh dem Mittleren entdeckten und dieses öffneten, stießen sie nicht nur auf einen kostbaren Sarkophag und kunstvolle Reliefs. Eine weitere Sensation stellten 20 runde Kupferschalen dar, in denen – über Jahrtausende luftdicht verschlossen – Honigkuchen lagerte. Eine chemische Analyse ergab, dass die vakuumierte Grabbeigabe Hartweizenmehl, Honig und Gewürze enthielt und damit jene Grundzutaten, die sich im Lebkuchen wiederfinden, der drei Jahrtausende später auch im christlichen Abendland eine Hochkonjunktur erleben sollte.

BRONZESCHLÄGER AUS DEM belgischen Dinant brachten Anfang des 17. Jahrhunderts sogenannte Couques de Dinant mit in die Kaiserstadt. Diese harten Honigkuchen wurden in Holzmodeln gepresst und erhielten dadurch einen Aufdruck (»print«) mit meist religiösen Motiven. Eben diesem Herstellungsverfahren verdankt die Aachener Printe ihren Namen, obgleich sich die meisten Varianten des Gebäcks heute ohne kunstvollen Aufdruck, sondern als einfache rechteckige Schnitte präsentieren. Die Schuld an dieser Reduktion trägt – wie könnte es anders sein – Napoleon. 1806 verhängte der berühmte Korse eine Kontinentalsperre, durch die Rohrzucker, der mittlerweile den vergleichsweise teuren Honig in der Rezeptur abgelöst hatte und überwiegend aus England importiert werden musste, zur unbezahlbaren Mangelware wurde. Erfindungsreichtum war gefragt, und diesen bewies die 1688 gegründete Printenbäckerei Lambertz. In Ermangelung des Rohrzuckers setzten die Bäcker Farinzucker und Zuckersirup ein, durch die der Teig jedoch weicher wurde und sich als ungeeignet für den Holzmodel erwies. Dies war die Geburtsstunde der modernen Printe in ihren zwei Varianten – als Kräuterprinte und seit 1872 als Schokoladenprinte, die durch den Überzug eine weichere Konsistenz behält.

MAN MAG DEM UMSTAND nachtrauern, dass die in Holzmodeln gepressten Printen heute weitgehend durch Schnittprinten abgelöst worden sind. Doch gerade dieses Herstellungsverfahren hat maßgeblich zum Welterfolg der Aachener Printen beigetragen, die – wie einst im Mittelalter – heute wieder ganzjährig produziert werden. Und doch bleibt die Adventszeit die schönste Zeit, um sich von dem süßen Gebäck verführen zu lassen. Ob auf den festlich geschmückten Weihnachtsmärkten oder in den zahlreichen Bäckereien der Domstadt: Der Duft von Anis, Koriander, Zimt und Nelken ist allgegenwärtig und lässt keinen Zweifel aufkommen, warum der würzige Honigkuchen als Vorläufer der Printen bereits im Reich der Pharaonen begehrt und kostbar war.

IN KÜRZE

LAGE
Eifel; Aachen

INFO
Die Aachener Weihnachtsmärkte eröffnen traditionell in der letzten Novemberwoche. Dies ist die Hochzeit der Aachener Printe, die man dann in unzähligen Varianten verköstigen kann. Einige Backstuben bieten zudem nach Voranmeldung Führungen an, bei denen die Kunst der Printenherstellung erläutert und zu Verköstigungen eingeladen wird.

OBEN Die Auswahl und das Mengenverhältnis der Gewürze (hier eine Mischung aus Koriander und Anis) sorgen für den individuellen Geschmack der Aachener Printen, die in ihrer Grundrezeptur nahezu identisch sind.

UNTEN Mit Holzmodeln, die bereits aus der Zeit der Antike bekannt sind, kann das Gebäck mit kunstvollen Aufdrucken versehen werden. Dominierten im Mittelalter religiöse Motive, kamen später militärische und andere Figuren hinzu.

92 DÜSSELDORF UND DER RHEIN
Eine Stadt und ihr Fluss

In keiner Stadt Nordrhein-Westfalens ist man dem Rhein so nah wie in Düsseldorf. Nur dort wird der Fluss derart geschickt in die Stadt integriert, ist das – insbesondere rechte – Flussufer für die Bürger jeden Alters und Gruppierung ein so abwechslungsreicher Treffpunkt. Denn die Düsseldorfer Rheinpromenade ist mehr als ein befestigtes Ufer: Sie ist ein Ort, um Freunde zu treffen, zum Feiern, ein Ort der Muße, sogar der Ruhe – je nachdem, was man sucht.

Offiziell beginnt der Flussabschnitt Niederrhein mit der Einmündung der Sieg in den Rhein, also kurz vor Bonn. Die Region Niederrhein dagegen, die einen bestimmten landschaftlichen Typus vertritt, beginnt dagegen mit der nordrhein-westfälischen Landeshauptstadt Düsseldorf. Noch bevor die Stadtgrenze passiert ist, dehnen sich rechts und links des Rheins weitläufig baumbestandene Wiesen aus, an die sich Felder und Weiden anschließen und wo sich die für den Niederrhein so typische Baumart, die Kopfweide, zeigt.

DOCH DER REIHE NACH: Bevor der Rhein Düsseldorf erreicht, hat er Bonn und Köln durchflossen. Insbesondere in Köln hatte man nach dem Zweiten Weltkrieg den Fehler gemacht, dem Straßenverkehr zu viel Raum zu geben: Von einem kleinen Stück an der Altstadt abgesehen trennt eine vierspurige Autostraße die Stadt von der Rheinpromenade. Eine an sich großartige Kulisse wird auf diese Weise zergliedert, eine Flaniermeile zu einem Solitär, der mit der Stadt nur an einem Punkt verbunden ist.

IN DÜSSELDORF IST DAS GÄNZLICH ANDERS: Die großen Straßen wurden hier vom Rhein weg oder unter die Erde geführt, die Rheinpromenade wird dadurch zur attraktivsten Flaniermeile innerhalb der NRW-Städte und in gewissem Sinn zur guten Stube der Landeshauptstadt. Zwischen Medienhafen (siehe Tour 23) und der Theodor-Heuss-Brücke (siehe Tour 87) ist sie durchgängig begehbar, ohne störenden Autoverkehr – ein Weg von 4,4 Kilometern Länge.

DAS WISSEN DIE DÜSSELDORFER ZU SCHÄTZEN. Solange es nicht in Strömen regnet, ist hier immer etwas los. Insbesondere an sonnigen Wochenenden aber zieht es die halbe Stadt ans Rheinufer, die Kasematten, überdachte und im Winter beheizte Gastronomie und früher einmal die Lagerräume der unteren Rheinwerft, sind heillos überfüllt. Also lassen sich die Jüngeren auf den Treppen unterhalb des Schlossturms nieder, Bars stellen zusätzliche Stühle auf die Promenade, auch unter den Platanen findet sich manchmal noch ein freies Plätzchen. Geht dann die Sonne unter, natürlich am gegenüberliegenden Ufer, als hätten es die Architekten bei der Planung der Rheinpromenade festlegen können, verändert sich die Stimmung deutlich. Der Rhein erstrahlt in fröhlicher Feierlaune, beleuchtet vom Fernsehturm, der Rheinkniebrücke, den Häusern des Medienhafens und den Lichtern entlang der Promenade. Gehen auch diese aus, kann der Rhein ruhig gen Norden fließen und zum Niederrhein werden. Er hat den großstädtischen, aber nicht lärmigen Trubel sicherlich genossen.

IN KÜRZE

LAGE
Düsseldorf

LINKS Unterhalb der historischen Rheinpegeluhr und vor der Kulisse der Rheinkniebrücke, des Fernsehturms und des Stadttors, dem Bürohochhaus, in dem auch der Amtssitz des nordrhein-westfälischen Ministerpräsidenten liegt, breiten sich die beliebten Kasematten aus.

RECHTS Mit dem Stadtgebiet Düsseldorfs beginnt der Niederrhein. Weite Rheinwiesen dienen als Überflutungsflächen bei Hochwasser, das die Landschaft immer wieder verwandelt.

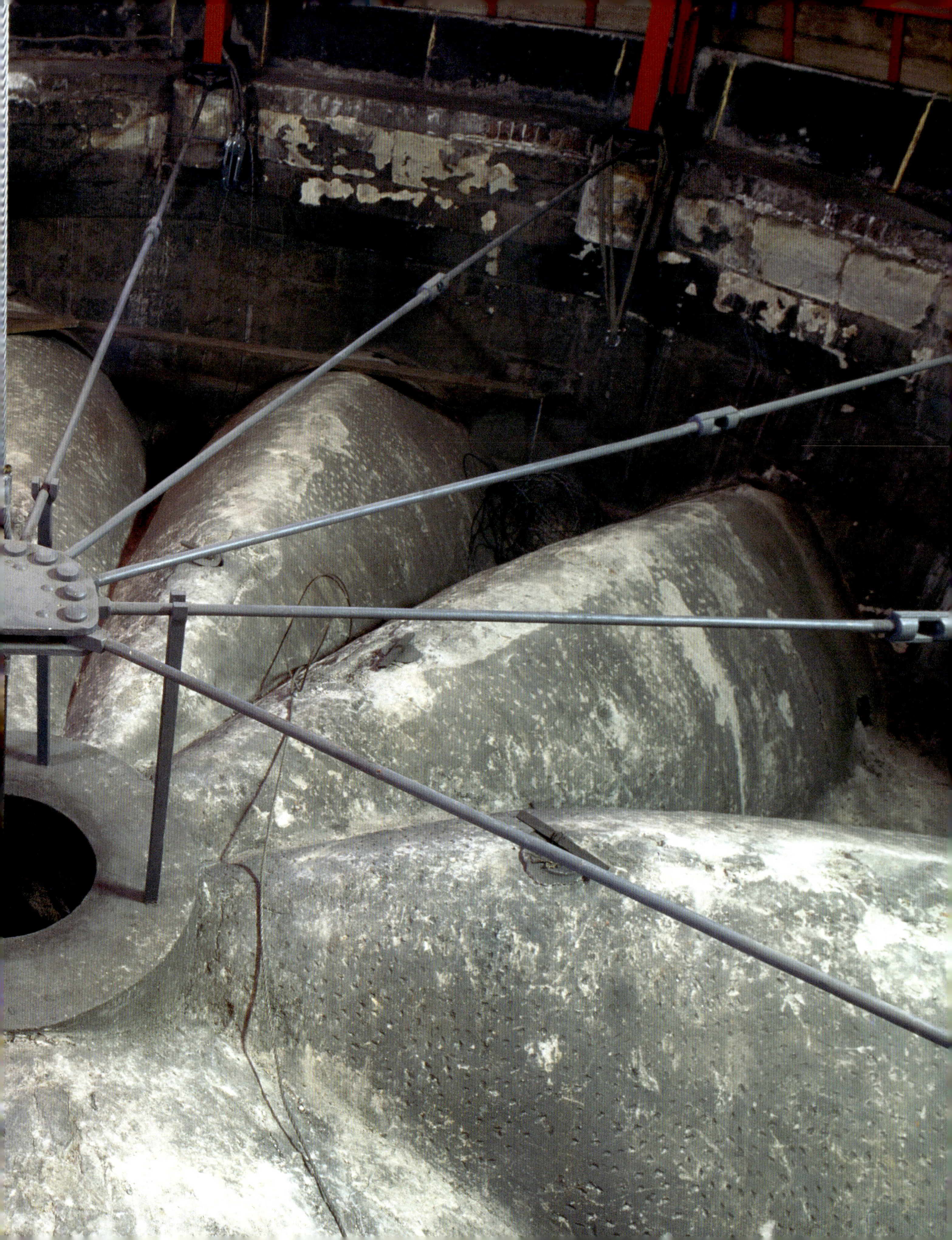

WENIG HAT DIESE MASSIVE KON-STRUKTION mit der zierlich-leichten Apsis im Innern des Kölner Doms gemein und doch ist es ihr Negativ-abdruck und Stützgerüst.

91 KÖLNER DOM
Das Dach von Köln

»Betreten auf eigene Gefahr«, so steht es an dem Bauaufzug, mit dem es gleich in die Höhe geht. Hier beginnt eine andere Welt, eine Welt hoch über der Stadt zwischen Maßwerk und Wasserspeiern, bestehend aus engen Umlaufgängen, schmalen Türen und weiten Kammern. Und einem Dachstuhl, der seinesgleichen sucht.

Den Kölner Dom von innen zu besichtigen ist ergreifend, die 533 Stufen zur Aussichtsplattform des Südturms zu erkraxeln anstrengend, eine Führung durch den Dachstuhl und über die Dächer der Kathedrale aber ist ein unvergleichliches, einmaliges Erlebnis! Und es lohnt sich sogar, diese spezielle Besichtigungstour mehr als einmal zu machen, denn je nach Jahres- und Tageszeit gewinnt man ganz unterschiedliche Eindrücke dort oben!

DIE FÜHRUNG BEGINNT AM BAUAUFZUG an der Nordseite des Doms. Wenn er streikt, heißt es: 240 Stufen zu Fuß hinauf, über eine schmale, steinerne Wendeltreppe. Der Aufzug dagegen fährt etwas klapperig an Wasserspeiern, Mauer- und Maßwerk vorbei. Auf einer Höhe von 45 Metern gibt es einen ersten tollen Blick auf den Bahnhofsvorplatz und die umliegenden Dächer. Das Baugerüst, das es von dort bis zum Dom zu überwinden gilt, ist zwar in keiner Weise unsicher, aber es ist eben ein Baugerüst aus Stahlträgern und Bohlenbrettern und damit nicht für Menschen mit Höhenangst oder Trittunsicherheit gemacht. Alle anderen sollten einen Blick auf die Türme werfen. Von hier aus erscheinen die beiden (aus dieser Perspektive liegt der Nordturm rechts und der Südturm links) gar nicht mehr so groß. Doch der Anblick täuscht: Sie erheben sich noch weitere 110 Meter in die Höhe, um nicht einmal ein Drittel ist man ihnen mit dem Aufzug näher gekommen.

VOM GERÜST AUS FÜHRT EINE TÜR direkt zum Dachstuhl. Er ist nicht etwa ein Ersatz für einen mittelalterlichen Dachstuhl, sondern zeugt von der langen Baugeschichte des Doms: Im Jahr 1248 wurde das Bauwerk nach Plänen des Dombaumeisters Gerhard von Rile begonnen. Noch im Mittelalter konnten der gotische Chor (geweiht 1320), zwei Stockwerke des Südturms und die Seitenschiffe des Langhauses errichtet werden, dann stellte man den Bau um 1530 ein. Desinteresse an dem »altmodisch« gotischen Gebäude und Geldmangel waren die Gründe. Erst als im 19. Jahrhundert der Nationalstolz erwachte, wuchs mit ihm der Wunsch, den Dom zu vollenden. 1842 wurden die Bauarbeiten wieder aufgenommen, 1880 waren sie abgeschlossen. Die einzige Abweichung von den ursprünglichen Plänen betraf den Dachstuhl: Wegen der vielen Nachteile einer Holzkonstruktion entschied man sich hier für die Variante aus massivem Eisen, die bis heute erhalten ist.

VOM DACHSTUHL aus führt sowohl ein schmaler Laufgang außen um den Chor herum – mit wunderbaren Aussichten über die Stadt sowie die verwitternden Steine des Doms – als auch auf den Vierungsturm, der noch einmal über einige Stufen zu erreichen ist. Nachdem auch die Werkstatt und die Modellkammer besichtigt wurden, geht es ins Triforium und damit in den Innenraum der Kathedrale, die man aus einer völlig neuen Perspektive erlebt.

DER ORANGEROTE ANSTRICH des eisernen Dachstuhls stammt aus dem 20. Jahrhundert und ist eine Rostschutzfarbe. Ansonsten aber ist der Dachstuhl des Langhauses das Original aus dem 19. Jahrhundert.

IN KÜRZE

LAGE
Köln

DAUER
1,5 Stunden

INFO
Die Domdächer lassen sich nur nach vorheriger Anmeldung in öffentlichen oder privaten Gruppen zu höchstens 15 Personen besichtigen. Termine werden über die Internetseite www.domfuehrungen-koeln.de/Dach vergeben. Treffpunkt ist am jeweiligen Termin vor dem Hauptportal des Kölner Doms. Warme Kleidung und vor allem festes Schuhwerk sind von Vorteil, Schwindelfreiheit und Höhenfestigkeit absolute Voraussetzung.

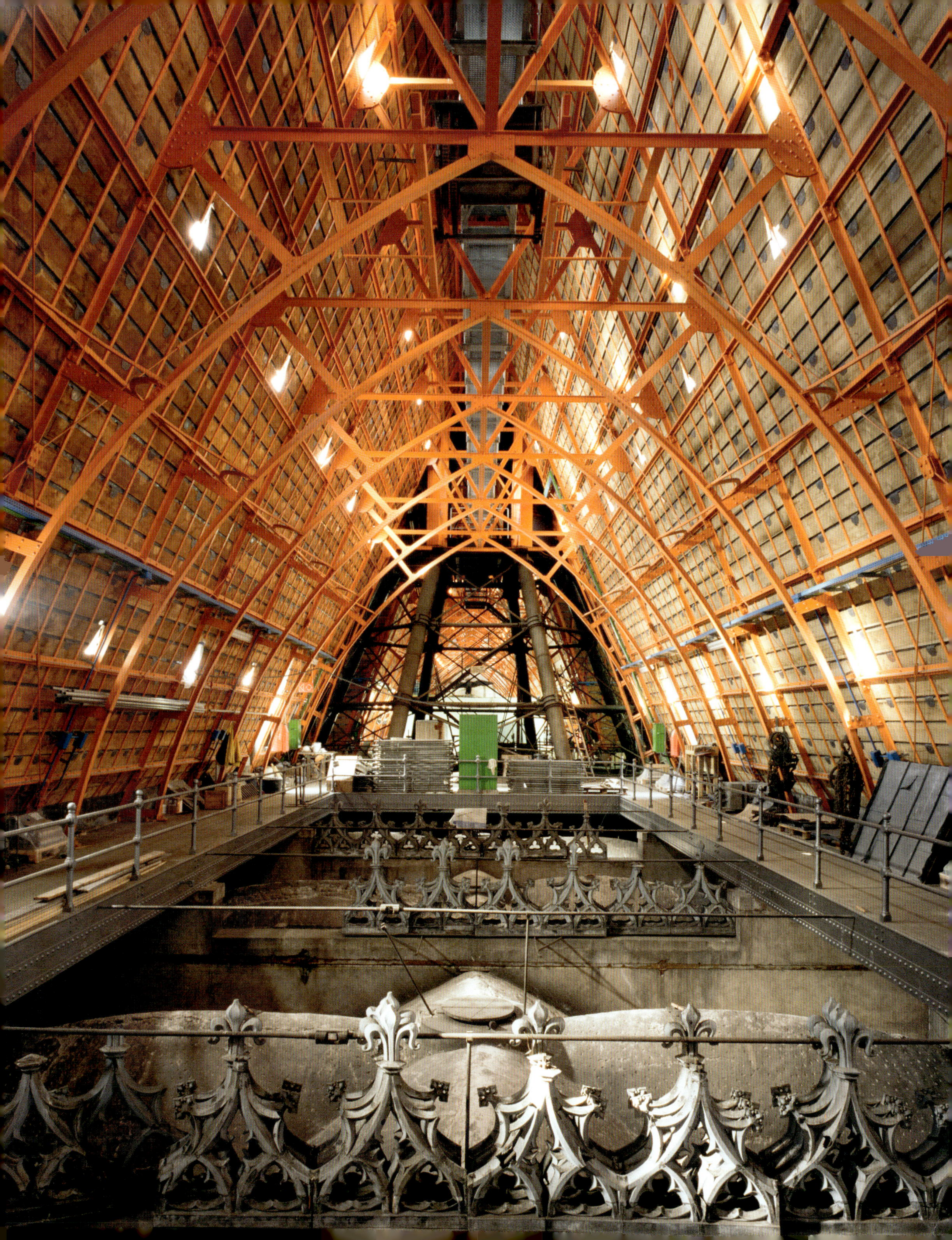

DER REIZ VON DETAILS
Städte neu entdeckt

91 SEITE 228
Kölner Dom
Das Dach von Köln

92 SEITE 232
Düsseldorf und der Rhein
Eine Stadt und ihr Fluss

93 SEITE 234
Aachener Printen
Das Gebäck einer Stadt

94 SEITE 236
Orgelbau Klais in Bonn
Die Königinnenmacher

95 SEITE 238
Konzerthaus Dortmund
Im Zeichen des Nashorns

96 SEITE 242
Nordrhein-Westfälisches
Landgestüt
Zucht und Haltung

97 SEITE 244
Paderborn
Stadt der Quellen

98 SEITE 246
Der Hexenbürgermeister
von Lemgo
Vom Teufel geritten

99 SEITE 248
Essen-Kettwig
Auf dem Land und doch
in der Stadt

100 SEITE 250
Zollfeste Zons
Symbiose aus Wehrhaftigkeit
und Idylle

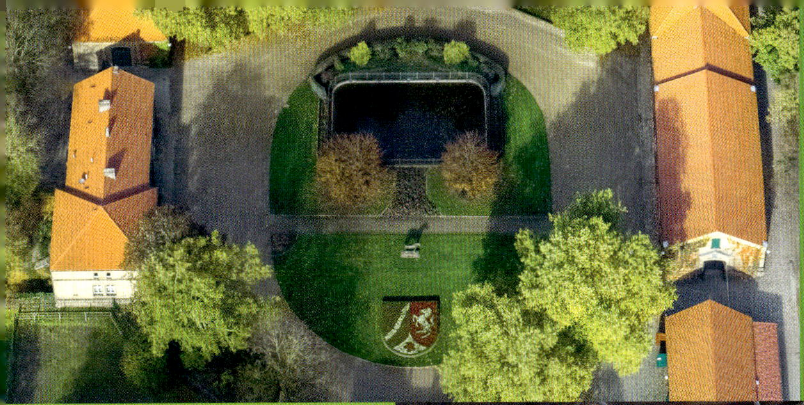

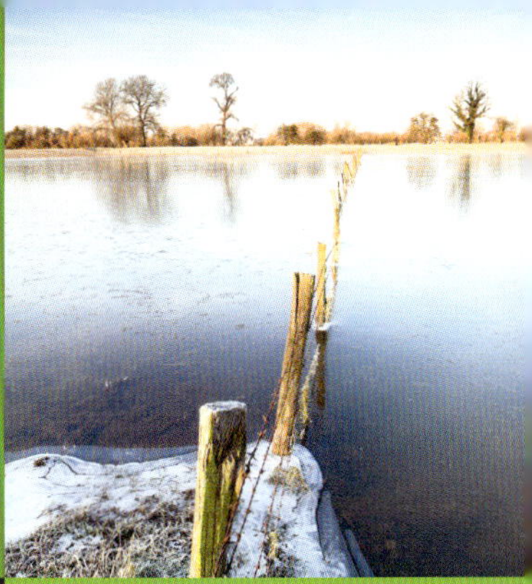

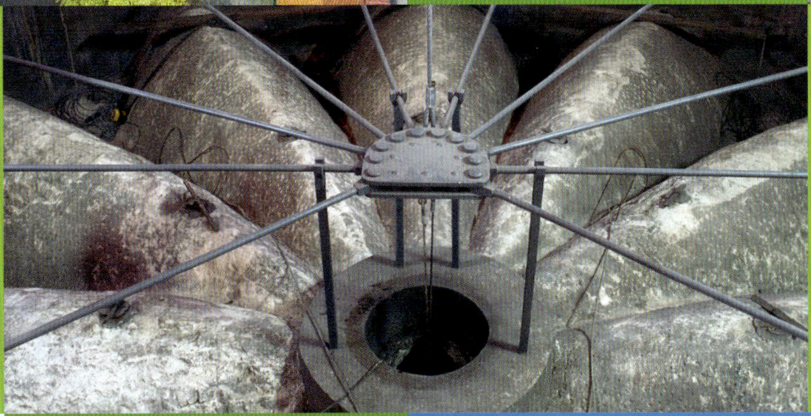

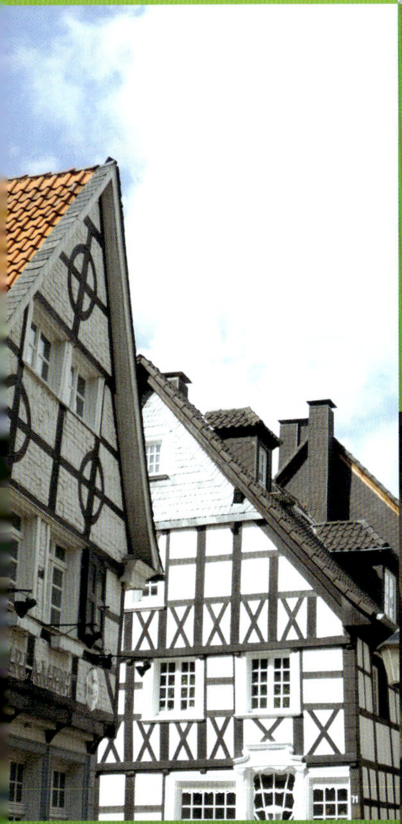

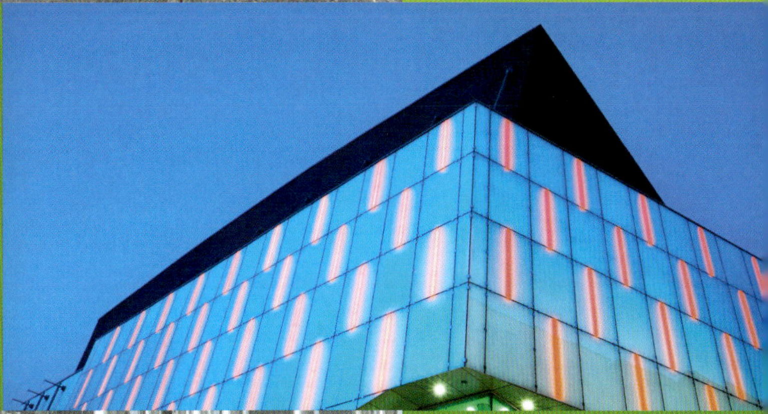

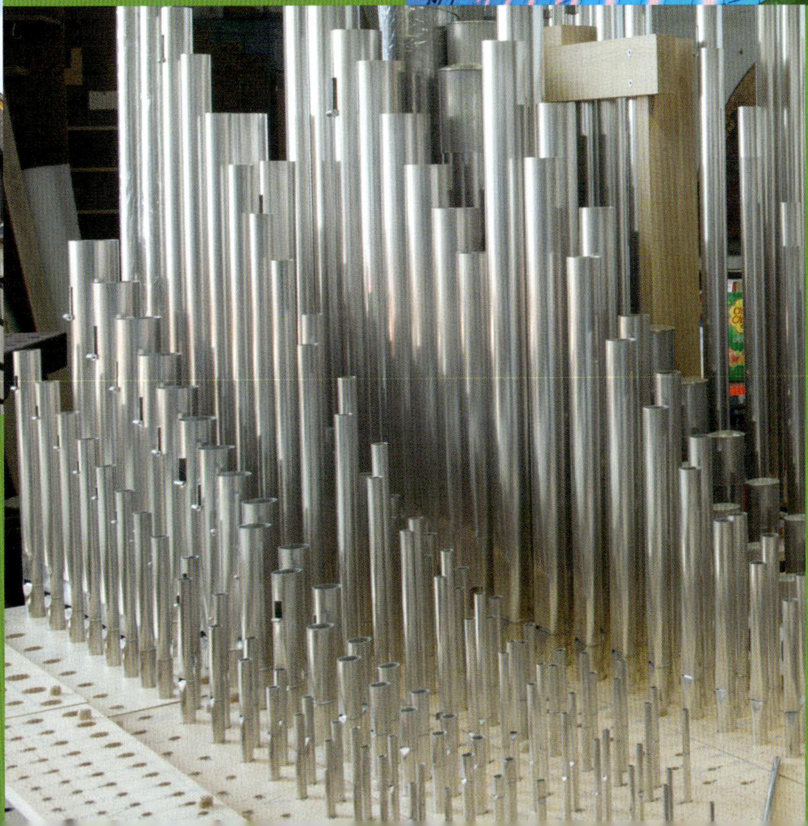

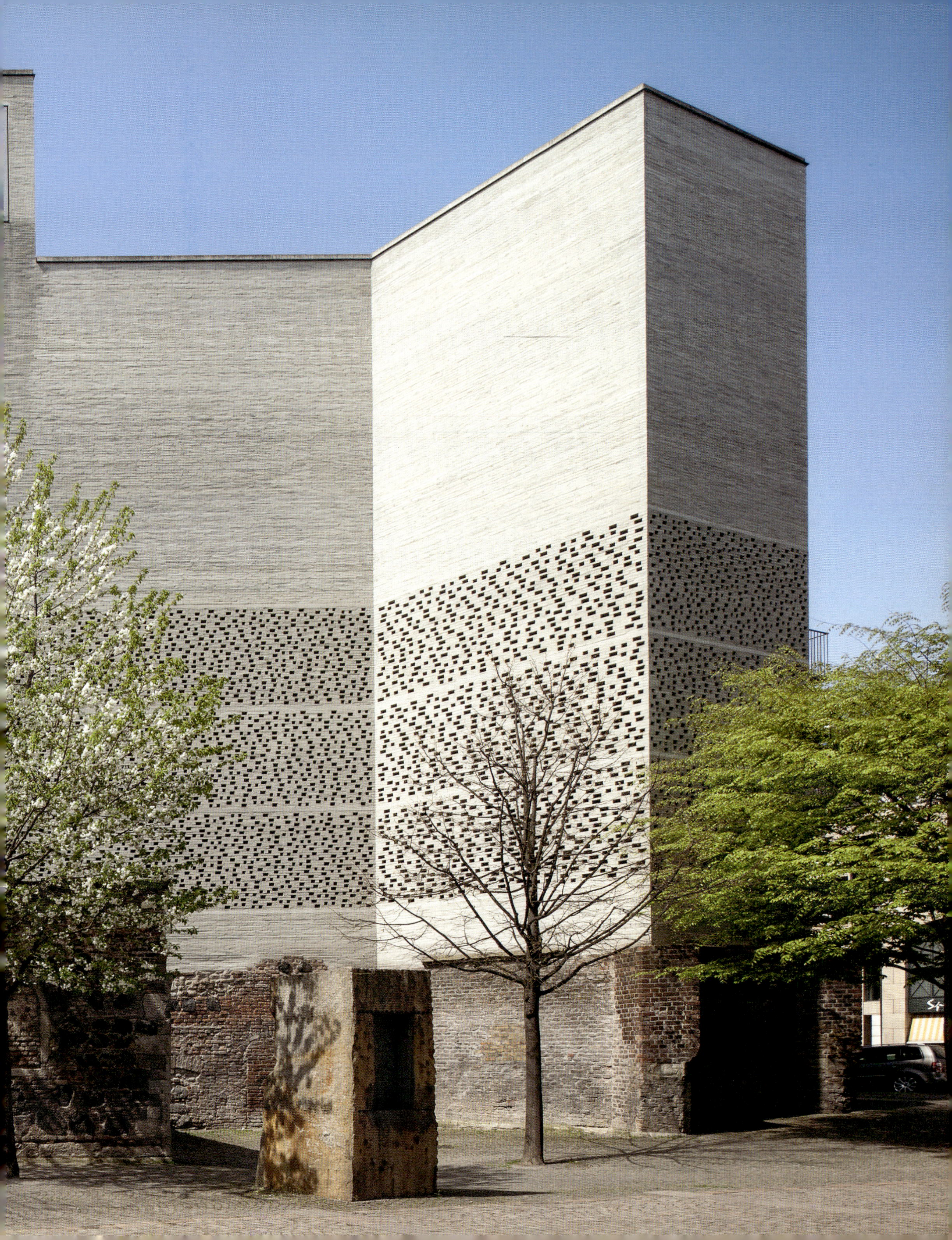

DURCH DEN BAU DES KOLUMBA-MUSEUMS IN KÖLN wurden die Scheidtweilers auf den Architekten Zumthor aufmerksam. Der hatte sich dort gerade mit seinem Entwurf gegen die anderen Bewerber durchsetzen können. Der Bau integriert die Ruinen der gotischen, im Krieg zerstörten Kirche St. Kolumba und die auf ihnen von Gottfried Böhm (siehe Tour 83) errichtete Kapelle »Maria in den Trümmern«, in das Museum. Das Kolumbamuseum beherbergt den Kunstschatz des Erzbistums Köln.

90 BRUDER-KLAUS-KAPELLE
Mystik auf dem Feld

Es gibt kaum einen mystischeren Ort in Nordrhein-Westfalen, vielleicht sogar in ganz Deutschland, als die Feldkapelle in dem Eifeler Dörfchen Wachendorf. Gestiftet von einem Bauernpaar für ein »gutes und erfülltes Leben« und geplant von dem Architekten und Pritzker-Preisträger Peter Zumthor ist sie dem Schweizer Einsiedler Nikolaus von Flüe, genannt Bruder Klaus, geweiht.

Die Bruder-Klaus-Kapelle, die mitten auf einem Feld in der Eifel steht, muss man mehrmals besuchen, zu unterschiedlichen Jahreszeiten, bei Regen und bei Sonnenschein. Erst dann erschließt sich dem Besucher gänzlich, wie außergewöhnlich sich der Betonturm in die Landschaft fügt, wie er sie beinahe widerspiegelt. Im Schnee erscheint der Beton hell, fast strahlend, wirkt abweisend und heimelig zugleich. Ist die Flur frisch gepflügt, reflektiert die Kapelle die rötliche Erde der Umgebung. Frisches grünes Getreide oder Raps bilden einen starken Kontrast zu der Kapelle, während sie mit dem reifen Korn im Sommer eine Einheit bildet, beinahe aus ihm hervorgeht.

GEBAUT WURDE DIE KAPELLE im Auftrag des Ehepaares Trudel und Hermann-Josef Scheidtweiler. Sie sind Landwirte aus Wachendorf, Katholiken, stehen der katholischen Landjugendbewegung nahe und führen ein gutes Leben. Dafür möchten sie sich bedanken, mit einer Kapelle auf einem ihrer Felder. Als sie in der Zeitung lesen, dass sich der Schweizer Architekt Peter Zumthor mit seinem Entwurf für das neue Kolumbamuseum in Köln, das Kunstmuseum des Erzbistums Köln, gegen 160 andere Bewerber durchgesetzt hat, haben sie den Architekten für ihre Kapelle gefunden: Per Brief bitten sie um ein »Plänchen« für ihre Kapelle. Zumthor antwortet, er habe wenig Zeit, sei teuer, seine Architektur passe nicht in die Eifel, aber weil Nikolaus von Flüe, dem die Kapelle geweiht werden soll, der Lieblingsheilige seiner Mutter gewesen sei, könne er ja einmal vorbeikommen. Er kommt, der Ort inspiriert ihn und er beginnt mit der Planung. Sieben Jahre vergehen, bis das Bauen beginnt – und zwar folgendermaßen:

112 FICHTENSTÄMME wurden zeltartig zusammengebunden und diese Konstruktion von einer fünfeckigen Verschalung umgeben, die wiederum mittels Hölzern mit der Innenkonstruktion verbunden war. Der Zwischenraum zwischen Fichtenstäben und Außenverschalung wurde im Anschluss mit Stampfbeton aufgefüllt. Dieser Beton war ein Gemisch aus hellem Zement sowie Steinen und der rötlichen Erde aus der Umgebung, um den Bezug zur Landschaft herzustellen. Auch das Betonstampfen, bei der das Material schichtweise eingetragen und durch Stampfen verdichtet wird, ist eine traditionelle Bauweise der Eifel. Im Dach des Baus wurde eine tropfenförmige Öffnung belassen, für den Eingang ein dreieckiges Tor ausgespart. Ein Schwelfeuer im Innern des Baus half, das Holzgerüst zu entfernen, ein weiteres Feuer im Innern schwärzte die Wände. Die Löcher, die im Beton durch die Verbindungen zwischen Verschalung und Fichtengerüst verblieben, wurden mit 350 mundgeblasenen Glastropfen verschlossen.

IN KÜRZE

LAGE
Eifel;
Iversheimer Straße
53894 Mechernich-Wachendorf
www.feldkapelle.de

MONOLITH AUS STAMPFBETON
Zusammen mit den Scheidtweilers errichteten freiwillige Helfer die Kapelle an den Wochenenden. An insgesamt 23 Tagen stampften sie jeweils 50 Zentimeter Beton in die Verschalung. Sie wirken wie Jahresringe, die das Wachstum des Bauwerks dokumentieren.

DAS RAD DES BRUDER KLAUS
Nikolaus von Flüe verglich die Dreifaltigkeit Gottes mit einem Rad (im Bild oben links). Im Zentrum steht das Geheimnis Gottes. Die Radnabe ist der Himmel, die Gemeinschaft Gottes und der Heiligen und der Reifen bildeten die Welt und unsere Lebenswirklichkeit.

DER KLAUSE NACHEMPFUNDEN
Nikolaus von Flüe war im 15. Jahrhundert ein relativ wohlhabender Bauer mit Frau und zehn Kindern, der sich zum Eremitendasein berufen fühlte und seine Familie verließ. In Obwalden lebte er in einer Klause seine Gottesvision. Eine harte Holzbank war die Einrichtung, ein Loch in der Wand spendete Licht. Auch daran soll die Feldkapelle in Wachendorf erinnern.

89 HAGENER IMPULS
Schönheit als herrschende Macht

Was haben der Bahnhof von Hagen, eine Arbeitersiedlung, ein Museum und ein Krematorium gemeinsam? Sie sind Teil einer Reformbewegung, die bestrebt war, die überkommenen Strukturen des Wilhelminismus mithilfe der Schönheit zu überwinden und damit den Weg für die Moderne zu ebnen.

Zu Beginn des 20. Jahrhunderts hatte der Sohn eines Hagener Bankiers und Enkel des Schraubenfabrikanten Wilhelm Funcke eine Vision. Er wollte Kunst und Leben vereinen, durch die Schönheit die Hässlichkeit des Industriezeitalters überwinden und seinen Mitbürgern in diesem Vorhaben als Vorbild voranschreiten: Karl Ernst Osthaus, der bald, nachdem er das Erbe seines Großvaters angetreten hatte, zu einem der bedeutendsten deutschen Kunstsammler und Kunstmäzene wurde. Es ist seine Heimatstadt Hagen, in der er wirkte und die durch dieses Wirken bald zum Zentrum einer Reformbewegung gegen den konservativen, patriarchalen und nationalistischen Geist des wilhelminischen Zeitalters wurde.

SEIN ERSTER SCHRITT WAR, sich an den Architekten und Designer Henry van de Velde zu wenden, um diesen zu bitten, »unseren kunstverlassenen Industriebezirk an der Ruhr für das moderne Kunstschaffen zu gewinnen«. Ein als naturkundliches Museum geplantes, im Stil des Historismus errichtetes Gebäude baute van der Velde daraufhin im Jugendstil aus – das Museum Folkwang (heute Osthaus Museum Hagen) war das erste Gebäude dieses Stils in Hagen, weitere folgten. An ihnen sind als Architekten beteiligt: Matthieu Lauweriks, Peter Behrens, Walter Gropius und Richard Riemerschmid. Und als Künstler unter anderem Jan Thorn-Prikker, Milly Steger und sogar Henri Matisse. Sie alle trugen dazu bei, dass der Jugendstilgedanke weitergeführt wurde und in der Moderne, wie sie der Deutsche Werkbund und das Bauhaus vertraten, mündete.

DER EIGENTLICHE IMPULS, der von Hagen ausging und der der Bewegung in den 1970er-Jahren den Namen »Hagener Impuls« einbrachte, ist die Tatsache, dass sie nicht allein auf Kunst und Architektur beschränkt bleiben, sondern das gesamte gesellschaftliche Leben verändern sollte. Osthaus brachte Architekturprojekte mit Vorbildcharakter in seiner Heimatstadt auf den Weg und hoffte so, eine Reformierung der Gesellschaft bewirken zu können. Solche Projekte waren Villen und Museen, aber auch die Künstlerkolonie und Gartenstadt Hohenhagen, die Arbeitersiedlung Walddorfstraße oder das Krematorium auf dem Friedhof Delstern.

DOCH DER REFORMBEWEGTE Unternehmer starb 1921 mit 47 Jahren – lange bevor alle seine Pläne verwirklicht werden konnten. Seine Erben verkauften umgehend die Sammlung des Museums Folkwang an die Stadt Essen, alle weiteren Projekte wurden nicht weitergeführt. Für beinahe zwei Jahrzehnte war Hagen eines der Zentren zur Überwindung der althergebrachten Ordnung und letztendlich des Kaiserreichs gewesen. Mit Stolz kann die Stadt auf dieses Intermezzo ihrer Geschichte zurückblicken.

DAS TREPPENHAUS der Villa Cuno, eine Arbeit von Peter Behrens unter Mitarbeit von Walter Gropius

IN KÜRZE

LAGE
Ruhrgebiet; Hagen

ANSCHAUEN

Osthaus Museum
Hochstraße 71

Hohenhof
Am Stirnband 10

Gartenstadt
Hohenhagen
Am Stirnband

Arbeitersiedlung
Walddorfstraße
Walddorfstraße 1–21

Villa Cuno
Haßleyer Straße 35

Krematorium Hagen
Delstern
Am Berghang

Hagener Hauptbahnhof
(Farbverglasung)
Am Hauptbahnhof

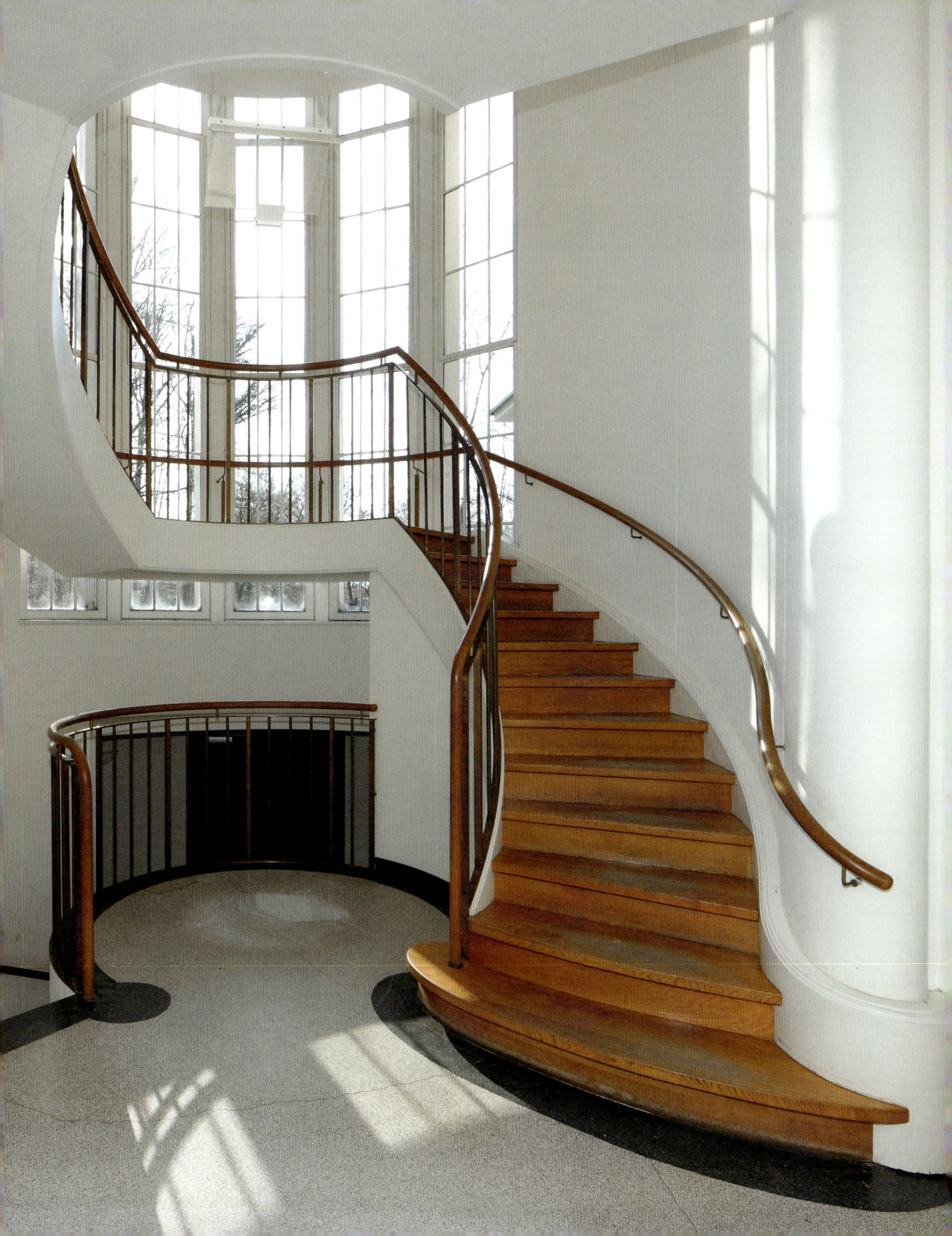

88 BACKSTEINEXPRESSIONISMUS
Architektur des Umbruchs

Sie sollten die Dynamik der Zeit, ihren fast revolutionären Fortschritt nach dem Ersten Weltkrieg, aber auch die Kontroversen, die Unruhe und die Spannungen in der Gesellschaft symbolhaft verkörpern: die Bauten des Backsteinexpressionismus. Ihren Höhepunkt fand diese Form des Bauens zwar im Chilehaus in Hamburg, doch auch im Ruhrgebiet, in Düsseldorf und in Köln sind herausragende Beispiele für diesen Stil zu finden.

Hart gebrannter Backstein war der traditionelle Baustoff Norddeutschlands und des Ruhrgebiets. Gerade aus diesem Grunde wurde er von den Architekten der Neuen Sachlichkeit meist abgelehnt, die Glas, Metall und Putz bevorzugten und jede Form des Zierrats aus ihren Bauten ausklammerten. Anders die Vertreter des Expressionismus: Sie verwendeten nicht ausschließlich Klinker, aber für sie war er das ideale Material, um die Brüche in der Gesellschaft, die nach dem Ersten Weltkrieg sichtbar wurden, aber auch die Stimmung des Umbruchs und des Aufbruchs zu demonstrieren. Ornamente abseits des »Heimatschutzstils« der Traditionalisten, insbesondere in Form von Ecken, Spitzen und Kanten und dem dynamischen Wechsel aus Klinkerbändern, waren bevorzugte Stilmittel der Backsteinexpressionisten. Die hart gebrannten Klinker hatten darüber hinaus den Vorteil, allein durch die unterschiedlichen Farben den Gebäuden Leben und Dynamik einzuhauchen. Die Bauten der expressionistischen Architekten glichen dadurch weniger einfachen Häusern denn Skulpturen.

WER MIT OFFENEN AUGEN durch die Städte des Ruhrgebiets fährt, wird immer wieder auf Bauten des Backsteinexpressionismus treffen. Dies gilt in ganz besonderem Maße für die Stadt Gelsenkirchen, die rund 20 Gebäude dieses Baustils, darunter auch einige Privathäuser, besitzt. Wie unterschiedlich das aussehen kann, ist an den drei eindrucksvollsten Beispielen zu studieren: der Heilig-Kreuz-Kirche, dem Hans-Sachs-Haus und dem Volkshaus Rotthausen. Die 1929 vollendete Heilig-Kreuz-Kirche lässt von außen an die Wehrhaftigkeit einer mittelalterlichen Festung denken, während der Innenraum mit seinem parabelförmigen Tonnengewölbe und einer sehr durchdachten Lichtführung eine beinahe spirituelle Stimmung erzeugt. Das Hans-Sachs-Haus in der Altstadt (1927) dagegen ist trotz der rustikalen Klinkerverkleidung ein durch und durch dem Neuen Bauen verpflichtetes Gebäude, das man wohl kaum mit dem dritten im Bunde, dem 1921 entstandenen Volkshaus Rotthausen in Verbindung bringen würde.

AUCH IN OBERHAUSEN HAT der Baustil sehr unterschiedliche Ausprägungen, wie man am Rathaus und am Bert-Brecht-Haus sehen kann. Das 1930 eingeweihte Rathaus ist ein Werk von Ludwig Freitag, der sowohl die Fassaden wie auch die gesamte Innenausstattung gestaltete. Zwei Jahre davor war das Bert-Brecht-Haus von Otto Scheib fertig geworden. Das spitz zulaufende Gebäude mit seiner markanten dreizackigen Eingangsseite – das Chilehaus in Hamburg lässt grüßen – war das erste Hochhaus der Stadt.

IN KÜRZE

LAGE
Ruhrgebiet; Düsseldorf, Köln

BEISPIELE DES BACKSTEIN-EXPRESSIONISMUS
Gelsenkirchen:
Kirche Heilig Kreuz
Bochumer Straße 111 (Ückendorf)

Hans-Sachs-Haus
Ebertstraße 13 (Altstadt)

Volkshaus Rotthausen
Grüner Weg 3 (Rotthausen)

Wohn- und Geschäftshaus, Bismarckstraße 49–51/Hauptstraße 80 (Altstadt)

Reichsbank, Goldbergstraße 14 (Buer-Mitte)

Oberhausen:
Rathaus
Schwartzstraße 72

Bert-Brecht-Haus
Langemarkstraße 19–21

NACHLESEN

Die Stadt Gelsenkirchen hat für ihre Stadt einen Flyer zum Backsteinexpressionismus herausgebracht. Das PDF kann unter www.gelsenkirchen.de heruntergeladen werden.

Neben den Ruhrgebietsstädten besitzen auch Köln und Düsseldorf herausragende Beispiele des Backsteinexpressionismus. Das Hansahochhaus in Köln etwa, gebaut zwischen 1924 und 1925, war eines der ersten Hochhäuser Deutschlands und bei seiner Eröffnung das höchste Europas. Allein das Skulpturenprogramm über den spitz zulaufenden Erdgeschossfenstern ist beeindruckend. In Düsseldorf ist vor allem das Ensemble um Tonhalle und Ehrenhof dem Backsteinexpressionismus zugehörig. Mit ihrer kupferverkleideten Kuppel über dem kreisrunden Konzertsaal, den Strebepfeilern aus Backstein und den Pavillons zum Ehrenhof hin dominiert die Tonhalle diesen Teil des Rheinufers.

OBEN Die Fassade des Oberhausener Rathauses ist unglaublich detailreich gestaltet. Bis hin zu den Möbeln hatte der Architekt Ludwig Freitag alles genau geplant. Im Innern beeindrucken noch die Bänke aus glasierten Fliesen.

UNTEN Otto Scheibs Bert-Brecht-Haus in Oberhausen, vormals Ruhrwachthaus, ist eines der typischen Beispiele des rheinischen Expressionismus. Die Besichtigung lohnt nur von außen, das Innere wurde komplett modernisiert.

87 DIE SCHRÄGSEILBRÜCKEN AM RHEIN
Gespannte Verkehrswege

Harfen und Fächer aus Stahlseilen überspannen den Rhein in Köln und Düsseldorf. Die Schrägseilbrücken der beiden Rheinstädte setzten nach dem Zweiten Weltkrieg Maßstäbe im weltweiten Brückenbau.

Im Jahr 1945 lagen die Rheinstädte Köln und Düsseldorf in Trümmern, die Infrastruktur war zerstört, allen voran die Flussbrücken. Obwohl der Wiederaufbau zügig nach Kriegsende begann, stellten die Rheinbrücken ein gesondertes Problem dar. Baumaterialien waren knapp und teuer. Eine Rekonstruktion der alten materialaufwendigen Brücken kam daher nicht in Frage, zumal schnell klar wurde, dass die Brücken der Zukunft auch anderen Verkehrslasten würden standhalten müssen. Neben dem Bau der weltweit ersten Hohlkastenbrücke zwischen der Kölner Innenstadt und dem Stadtteil Deutz sowie der damals längsten Hängebrücke Europas in Köln-Rodenkirchen – beide von dem renommierten Ingenieur Fritz Leonhardt geplant – war es in den Rheinstädten die Schrägseiltechnik, die den Anforderungen am ehesten zu entsprechen versprach. Die zeichnet sich dadurch aus, dass die die Fahrbahn tragenden Seile nicht wie bei einer Hängebrücke zunächst zu einem Hauptträgerseil und von dort zum Pylonen geführt, sondern straff direkt vom Pylonen beziehungsweise den Pylonen zum Träger gespannt werden. Damit setzten die Ingenieure vom Rhein – wieder um Leonhardt – auf eine Technik, die kaum erprobt war, und schufen Bauwerke, die richtungsweisend für die großen Schrägseilbrücken der Welt wurden.

ERSTE SCHRÄGSEILBRÜCKE AM RHEIN – und damit Vater der sogenannten Düsseldorfer Brückenfamilie – war die 1957 als Nordbrücke eröffnete Theodor-Heuss-Brücke in Düsseldorf. Sie wurde als zweihüftige Schrägseilbrücke konstruiert, deren H-förmige Pylonen die Fahrbahn mittels in Harfenform gespannter Seile tragen. Diese Schrägseilanordnung, bei der die Seile parallel zueinander geführt werden, nutzt die Tragkraft der Seile zwar nicht optimal aus, doch sie gilt im Gegensatz zu den beiden anderen Schrägseilanordnungsformen – dem Fächersystem und dem modifizierten Fächersystem – als ästhetischer. Der Nordbrücke folgten in den 1960er- und 1970er-Jahren die beiden anderen Mitglieder der Brückenfamilie, die einhüftige Rheinkniebrücke, ebenfalls mit H-förmigem Pylonen und zwei Seilebenen in Harfenform, sowie die jüngste Oberkasseler Brücke mit nur einer Seilebene an einem frei tragenden Pylonenturm.

NUR ZWEI JAHRE NACH DER THEODOR-HEUSS-BRÜCKE, 1959, wurde in Köln die Severinsbrücke eröffnet, ein Werk von Leonhardt und dem Architekten Gerd Lohmer. Sie entwickelten eine einhüftige Schrägseilbrücke mit einem A-förmigen Pylonen, dessen Seile die Fahrbahn fächerförmig aufspannen. Der nicht mittig, sondern asymmetrisch im Fluss stehende Pylon trägt dem Schiffsverkehr Rechnung, der so ohne störende Flusspfeiler fahren kann. Wie alle Brücken der Stadt wurde sie im typischen Kölner Brückengrün gestrichen, das Konrad Adenauer einst in seiner Funktion als Oberbürgermeister ausgesucht hatte.

IN KÜRZE

LAGE
Rheinland; Rhein in Düsseldorf und Köln sowie A3 bei Duisburg

START
Am besten von Duisburg Zoo über die A3 mit Blick auf die Eiermannbrücke nach Düsseldorf

ZIEL
Kölner Rheinufer an der Severinsbrücke

LÄNGE
rund 80 Kilometer

DIE EXPO-BRÜCKE

International wurde die ausgereifte Schrägseiltechnik erstmals auf der EXPO von 1958 präsentiert, auf der Egon Eiermann und Sep Ruf ihre für Deutschland entworfenen Pavillons mittels einer 70 Meter langen Schrägseil-Fußgängerbrücke verbanden. Die wurde nach der EXPO abgebaut und überspannt heute die A3 bei Duisburg.

BRÜCKENANSICHTEN

Eine Schiffstour über den Rhein von Köln oder Düsseldorf aus bietet nicht nur einen einzigartigen Blick auf und unter die Rheinbrücken, sie stellt auch die Städte in einem ganz neuen Licht dar.

OBEN Auch die Fleher Brücke in Düsseldorf, 1979 eröffnet, steht in der Tradition der Düsseldorfer Brückenfamilie, obwohl sie die Fahrbahn über einen A-förmigen Pylonen in modifizierter Fächerform aufspannt.

MITTE Für ihre grazile, asymmetrische Bauweise wurde die Severinsbrücke 1967 mit dem Kölner Architekturpreis ausgezeichnet.

UNTEN Zusammen mit dem Fernsehturm sind die Harfen der Rheinkniebrücke längst zum städtischen Wahrzeichen Düsseldorfs geworden.

86 WASSERBURGEN IM MÜNSTERLAND
Vornehmes Wohnen

Manchmal kann man nur durch die Gitter des Zaunes spinksen, bei anderen ist der Schlosspark zugänglich. Seltener kommt es vor, dass auch Führungen angeboten werden oder in Teilen der Gebäude Museen eingerichtet wurden. Die Wasserburgen, Schlösser und Herrensitze des Münsterlandes sind noch immer zu einem Gutteil in Privatbesitz. Aber selbst wenn man nur von außen einen Blick auf sie werfen kann, lohnt eine kleine Tour durchs Münsterland mit kleinen Stopps an den vornehmen Landsitzen.

Es ist immer ein überragender Anblick, egal, aus welcher Richtung und zu welcher Tageszeit man auf die dreiflügelige Anlage von Schloss Nordkirchen zuläuft. Das von Wasser und traumhaft schönen Gärten umgebene Ensemble gilt als das Paradebeispiel der münsterländischen Wasserburgen und -schlösser. Und die aus den für die Gegend typischen Materialien, Klinkern und Sandstein, errichtete Anlage ist ein Muster barocker Symmetrie: Umgeben von 71 Hektar feinster barocker Gartenkunst und einem Wassergraben von fünf Hektar Fläche thront das hufeisenförmige Schloss auf einer quadratischen Insel. Die Ecken der Insel werden durch freistehende, achteckige Pavillons markiert. Aufgrund seiner bloßen Größe, aber auch durch seine Pracht versteht man den Namen »Westfälisches Versailles«. Außer zu den Nordkirchener Schlosskonzerten können Teile des Gebäudes ganzjährig besichtigt werden, ein Restaurant befindet sich in einigen Kellerräumen und in der Kapelle kann man sich trauen lassen. Darüber hinaus stehen die Gärten offen.

EBENFALLS IN TEILEN ZUGÄNGLICH ist die Wasserburg Schloss Anholt, schon fast am Niederrhein zwischen Bocholt und Emmerich gelegen, deren ältester Teil auf das 12. Jahrhundert zurückgeht und das im Laufe der Jahre zu einer barocken Residenz umgebaut wurde. Es ist der Sitz der Fürsten zu Salm-Salm, und weil das Schloss nach dem Zweiten Weltkrieg stark zerstört war, der Fürstenfamilie aber die finanziellen Mittel zum Wiederaufbau fehlten, wurden Teile des Schlosses für Besucher geöffnet und mit den Eintrittsgeldern der Bau finanziert. Heute beherbergt die dreiflügelige Anlage der Vorburg ein Hotel, aber besonders lohnend sind die prächtigen Säle des Schlosses, in denen die außergewöhnliche Kunstsammlung derer zu Salm-Salm ausgestellt ist. Zu den Kostbarkeiten des Schlosses gehört zudem die außergewöhnliche Bibliothek.

BESONDERS BEZAUBERND ist Burg Hülsdorf bei Havixbeck, vor allem auch, weil es einen Einblick in das Leben des Adels zur Zeit des Klassizismus gibt und das Droste-Museum beherbergt. Das Herrenhaus wurde unter Heinrich I. von Droste-Hülshoff in den Jahren zwischen 1540 und 1545 in der stillen Landschaft des Münsterlandes erbaut. Gut 250 Jahre später wurde seine Nachfahrin, die Dichterin Annette von Droste-Hülshoff, auf der Burg geboren und hat mit ihrer Dichtung seinem Geschlecht Unsterblichkeit verliehen. Die Droste, wie sie hier im Münsterland liebevoll genannt wurde, lebte nicht nur auf der Burg: Zum Arbeiten zog sie sich ins Rüschhaus zurück. Das Schloss wie auch das Rüschhaus stehen für Besichtigungen offen.

IN KÜRZE

LAGE
Münsterland

INFO
Infos zu Schlössern und Herrensitzen im Münsterland unter www.100schloesserroute.de

SCHLOSS DARFELD bei Rosendahl stammt in Teilen aus dem 16. Jahrhundert und ist Wohnsitz der Grafen Droste zu Vischering. Es lässt sich nur von außen besichtigen, lohnt aber wegen seines Sandstein-Arkadenhofs, der regionaltypischen Klinkerfassade und den hübschen geschweiften Giebeln unbedingt den Besuch. Von hier aus bietet sich ein Abstecher zur nahen Abtei Gerleve an; nicht nur wegen dessen Kirche, sondern auch der Gaststätte wegen.

85 WASSERSTRASSENKREUZ MINDEN
Wo Schiffe über die Brücke fahren

Dass Schiffe eine Brücke unterqueren, ist normal. Dass sie allerdings über eine Brücke fahren und dabei auch noch einen Fluss überqueren, ist ein eher gewöhnungsbedürftiger Anblick, vor allem aus der Luft oder vom Rand der Brücken aus, wo man fast vollständig von Wasser umgeben ist. Beim Mindener Wasserstraßenkreuz quert der Mittellandkanal die Weser. Ein Meisterwerk der Verkehrsarchitektur.

Gut 325 Kilometer ist der Mittellandkanal lang, eine künstliche Bundeswasserstraße, die am sogenannten Nassen Dreieck bei Bevergern im Münsterland vom Dortmund-Ems-Kanal abzweigt und Richtung Elbe durch Nordrhein-Westfalen, Niedersachsen und Sachsen-Anhalt führt. Dort mündet er in den Elbe-Havel-Kanal. Auf dem Weg in den Osten kommt ihm allerdings die Weser in die Quere, die bei Minden etwa in Süd-Nord-Richtung fließt. Da man das Hindernis nicht umgehen kann, haben sich die Ingenieure beim Bau des Kanals entschlossen, die Weser mittels einer wasserführenden Trogbrücke zu überqueren.

DIE 370 METER LANGE MASSIVE BETONBRÜCKE, zwischen 1911 und 1914 erbaut und mit Basaltlava und Sandsteinplatten verkleidet, ist längst zu einem der Wahrzeichen Mindens geworden. In acht Segmentbögen führt sie über Weser und Wesertal, das am Ostufer völlig unverbaut ist, um dem Strom bei Hochwasser Raum zu geben. Über Treppentürme im Stil des Historismus ist ein seitlich dem Kanal verlaufender Fußgängerweg zugänglich. Es ist ein spektakulärer Anblick, hier dicht am Wasser zu stehen, während Schiffe gemächlich und in großer Nähe kreuzen und unter einem die Weser dahinfließt. Pumpwerke stellen die Wasserversorgung des Kanals sicher, der am Wasserstraßenkreuz 13 Meter über der Weser und zehn Meter über dem umgebenden Gelände liegt. Eine Schachtschleuse, deren historisierende Doppelturmanlage an eine Festung erinnert, sorgt dafür, dass Schiffe vom Kanal in die Weser und umgekehrt kreuzen können. Dazwischen liegt der Mindener Industriehafen.

DOCH DIE TROGBRÜCKE VON 1914 GENÜGTE den modernen Großmotorgüterschiffen nicht mehr: Zu eng war die Fahrrinne. In den Jahren 1993–98 wurde daher parallel zur alten Brücke eine zweite Trogbrücke in Stahlkonstruktion errichtet. Von einer Aussichtsplattform zwischen beiden Trogbrücken lässt sich der Betrieb in beiden Kanälen beobachten: die Frachtschiffe auf der neuen Brücke und die Sportboote, die mittlerweile die alte Brücke befahren dürfen.

WESTLICH VON MINDEN, bei Hahlen, lässt sich ein wesentlicher Bestandteil von Mittellandkanal und Wasserstraßenkreuz anschauen: eines der Sicherheitstore des Kanals. Kanäle haben in den Bereichen zwischen zwei Schleusen eine gleichbleibende Wasserspiegelhöhe. Damit im Falle eines Dammbruchs nicht das gesamte Wasser in diesem Bereich ausläuft, sichern Tore, die den Kanal abdichten, alle paar Kilometer die Wasserstraße ab. Machen Sie auch einen Abstecher dorthin!

IN KÜRZE

LAGE
Ostwestfalen-Lippe; Minden

INFO
Informationszentrum am Wasserstraßenkreuz Minden
Sympherstraße 12
32425 Minden

ZU FUSS ODER PER BOOT

Ein Rundweg führt vom Infozentrum aus zu den einzelnen Stationen des Wasserstraßenkreuzes. Der Spaziergang dauert etwa 90 Minuten. Im Infozentrum können auch Führungen gebucht werden.
Darüber hinaus bietet die Mindener Fahrgastschifffahrt verschiedene Fahrten an, etwa die Kanal-Weser-Fahrt oder die Fahrt zur Schachtschleuse.

FÜR STATISTIKER

24.000 Tonnen Wasserlast trägt die alte Trogbrücke am Wasserstraßenkreuz Minden, 60.000 Tonnen die neue. Darunter wird die Oberweser zur Mittelweser. Die Breite des alten Trogs zwischen den Fenderungen, also den die Schiffe schützenden Vorrichtungen, beträgt 24 Meter, seine Tiefe drei Meter. Der neue Trog hat eine Breite von 42 Metern und eine Tiefe von vier Metern.

84 WESERRENAISSANCE
Von Norditalien ins Weserbergland

Städte und Landschaften entlang von Strömen haben ihre eigene Geschichte. Sie sind mit dem Meer verbunden und darüber mit anderen Ländern und Kontinenten. Die nehmen damit wiederum Einfluss auf die Kultur, auf Architektur, Malerei, ja sogar auf das Essen. An der Weser – die in einem kleinen Zipfel bei Minden auch Nordrhein-Westfalen durchfließt – haben sich die Einflüsse der Welt in einer regionalen Baukunst niedergeschlagen, der Weserrenaissance.

Als »Wiedergeburt« des Geistes der Antike, ihrer im Mittelalter in Vergessenheit geratenen Wissenschaften und Geisteshaltungen wird die Renaissance heute charakterisiert. Sie nahm ihren Anfang im Florenz des 15. Jahrhunderts, fand Ausdruck in der Architektur, der Malerei, der Musik und breitete sich allmählich in Europa aus. Als ihre Ideen im 16. Jahrhundert auch die Weser erreichten, erlebte das Weserbergland gerade eine wirtschaftliche Blüte. Die neue Baukunst wird mit Freuden beidseits des Flusses umgesetzt, allerdings in einer eigenen regionalen Ausprägung.

TYPISCHE MERKMALE DER SOGENANNTEN WESERRENAISSANCE – die sich an italienischen, aber auch niederländischen Vorbildern orientiert – sind die reich verzierten »welschen« Giebel mit ihren Voluten, also schnecken- oder spiralförmigen Ornamenten. Masken und Fratzen, sogenannte Neidköpfe, treten häufig auf, außerdem sind Kerbschnitt-Bossensteine (Quader mit gleichförmigen, kerbenartigen Ornamenten), Streifenputz und Fächerrosetten typische Stilmittel der Weserrenaissance. Kennzeichnendes Bauelement ist außerdem die Utlucht, ein erkerartiger, vom Erdboden ausgehender Vorbau, häufig auch als Standerker bezeichnet. Vorherrschender Baustoff ist der Sandstein aus dem Weserbergland, der eine besonders feine Körnung besitzt und in ganz Nordeuropa schon zuvor ein begehrtes Baumaterial darstellte.

OBWOHL DAS NORDRHEIN-WESTFÄLISCHE WESERGEBIET nicht allzu groß ist, ist es gut mit Schlössern, Rat- und Bürgerhäusern im Stil der Weserrenaissance durchsetzt. In Minden sind es die Häuser Hill und Hagemeyer, die den Baustil vertreten. Beide wurden Ende des 16. Jahrhunderts erbaut. Ihre Staffelgiebel wurden mit aufwendigen Voluten und Rollwerk versehen, im Bereich der Giebelfronten sind die Rundbogenfenster von Halbsäulen eingefasst. Auch bei den benachbarten Bürgermeisterhäusern von Bad Salzuflen sind die Giebel hervorzuheben. Das ältere der beiden Gebäude stammt aus dem Jahr 1533. Es ist eher schlicht gehalten und lediglich von kleinen Kaffgesimsen horizontal gegliedert. Der gestaffelte Giebel aber trägt auf jedem Absatz schneckenförmig gewundene Verzierungen, die von mit Lilienwappen bekrönten Obelisken besetzt sind. Auf dem Reliefstein unterhalb des zentralen Fensters sind die Erschaffung der Eva, Adam und Eva unter dem Baum der Erkenntnis und die Vertreibung aus dem Paradies abgebildet. Auch das Nachbarhaus, 1564 erbaut, ist von Kaffgesimsen untergliedert und besitzt einen reich verzierten Staffelgiebel. Zudem zeigt sich an ihm die typische Utlucht.

HAUS HILL in Minden. Der Staffelgiebel wird von Voluten verziert, die Giebelfront durch Rundbogenfenster und Halbsäulen vertikal und durch Kaffgesimse horizontal gegliedert.

IN KÜRZE

LAGE
Ostwestfalen-Lippe

BEISPIELE DER WESERRENAISSANCE IN NRW

Minden:
Haus Hill, Bäckerstraße
Haus Hagemeyer,
Am Scharn 11–17
Bad Salzuflen:
Bürgermeisterhäuser,
Am Markt 32 und
Am Markt 34
Lemgo:
Hexenbürgermeisterhaus, Breite Straße 19
Rathaus, Marktplatz
Schloss Brake,
Schlossstraße 18
Paderborn:
Rathaus, Rathausplatz 1
Schloss Neuhaus,
Residenzstraße 2
Detmold:
Fürstliches Residenzschloss, Schloßplatz 1
Büren:
Wewelsburg,
Burgwall 19

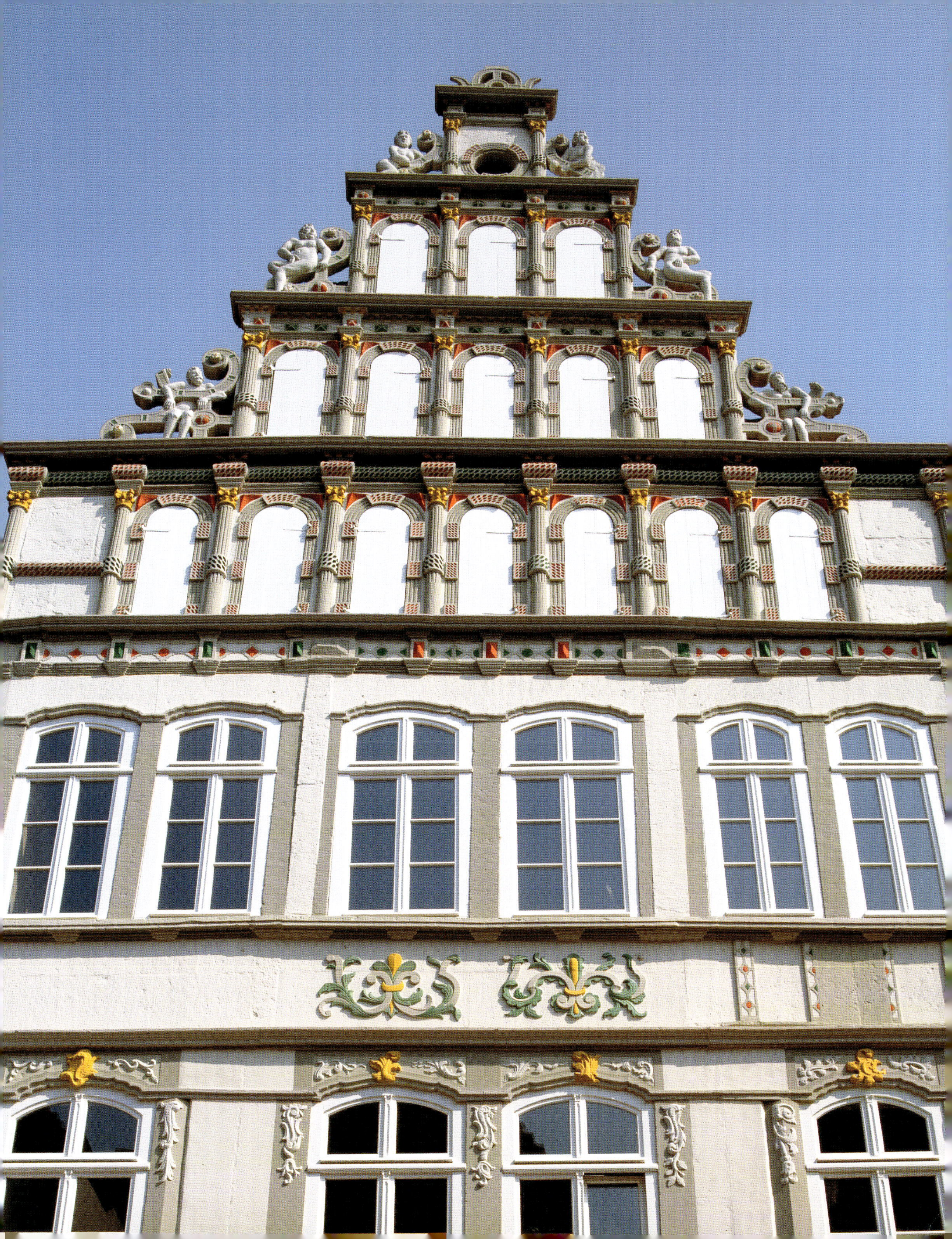

LINKS Die Kanzel von St. Engelbert in Köln, ein Werk von Dominikus Böhm

RECHTS Zur Heiligen Familie war die Kirche des städtischen Waisenhauses in Köln-Sülz. Sie wurde von Dominikus Böhm entworfen und nach dessen Tod von Gottfried weitergeführt. Die Chorwand schmückt ein Relief von Jochem Pechau. 126 Lämmer und ein Hütehund begleiten den Guten Hirten.

LINKS Modell der Zentralmoschee mit islamischem Kulturzentrum, entworfen von Paul Böhm

Kirchen von Dominikus Böhm (Auswahl):
St. Engelbert Köln-Riehl;
Christus-König Leverkusen;
Beichtkapelle zur Kirche St. Alban Erftstadt-Liblar;
St. Kamillus Mönchengladbach;
St. Engelbert Essen;
Krankenhauskirche St. Elisabeth Köln-Hohenlind;
St. Joseph Köln-Rodenkirchen

Kirchen von Gottfried Böhm (Auswahl):
Marienkapelle St. Kolumba (Madonna in den Trümmern, Köln;
St. Anna Köln-Ehrenfeld;
Hlg.-Geist-Kirche Essen-Katernberg;
St. Thomas Morus Gelsenkirchen-Ückendorf;
Mariendom Velbert-Neviges;
Christi Auferstehung Köln-Lindenthal

überzeugen, dass er keineswegs einen orientalischen Bau entworfen hatte, sondern dass die Wurzeln seiner Architektur im europäischen Mittelalter zu suchen seien. Auch viele Kölner Bürger standen – und stehen teils heute noch – der »Zitronenpresse«, wie sie die Kirche geringschätzig nennen, skeptisch gegenüber. Doch Böhm ließ sich von derlei Widerständen nicht beirren und realisierte den Bau. Dass die Diskussion um diese Kirche bis zum Papst vordrang – der sich erwartungsgemäß ebenfalls gegen die moderne Architektur aussprach – zeigt, wie tiefgehend die Innovationen von Dominikus Böhm waren und wie weit er sich mit diesem Bau von der Tradition entfernt hatte.

DIE AUFTRÄGE DER KIRCHE WURDEN in den 1930er-Jahren weniger. Böhm entwarf vor allem profane Bauten, aber unter den Nationalsozialisten verschlechterte sich seine wirtschaftliche Lage zusehends. Während des Krieges lebte die Familie wieder in Jettingen, wo der Architekt auch sein Büro hinverlegt hatte. Sohn Gottfried, 1920 geboren, studierte ab 1942 Architektur und Bildhauerei in München und realisierte zusammen mit dem Vater erste kleine Aufträge. In der Nachkriegszeit – die Familie Böhm war nach Köln zurückgekehrt – setzte sich die Zusammenarbeit von Vater und Sohn fort. Sie erhielten zahlreiche Aufträge für Kirchenneubauten oder für den Wiederaufbau von im Krieg zerstörten Gotteshäusern, darunter die St.-Anna-Kirche in Köln-Ehrenfeld, die Heilig-Geist-Kirche in Hagen-Ernst, St. Johann Baptist in Geilenkirchen, St. Maria Königin in Köln und St. Ursula in Hürth-Kalscheuren, die heute als Galerie genutzt wird.

GOTTFRIEDS ERSTER EIGENER BAU ist die Kapelle »Madonna in den Trümmern« (1950), heute Teil des Kolumba-Museums in Köln, für die er eine freischwebende, aus Betonschalungen bestehende »Gewebedecke« entwickelte – gewissermaßen die moderne Variante eines mittelalterlichen Gewölbes. Gänzlich neue Wege ging er mit seinem Entwurf für den Mariendom in Velbert-Neviges (1968). Von außen wirkt der Bau wie ein Gebirge aus Beton, das Innere der riesigen Wallfahrtskirche, in der 6000 Menschen Platz finden, wird gerne mit einem von Häusern umstellten Marktplatz verglichen. Für Gottfried Böhms Auffassung von Architektur als begehbare Skulptur finden sich auch bei seinen profanen Bauaufgaben Beispiele – allen voran das Bethanien Kinder- und Jugenddorf in Bergisch-Gladbach und das Rathaus von Bensberg, das die Kritik zwar spaltete, aber auch als architektonischer Meilenstein bewertet wurde. Böhm errichtete auf den Ruinen eines mittelalterlichen Schlosses einen wehrhaft anmutenden Sichtbetonbau, der Vergleiche mit mittelalterlichen Burgen heraufbeschwor.

AUCH DIE DRITTE BÖHM-GENERATION trat in die Schuhe von Vater und Großvater: Bis auf Sohn Markus wurden Stephan, Peter und Paul Böhm Architekten. Die 1996–1998 erbaute Lanxess Arena in Köln-Deutz beispielsweise entwarfen Stephan und Peter, die 2009 begonnene neue Zentralmoschee in Köln-Ehrenfeld stammt von Bruder Paul Böhm. Anders als ihr Vater, der viel in Nordrhein-Westfalen gebaut hat, sind sie weltweit tätig, Sitz ihrer Büros ist jedoch Köln.

83 DIE FAMILIE BÖHM
Zum Himmel empor

Dominikus Böhm gilt als der bedeutendste Erneuerer des katholischen Kirchenbaus zu Beginn des 20. Jahrhunderts. Beispiele seiner Baukunst finden sich vor allem im Rheinland, am Niederrhein und im Ruhrgebiet. Der tiefgläubige Architekt entstammte einer Baumeisterfamilie und "vererbte" die Leidenschaft für das Bauen an seinen Sohn Gottfried und seine Enkelsöhne Stephan, Peter und Paul, die seine Gestaltungskraft aufnahmen und sie auf ihre ganz eigene Weise in ihren Werken fortführen.

Es ist nicht ungewöhnlich, dass Kinder in die Fußstapfen ihrer Eltern treten, dass das Kind eines Handwerkers, Arztes oder eben Architekten den Beruf der Eltern erlernt und deren Betrieb fortführt. Dass dies auf solch hohem künstlerischem Niveau wie bei den Böhms geschieht, ist allerdings eher selten. Parallelen zur Baumeisterfamilie der Parler aus dem 14. Jahrhundert oder zur Familie von Thomas Mann liegen nahe. Und doch unterscheidet zumindest letztere Familie sich grundlegend von den Böhms: Kaum weniger begabt als ihr Vater leidet ein Großteil der Mann-Kinder unter dem übermächtigen, beherrschenden Vater Thomas und empfindet es als »problematisches Glück«, als Kind von Thomas Mann geboren zu sein. In der Familie Böhm herrschte und herrscht bis heute allem Anschein nach ein ganz anderes Klima – die Väter gelten als Vorbilder, nicht aber als Übervater.

DAS BAUEN LAG DEN BÖHMS OFFENBAR IM BLUT. Schon der Vater von Dominikus Böhm war Baumeister im schwäbischen Jettingen-Scheppach. Dominikus, 1880 geboren, studierte an der Baugewerksschule in Augsburg, bevor er sich als Architekt selbstständig machte. 1926 übersiedelte er nach Köln, wo er eine Professur an den Kölner Werkschulen erhielt und seine neue Heimat fand. Die Begegnung mit mittelalterlicher Architektur in Italien und mit den Liturgischen Reformbewegungen in der katholischen Kirche wurden prägend für das Schaffen des jungen Architekten. Die archaische Monumentalität und Plastizität romanischer Bauten spiegelt sich in seinen Kirchen ebenso wieder wie die Lichtregie und Spiritualität gotischer Gotteshäuser. Als einer der ersten experimentierte Dominikus Böhm im Kirchenbau mit Beton und schuf mit dem modernen, sachlich und kühl empfundenen Baustoff stimmungsvolle Räume voller Expressivität, die den Menschen nicht erniedrigen und kleinzuhalten suchten, sondern ihn in seiner Würde erheben und aufrichten sollten. »Ein Gott, eine Gemeinde, ein Raum« lautete die Formel für seine Kirchen, die die Gemeinde der Gläubigen, ihren Wunsch nach einem gemeinschaftlichen Gottesdienst-Erlebnis, weit stärker in den Mittelpunkt rückten als bisherige Kirchenbauten.

DIE MODERNITÄT VON ST. ENGELBERT begeisterte die Fachwelt, doch die katholische Kirche teilte diese Begeisterung nicht. Zu fremd und zu fern von den bisherigen Bautraditionen war ihr dieses Gotteshaus. Böhm musste die Kirchengemeinde und das Generalvikariat davon

IN KÜRZE

LAGE
Köln; Niederrhein; Ruhrgebiet

ZUM ANSCHAUEN

Die Böhms. Architektur einer Familie. Dokumentarfilm von Maurizius Staerkle Drux. 2014

LINKS Acht parabelförmige Segmente formen den Zentralbau von St. Engelbert in Köln von Dominikus Böhm. Der Glockenturm steht als Solitär neben dem Zentralbau. Der Chor ist dem Eingangsportal gegenüber angebaut.

UNTEN LINKS St. Engelbert: Während der zentrale Kirchenraum im Dämmerlicht liegt, erstrahlt der Altarraum im Chor in gleißendem Licht.

UNTEN RECHTS Architektur als Skulptur: Der Mariendom von Neviges zählt zu den bedeutendsten Bauten von Gottfried Böhm. Wegen ihres Aussehens wird die Kirche im Volksmund auch Felsendom genannt.

RECHTE SEITE Überall im Mariendom, der offiziell Maria, Königin des Friedens heißt, finden sich Rosendarstellungen. Sie sind das Symbol der Gottesmutter.

82 BALTHASAR NEUMANN
Der Weg der Vergöttlichung

Durch seine Treppenhäuser geht man nicht, man schreitet. Oder man erklimmt sie auf Knien. Beinahe wird man emporgesogen. Die beiden rheinländischen Treppenhäuser Balthasar Neumanns, in Brühl und Bonn, gehören zu den bedeutendsten – und schönsten – Raumschöpfungen des Rokoko.

Zur Zeit Balthasar Neumanns (1687–1753) war ein Treppenhaus nicht einfach nur eine Verbindung zwischen zwei Stockwerken. Zumindest nicht in herrschaftlichen Schlössern und Palais. Dort stellten sie den Weg der Apotheose dar, den Weg der Vergöttlichung: Indem er durch ein repräsentatives Treppenhaus emporstieg, wurde der Fürst der profanen Menschenwelt enthoben, um seinem Gott und den Heiligen näher zu kommen. Es diente der Verherrlichung des Herrschers. Musste der wieder hinuntergehen, so wurde daher auch ein Seitenaufgang genommen.

DIE BEDEUTUNG DER TREPPE in Barock und Rokoko verdeutlichte sich auch in der Empfangskultur: Gäste wurden auf der Treppe empfangen, nicht an ihrem Fuß: Sie mussten zu ihrem Gastgeber emporgehen und dabei von unten zu ihm aufsehen. Nur gleichrangige oder übergeordnete Gäste wurden die Treppe hinaufgeleitet. Im Fall des Kölner Erzbischofs Clemens August I. von Bayern, der Schloss Augustusburg in Brühl in Auftrag gegeben hatte und den schon damals berühmten Würzburger Baumeister Balthasar Neumann für den Bau und die Gestaltung des repräsentativen Treppenhauses verpflichten konnte, wird diese Verherrlichung des Herrschers noch einmal überhöht: Der Gast schreitet erst einmal zu einem vergoldeten Abbild des Erzbischofs empor, bevor er das Antlitz des Fürsten erblicken darf. Denn das Treppenhaus – nach wie vor der Höhepunkt der gesamten Brühler Schlossanlage – ist als dreiläufige Anlage gestaltet, die die vom Vestibül über ein Podest mit dem Abbild Clemens Augusts gewendete Treppe ins erste Geschoss führt, wo sich zwei Festsäle anschließen. Das mit Plastiken, Stuck und kostbarem Stuckmarmor verzierte Treppenhaus umfasst die gesamte Höhe des barocken Schlosses Augustusburg und ist von einem Deckenfresko »Großmut und Großherzigkeit des Clemens August« des Malers Carlo Carlone überspannt.

AUCH DAS ZWEITE RHEINISCHE WERK von Balthasar Neumann ist eine Rokoko-Treppe, allerdings kein profaner, sondern ein sakraler Bau: die Heilige Stiege in Bonn. Sie wurde der Scala Santa nachempfunden, der Stiege, die angeblich zum Palast des Pontius Pilatus in Jerusalem gehörte und die Jesus auf dem Weg zu seinem Prozess beschritten haben soll. Der Überlieferung nach wurde sie im Jahr 326 nach Rom gebracht, wo sie heute zur Kapelle Sancta Sanctorum hinaufführt. Die zahlreichen Gläubigen erklimmen sie auf Knien und beten bei jeder Stufe ein Vaterunser. Als Teil der Kreuzbergkirche dient auch die Bonner Stiege der Wallfahrt. Die dreiläufige Treppe, deren mittlerer Teil das eigentliche Heiligtum bildet, ist die einzige ihrer Art im Rheinland. Sie ist mit herrlichen Fresken und Darstellungen des Passionswegs ausgeschmückt.

IN KÜRZE

LAGE
Rheinland;
Brühl und Bonn

INFO
Schloss Augustusburg
Schlossstraße 6
50321 Brühl
www.schlossbruehl.de

Kreuzberg Bonn
Stationsweg 21
53127 Bonn
www.kreuzberg-bonn.de

Auch wenn die Heilige Stiege nur an drei Tagen (Karfreitag, Karsamstag, 14. September) im Jahr begangen werden darf, kann sie ganzjährig von außen besichtigt werden.

DER HOCHALTAR DER SCHLOSSKIRCHE

Neben dem Treppenhaus und vielen Verbesserungen an der bereits bestehenden Schlossfassade, den Innenräumen und der Gartenanlage ist der Hochaltar in der Brühler Schlosskirche ein Werk von Balthasar Neumann.

≫ Im Treppenhaus von Schloss Augustusburg finden alljährlich, in der Regel zwischen Mai und August, die Brühler Schlosskonzerte statt. Das Programm erfahren Sie unter www.schlosskonzerte.de.

OBEN LINKS Außenansicht der 1752 errichteten Heiligen Stiege.

OBEN RECHTS Das Treppenhaus in Schloss Augustusburg vom Vestibül aus gesehen

MITTE Während Jesus die Stiegen zu Pilatus' Palast hinaufging, blutete er. Auf der Heiligen Stiege deuten Messingkreuze auf der zweiten, elften und zwanzigsten Marmorstufe die Blutstropfen an.

UNTEN Schloss Brühl vom Garten aus gesehen

81 LUDIWG MIES VAN DER ROHE IN KREFELD
Ikonen der Moderne

Sie lassen Raum für freie Gedanken, die Häuser Esters und Lange in Krefeld, geschaffen von niemand Geringerem als Ludwig Mies van der Rohe. Mit ihren gestaffelten Kuben, versenkbaren Fensterfronten und einer maßgeschneiderten Innenarchitektur sind sie die einzigen Privathäuser, die der große Purist in Nordrhein-Westfalen entworfen hat.

Es sind strenge, puristische Bauten, die Fabrikantenvillen Esters und Lange. Und mit ihren klaren Formen, den Symmetrien und schmucklosen Möbeln sind sie Meisterwerke der Avantgarde, eher ein Symbol, eine Weltanschauung modernen Wohnens denn ein gemütliches Heim. Entworfen wurden die beiden Villen von Ludwig Mies van der Rohe. Heute beherbergen sie Museen für zeitgenössische Kunst und verfügen über eine Sammlung bedeutender Kunstwerke des 20. und 21. Jahrhunderts.

IM JAHR 1927 BEAUFTRAGTEN die beiden Gründer und Geschäftsführer der Vereinigten Seidenweberei Aktien Gesellschaft (VerSeidAG) in Krefeld, Hermann Lange und Josef Esters, Ludwig Mies van der Rohe mit der Planung und dem Bau ihrer privaten Stadtvillen. Als Mitglied des Deutschen Werkbunds kannte Hermann Lange den Architekten persönlich und fühlte sich den Ideen der Neuen Sachlichkeit ebenfalls verbunden. Mit den ersten Entwürfen des Architekten waren die beiden Bauherren aber dennoch nicht ganz zufrieden. Mies van der Rohe hatte offene Räume geplant mit sehr viel Glas. Lange und Esters aber wünschten sich etwas mehr Privatsphäre, sowohl nach außen hin als auch im Innern. Die Fensterfronten mussten etwas reduziert, ein paar Wände und Türen eingeplant werden. Gleichwohl sind beide Villen weitläufig und offen, verbinden durch ihre immer noch großzügigen Fensterfronten das Innere mit den Gärten. Im Haus Lange lassen sich die Fenster zum Garten hin sogar komplett versenken.

DIE BEIDEN FABRIKANTENVILLEN SIND GANZ DEN IDEEN von Deutschem Werkbund und Bauhaus verschrieben: der Verbindung von Zweck und Formgebung, von Kunst und Handwerk. Das macht sich insbesondere im Innern der Häuser, von Mies van der Rohe in Zusammenarbeit mit der Designerin Lilly Reich erarbeitet, bemerkbar. Einbauschränke, Lichtschalter, Wandvitrinen – nichts wurde dem Zufall überlassen. Das gilt bis hin zur Küche, die praktisch durchdacht und dabei offen und hell ist. Äußerlich bilden die benachbarten Villen ein harmonisches Ensemble aus gestapelten Backsteinkuben, die über Terrassen und Fenster die Wohnräume zum Garten, der ebenfalls von Mies van der Rohe entworfen wurde, hin öffnen und mit einbeziehen.

1930 ERHIELT MIES VAN DER ROHE von den Unternehmern den Auftrag, für die Färberei der VerSeidAG ein Gebäude zu errichten. Er baute einen lichten, weiß verputzten Kubus in Stahlskelettbauweise mit Bimssteinausfachung. Die horizontalen Fensterbänder der Fassade werden durch Fallrohre in einem Rhythmus von 1-2-3-2-1 durchbrochen. Im Sockel und im Treppenhaus greift der Architekt noch einmal auf Klinker zurück, ein Material, von dem er sich in seinen späteren Bauten allmählich verabschiedet.

IN KÜRZE

LAGE
Niederrhein; Krefeld

INFO
Haus Esters und Haus Lange:
Wilhelmshofallee 91–97
47800 Krefeld
www.kunstmuseenkrefeld.de

Färberei- und HE-Gebäude, VerSeidAG:
(heute: Mies van der Rohe Business Park)
Girmesgath 5
47803 Krefeld
www.bauhaus-trifft-business.de

IN DER TRADITION VON MIES VAN DER ROHE

Nicht von Mies van der Rohe, wohl aber von zwei einstigen Mitarbeitern, Rudolf Wettstein und Willi Kaiser, entworfen und ganz seinem Baustil verpflichtet ist Haus Heusgen (Talring 153, 47802 Krefeld). Das Haus ist noch in Privatbesitz. Nach telefonischer Voranmeldung unter 0211-13068774 kann es besichtigt werden.

KLINKER, STAHL, HOLZ UND HELLES LEDER
Klinker und Stahl dominieren die Außenfassaden der Häuser Lange (oben) und Esters (unten), im Innern sind es warmes Eichen- und Nussbaumparkett und ebensolche Fensterlaibungen. Auch die Möbel – die heute zum Großteil nicht mehr vorhanden sind – passte Ludwig Mies van der Rohe perfekt in die Villen ein. Hier sein berühmter Barcelona-Sessel in elfenbeinfarbenem Leder mit passendem Hocker und Glastisch.

SCHAUT EUCH DAS AN!
Architektur zum Staunen

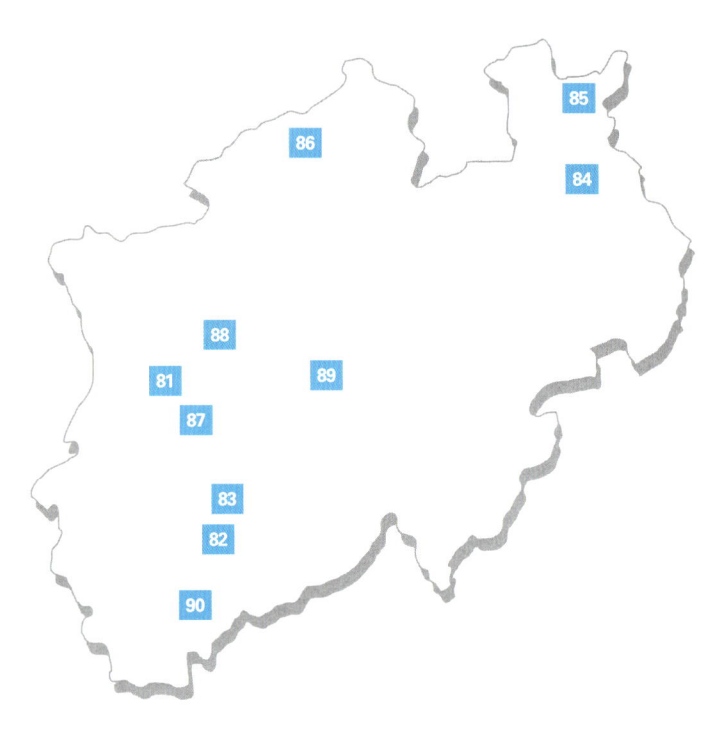

81 SEITE 202
Ludwig Mies van der Rohe
in Krefeld
Ikonen der Moderne

84 SEITE 210
Weserrenaissance
Von Norditalien ins
Weserbergland

88 SEITE 218
Backsteinexpressionismus
Architektur des Umbruchs

82 SEITE 204
Balthasar Neumann
Der Weg der Vergöttlichung

85 SEITE 212
Wasserstraßenkreuz Minden
Wo Schiffe über die Brücke
fahren

89 SEITE 220
Hagener Impuls
Schönheit als herrschende
Macht

83 SEITE 206
Die Familie Böhm
Zum Himmel empor

86 SEITE 214
Wasserburgen im Münsterland
Vornehmes Wohnen

90 SEITE 222
Bruder-Klaus-Kapelle
Mystik auf dem Feld

87 SEITE 216
Die Schrägseilbrücken am Rhein
Gespannte Verkehrswege

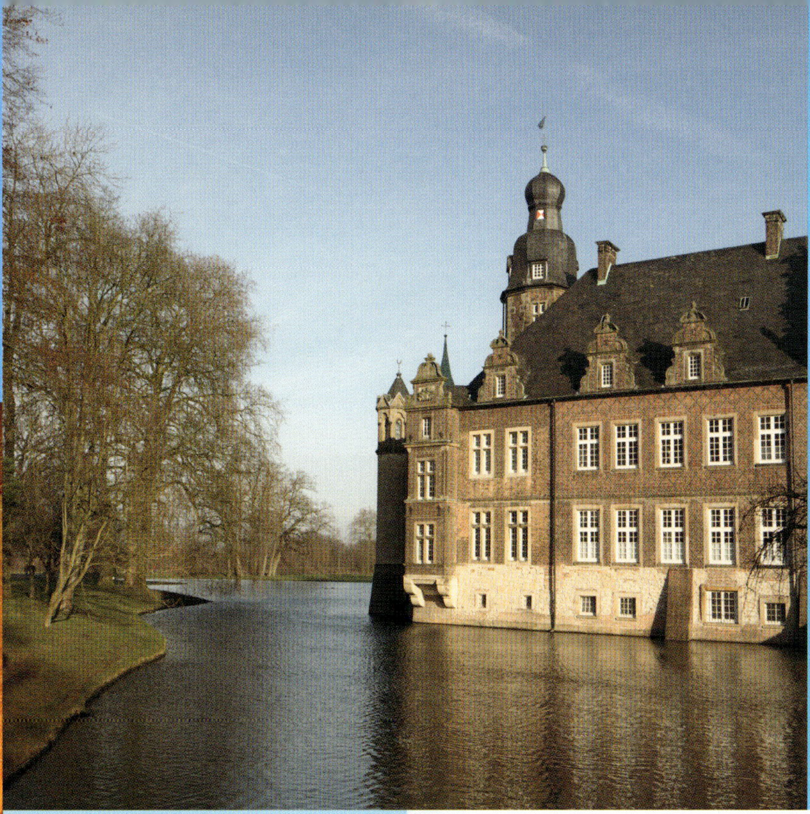

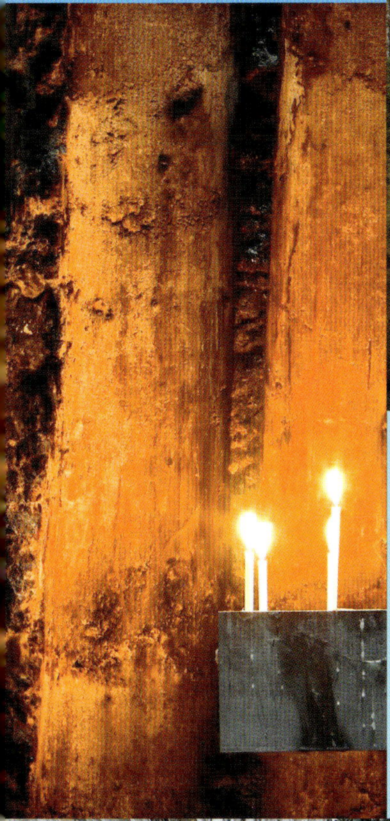

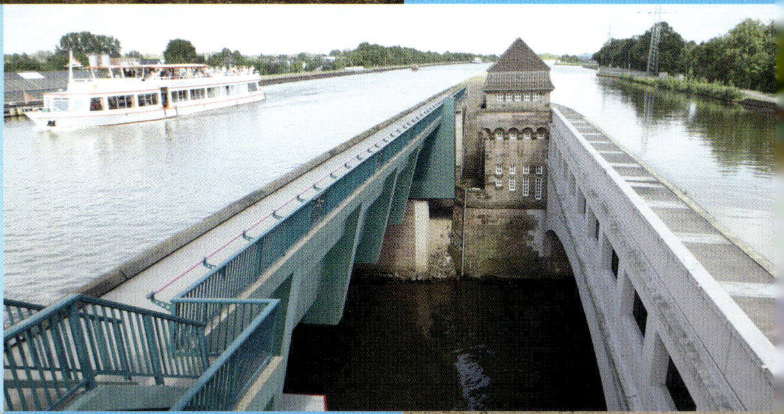

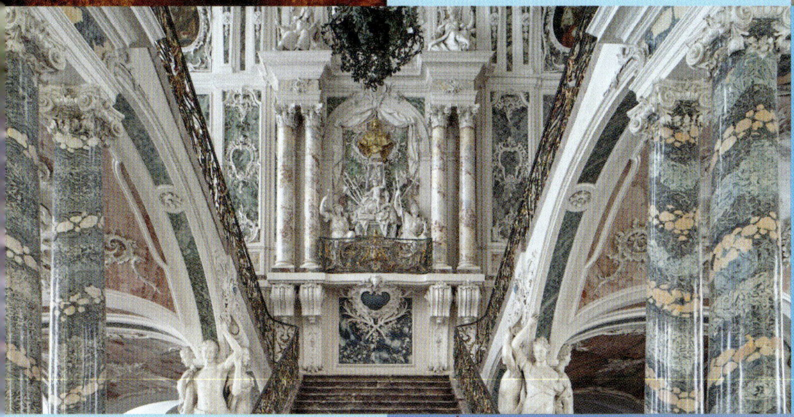

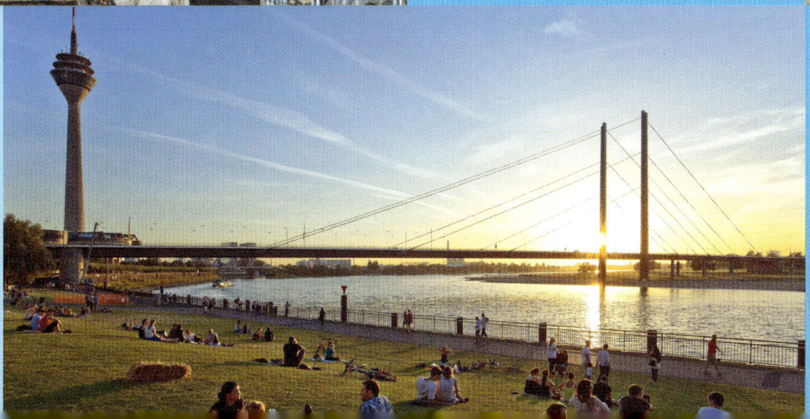

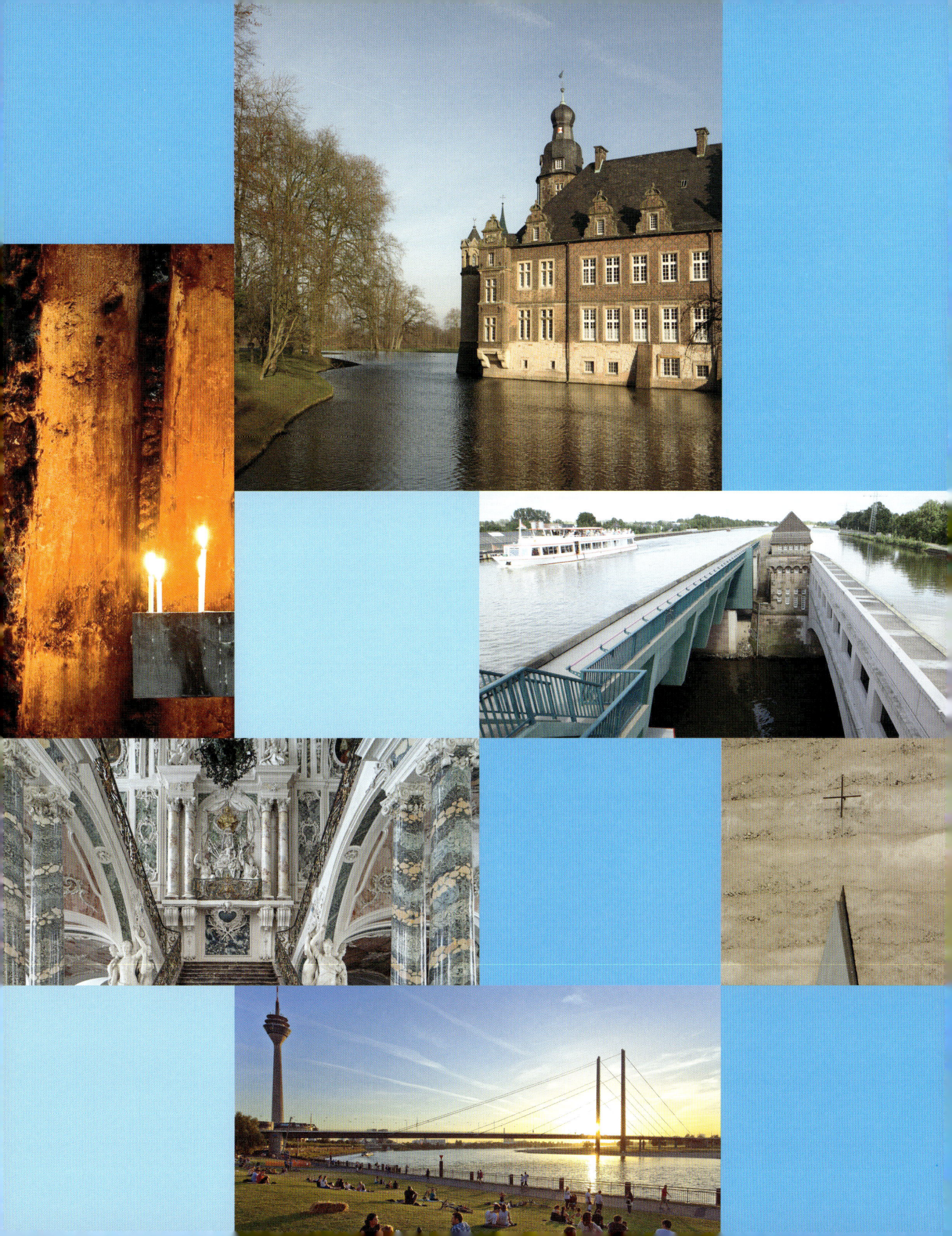

80 DAS TÄUFERREICH VON MÜNSTER
Bigamie im neuen Jerusalem

Hoch oben am Turm von St. Lamberti in Münster hängen drei eiserne Körbe. In ihnen wurden im Jahr 1536 die Leichen des »Königs des Täuferreichs« und seiner beiden wichtigsten Anhänger ausgestellt. Sie sollten die Bürger der Stadt gemahnen, sich nicht mehr gegen ihren Landesherrn zu stellen, der mit der Hinrichtung der Täufer nicht nur deren Bewegung, sondern überhaupt der Reformation für Münster ein Ende setzte.

Relikte und Schäden aus der Zeit des Täuferreichs sind in Münster noch an einigen Stellen zu finden. Die auffälligsten sind ohne Frage die drei Eisenkäfige am Lamberti-Turm, doch von der Wut der Täufer blieb keine Kirche der Stadt verschont. Der St.-Paulus-Dom war wohl am schwersten von den Verwüstungen betroffen – außer einer lebensgroßen Darstellung des Einzugs Jesu nach Jerusalem blieb kein Bildwerk von den Zerstörungen verschont: Das Sandsteinrelief einer Äbtissin aus dem 13. Jahrhundert zeigt noch heute die scharfen Schnitte, die ein Beil in ihrem Gesicht hinterlassen hat. Auch der gotische Sockel, der eine Christophorusstatue trug, die 1627 erneuert wurde, zeigt solche Scharten. Übel getroffen hat es auch die Liebfrauen-Überwasser-Kirche: Deren Helm wurde von den Täufern vom Turm gestürzt, um Kanonen auf der entstandenen Plattform aufzustellen. Im Innern wurden Figuren, aber auch das Taufbecken zerschlagen. Die monumentalen Heiligenfiguren am Portal dagegen wurden abgenommen, um mit ihnen die Stadtmauern zu verstärken. Sie wurden mittlerweile ausgegraben und sind im Landesmuseum in Münster zu besichtigen, ebenso wie das aus den Bruchstücken zusammengesetzte Taufbecken.

GEISTIG ABER IST VOM TÄUFERREICH in Münster nichts mehr geblieben. Was wie in vielen Städten mit reformatorischem Streben und lutherischen Predigten Bernhard Rothmanns begann, endete in einem Massaker an all jenen Männern, die sich der Bewegung angeschlossen hatten. Rothmann wendete sich zunächst den Lehren Zwinglis zu (indem er beispielsweise Weißbrot zum Abendmahl reichte, was ihm den Namen Stutenbernd einbrachte) und dann den Täufern. Ihr namensgebendes Anliegen: Ablehnung der Kindstaufe, die durch eine Erwachsenentaufe ersetzt werden sollte. Immer mehr Täufer kamen aus den Niederlanden nach Münster, sie riefen die Stadt zum neuen Jerusalem aus, verkündeten den nahen Weltuntergang und konnten durch die Ratswahl 1534 die Macht in der Stadt übernehmen: Jeder, der nicht die Erwachsenentaufe empfangen wollte, musste die Stadt verlassen. Der Fürstbischof, der der lutherischen Reformation machtlos gegenüberstand, machte mobil und belagerte die Stadt. Unterdessen aber wurde das Täuferreich ausgerufen, sein Rädelsführer Jan von Leiden zum »König des Neuen Tempels« ernannt, der darauf als Allererstes die Vielehe einführte. Gegner wurden gnadenlos hingerichtet. Doch das Reich währte nicht lange: Die belagerte Stadt konnte 1535 eingenommen werden, der König wurde mit zwei weiteren Rädelsführern hingerichtet, ihre Leichname in den Käfigen zur Schau gestellt.

IN KÜRZE

LAGE
Münsterland; Münster

ES SIND DIE ORIGINALKÖRBE, die heute an St. Lamberti hängen. Noch 40 Jahre nachdem sie hier angebracht worden waren, sollen die Knochen der zu Tode gefolterten Täufer sichtbar gewesen sein. Die Unruhen, die die Reformation europaweit ausgelöst hatte, wurden erst über 100 Jahre nach Beendigung des Täuferreichs im Westfälischen Frieden, der unter anderem im Rathaus zu Münster (rechts) ausgehandelt wurde, beendet.

79 HAUS DER GESCHICHTE
Zeitgeschichte hautnah

An wohl keinem deutschen Besucher geht das »Haus der Geschichte« in Bonn spur- und emotionslos vorbei. Denn dort taucht man nicht nur in die Geschichte der Bundesrepublik Deutschland und die der Deutschen Demokratischen Republik ein, sondern immer auch in seine ganz persönlichen Erlebnisse und Erinnerungen, insbesondere die der Kindheit.

Manchmal ist es im »Haus der Geschichte« beinahe genauso spannend, die Besucher zu beobachten, wie die Ausstellungsräume und Exponate selbst. Da stehen erwachsene Frauen gerührt vor einem VW-Käfer und erzählen stolz, wie sie mit ihrem eigenen ersten Käfer bei Eis und Schnee mühelos die Serpentinen in der Eifel überwunden haben, während andere Wagen – viel größer und angeblich stärker – liegen geblieben sind. Endlich darf man auch einmal in den grün gepolsterten Klappstühlen mit Schreibpult des alten Bonner Bundestages Platz nehmen, die man immer im Fernsehen in der Tagesschau gesehen hat, und auf das Pult blicken, hinter dem sich SPD-Politiker Herbert Wehner seine sensationellen Rededuelle mit CSU-Politiker Franz Josef Strauß und dessen »Mitsträußen« lieferte. Werbefilme beschwören alte Zeiten hervor. Das »Haus der Geschichte« ist voll von Alltagsgegenständen aus der Vergangenheit, reich an Erinnerungen an die eigene Geschichte.

DOCH AUCH DIE GROSSEN geschichtlichen Ereignisse werden wieder ins Gedächtnis zurückgerufen und so informativ wie bisweilen unterhaltsam in ihren Zusammenhängen dargestellt. Chronologisch erzählt das Haus die deutsche Geschichte vom Zusammenbruch des Dritten Reichs über den Kalten Krieg bis hin zur Deutschen Einheit und zur Gegenwart. Dabei ist es kein trockener Geschichtsunterricht, den der Besucher hier erlebt – anhand von Filmen und kommentierten Fotoserien, Zeitungsausschnitten und originalen Exponaten wird die Vergangenheit beider deutscher Staaten beleuchtet, das Alltagsleben ihrer Bewohner ebenso wie ihre Rolle, die sie innerhalb der gegnerischen Staaten und militärischen Blöcke einnahmen.

EIN AMÜSANTES HIGHLIGHT ist der Besuch der Karikaturengalerie mit ihren 75.000 Karikaturenblättern zur deutschen Politik und Zeitgeschichte. Wer sich ein bisschen mit deutscher Nachkriegspolitik auskennt und wem die Personen, die hinter ihr steckten, noch etwas sagen, der wird beim Durchwandern dieser Sammlung aus dem Lachen nicht mehr herauskommen. Die Ausstellung zeigt ausgewählte Exponate, aber mittels eines Terminals können die Besucher auch in den Beständen stöbern.

WER NACH DEM MUSEUMSBESUCH sein Geschichtswissen vertiefen will, dem steht im »Haus der Geschichte« zudem das Informationszentrum zur Verfügung, eine Bibliothek und Mediathek zur deutschen Zeitgeschichte, dem zudem die Spezialbibliothek zur DDR-Geschichte angegliedert ist. Zwischen den Bücherreihen finden sich erneut Exponate, Objekte, die einen neuen Blick auf die deutsche Geschichte werfen und ihrerseits Geschichten erzählen.

IN KÜRZE

ADRESSE
Bonn
Haus der Geschichte
Museumsmeile
Willy-Brandt-Allee 14
53113 Bonn
www.hdg.de

INFO
Der Museumseintritt ist frei!

Bereits architektonisch ist das Museum bestrebt, ungewöhnliche Sichtweisen zu ermöglichen, Rückblicke, Ausblicke und Überblicke auf die Geschichte wie die Gegenwart, den Augenblick zu gewähren. Oben das Foyer des Museums. Inhaltlich beschäftigt sich das »Haus der Geschichte« mit den großen Zusammenhängen der näheren und ferneren Zeitgeschichte wie mit der ganz persönlichen Erinnerung. Unten: Ein Wasserwerfer und Videodokumentationen lassen die Demonstrationen der 1960er-Jahre wieder aufleben.

78 DIE SCHLACHT IM TEUTOBURGER WALD
Der erste Held

Wir befinden uns im Jahre 9 nach Christus. Germanien wird von den Römern erobert … Ganz Germanien? Nein! Ein von den Römern erzogener abtrünniger Cherusker leistet den Eindringlingen unerbittlichen Widerstand. Mit seinen Mannen lockt er 15.000 römische Legionäre in einen Hinterhalt, vernichtet das Heer und beendet damit den Vormarsch der Römer Richtung Elbe. Ein Held ist geboren, Arminius, der Cherusker, den seine Nachfahren Hermann nennen werden.

Es war der Herbst des Jahres 9 nach Christus. Publius Quinctilius Varus, Feldherr und Statthalter von Germanien, hatte zwei Jahre zuvor den Auftrag erhalten, Germanien zu verwalten. Sein Sommerlager hatte er in jenem Jahr an der Weser im heutigen Teutoburger Wald aufgeschlagen, in dem sich auch Arminius, einer der Fürsten der Cherusker, den die Römer für einen verlässlichen Verbündeten ansahen, aufhielt. Arminius genoss das Vertrauen des Statthalters, sodass dieser die Mahnung seiner Ratgeber überhörte, Arminius plane einen Anschlag und müsse festgesetzt werden. Stattdessen folgte er sogar einem Vorschlag des Arminius, beim Rückzug in sein Winterlager in Xanten (siehe Tour 16) nicht etwa denselben Weg wie auf dem Hinweg zu nehmen, sondern den durch einen »sicheren« Wald.

DREI LEGIONEN UND EINE GANZE REIHE Hilfstruppen brachen im Herbst gen Westen auf: Etwa 15.000 Mann, dazu etwa 4000 Reit- und Lasttiere trotteten in einem gigantischen Zug durch das ihnen völlig unbekannte Gebiet. Dort lauerten ihnen die Cherusker unter der Führung des Arminius auf, der für diese Schlacht auch andere germanische Stämme wie Brukterer, Chatten, Marser und Angrivarier gewinnen konnte. Varus bot mit seinen Männern in dem unübersichtlichen Gelände ein leichtes Angriffsziel, insbesondere für die germanischen Krieger, die es gewohnt waren, in unwegsamem Gelände zu kämpfen, und die gleichzeitig durch Arminius in die römische Kriegs- und Kampfkunst eingewiesen worden waren. Drei Tage dauerte die Schlacht, dann war das römische Heer geschlagen, Varus nahm sich noch auf dem Schlachtfeld das Leben.

SO ODER SO ÄHNLICH hat sich die Varusschlacht abgespielt; die Quellenlage ist dürftig, denn die Römer verzichteten auf eine exakte Dokumentation ihrer Niederlage. Arminius aber, den selbst Tacitus den »Befreier Germaniens« nannte, wurde der erste »deutsche« Held. Auf dem Höhepunkt seiner mythologischen Verklärung wurde dem Cherusker, der im 19. Jahrhundert von der nationalistischen Bewegung endgültig Hermann getauft wurde, nach dem Ende der Befreiungskriege das monumentale Hermannsdenkmal im Teutoburger Wald errichtet, wo man lange den Ort der Varusschlacht vermutete. Die Wipfel des Teutoburger Waldes überragend und auf einem begehbaren Sandsteinsockel stehend, reckt der eiserne und mit Kupfer beschlagene Arminius sein Schwert gen Himmel. Es ist die höchste Statue Deutschlands, gelegen in einem herrlichen Wald, der auch zu Wanderungen einlädt.

IN KÜRZE

LAGE
Teutoburger Wald; südwestlich von Detmold

DAS DENKMAL IN ZAHLEN

Bei einem Ausflug zur sogenannten Grotenburg mit dem Hermannsdenkmal kann man sich den Koloss – der zwischen 1838 und 1848 und dann wieder von 1863 bis 1875 errichtet wurde – genauer ansehen. Die Maße sind beeindruckend.

Gesamthöhe:
53 Meter
Größe des Unterbaus:
20 Meter
Größe der Figur:
27 Meter
Länge des Schwertes:
7 Meter
Höhe des Schildes:
10 Meter

DAS HERMANNSDENKMAL im Teutoburger Wald: Stolz reckt Hermann der Cherusker alias Arminius sein Schwert zum Zeichen des Sieges über die Römer und deren Vertreibung aus Germanien in die Luft. Eine zwar historisch nicht gerade wahrheitsgemäße Darstellung der Geschehnisse im Teutoburger Wald, aber dafür umso heroischer und nationalistischer. Der Name Hermann geht übrigens wahrscheinlich auf Martin Luther zurück.

77 DRACHENFELS
Wo Helden und Mythen gemacht werden

Mit der grundlegenden Umgestaltung des Drachenfelsplateaus zwischen 2011 und 2013 ist eine der bekanntesten Sehenswürdigkeiten Nordrhein-Westfalens in der Moderne angekommen und begeistert jährlich mehr als 800.000 Besucher, die sich vom Charme dieses sagenumwobenen Bergs einfangen lassen und vom Gipfel aus einen der schönsten Ausblicke auf das Rheintal genießen.

Zu Fuß oder mit der Zahnradbahn? Diese Frage ist entscheidend, wenn man auf den Drachenfelsen steigen will. Keine leichte Entscheidung, denn die Zahnradbahn, die seit 1883 zuverlässig Besucher von der Talstation in Königswinter bis zum Drachenfelsplateau befördert, nimmt einem die Mühen, die eine Überwindung der 220 Höhenmeter bedeutet, ganz bequem ab.

WER INDES DIE SPORTLICHE VARIANTE wählt und den Berg in Eigenleistung erklimmt, kann etwa auf der Hälfte der Strecke eine Verschnaufpause in der Nibelungenhalle einlegen. Diese wartet u.a. mit einer großen Gemäldesammlung zu Richard Wagners »Ring der Nibelungen« auf und nähert sich mit einer 13 Meter langen Drachenskulptur aus Stein und einem Reptilienzoo auf ganz eigene Weise den zahlreichen Sagen rund um den Drachenfels. Trotz aller Unterschiede haben die Sagen eines gemeinsam: den ruhmreichen Sieg über einen furchterregenden Drachen.

BELIEBTESTER HELD am Drachenfels ist und bleibt Siegfried aus der Nibelungensage. Zu verlockend ist die Idee, dass eben hier – zwischen Königswinter und Bad Honnef in einer Kulisse aus Wäldern, Burgen und dem Rhein – Siegfried den feuerspeienden Drachen besiegte, in dessen Blut badete und den Nibelungenschatz erbeutete, nicht ahnend, dass sein Leben durch List und Verrat ebenso verloren gehen sollte wie das gefundene Gold. Gegen einen derart überzeugenden Mythos können auch Literaturwissenschaftler nichts ausrichten, die zögernd anmerken, dass sich das Epos gänzlich darüber ausschweigt, wo genau der Drachenkampf stattgefunden haben soll.

UNWEIT DER NIBELUNGENHALLE erhebt sich Schloss Drachenburg als Inbegriff der Rheinromantik majestätisch empor, wobei die zahlreichen Erker, Türme, Zinnen unweigerlich an Schloss Neuschwanstein denken lassen. Die Besichtigung der repräsentativen Räume mitsamt opulenter Deckengemälde, die Episoden deutscher Geschichte aufgreifen oder sich der Nibelungensage widmen, ist ein besonderes Erlebnis, das nur dank einer intensiven Restaurierung des Gebäudes in den letzten Jahren möglich ist.

ERST MIT DEN RUINEN der Burg Drachenfels, die im Dreißigjährigen Krieg geschleift wurde, ist der Gipfel des gleichnamigen Bergs erreicht. Doch nicht hier, sondern von dem weitläufigen Drachenfelsplateau aus lässt sich das einmalige Rheinpanorama am besten genießen. Traditionsreiche Städte entlang des Stroms, Vulkanhügel im Hintergrund, Wälder und Burgen – hier ist der Ort, an dem Mythen entstehen und lebendig bleiben.

IN KÜRZE

LAGE
Siebengebirge; zwischen Königswinter und Bad Honnef

INFO
www.nibelungenhalle.de
www.schloss-drachenburg.de
www.drachenfelsbahn-koenigswinter.de

ZUM NACHLESEN

Arens, Detlev: Kulturführer Drachenfels;
Stankowski, Martin: Der andere Rheinreiseführer

LINKS Die allegorischen Deckenbilder mit den »Träumen von Liebe, von Ehre, von Reichtum und seligem Genießen« in den vier Himmelsrichtungen schufen das passende Ambiente für das Kneipzimmer der Drachenburg, in das sich einst die männliche Gesellschaft zu vertrauten Gesprächen zurückzog.

RECHTS In einer Rekordzeit von nur zwei Jahren (1882–1884) wurde Schloss Drachenburg fertiggestellt. Bauherr Stephan Sarter, der aus einfachen Verhältnissen kommend zu einem ungemein reichen Geschäftsmann aufgestiegen war, verwirklichte sich mit diesem historistischen Bau, der alle Mythen der deutschen Sagenwelt repräsentiert, einen Lebenstraum, obgleich er selbst niemals das Schloss bewohnte.

76 AUSWEICHSITZ NRW
Relikt des Kalten Krieges

Er ist ein beklemmendes Überbleibsel des Kalten Krieges, der einstige Atombunker der nordrhein-westfälischen Landesregierung. In ihn sollte sich im Fall eines Angriffs auf die Bundesrepublik Deutschland beziehungsweise auf Länder der NATO die Landesregierung zurückziehen, um von dort aus die Regierungsgeschäfte weiterzuführen.

Die Tarnung war perfekt: Offiziell hatte hier das Wasser- oder Warnamt seinen Sitz, und der Eingang in den Bunker versteckte sich in der unauffälligen Doppelgarage eines Wohnhauses. Doch die Garage war in Wirklichkeit der Ausweichsitz der Landesregierung, dessen Bau 1962 unter strengster Geheimhaltung begonnen wurde. Die Anlage sollte Angriffen von atomaren, chemischen und biologischen sowie konventionellen Waffen standhalten, doch natürlich galt zu jener Zeit dem Einsatz von Atomwaffen wohl die größte Sorge. Und so sollte die Zivilbevölkerung auch nichts davon erfahren, dass nebenan ein Bunker für 200 Menschen im Entstehen war, in den sie im Ernstfall nicht eingelassen worden wäre. Der Nutzen der Anlage: eine handlungsfähige Landesregierung im Fall eines (Atom-)Krieges. Doch was hätte eine solche regieren sollen, nachdem Deutschland dem Erdboden gleichgemacht worden wäre? Schätzungen zufolge würden nach einem Atomschlag 80–90 Prozent der Bevölkerung in Ballungsgebieten sterben. Und Nordrhein-Westfalen war schon in den 1960er-Jahren in erster Linie eins: Ballungsgebiet.

1000 QUADRATMETER UMFASST DER BUNKER, der im Jahr 1993 aufgegeben und verkauft wurde. Bis dahin war er ständig betriebsbereit, 30 Jahre lang wurde für Nahrung gesorgt, die Technik gewartet, gefegt und geputzt. Der Schwiegersohn des einstigen Hausmeisters erwarb den Bunker und baute ihn nicht etwa zurück, sondern erkannte den historischen Wert der Bunkeranlage und ließ alles so, wie er es beim Kauf vorgefunden hatte. Und er öffnete ihn im Jahr 2009 für Interessierte: Nun können, nach vorheriger Anmeldung, Besucher sehen, mit welcher Technik, in welchen Räumen ihre Regierung – im Übrigen ohne deren jeweilige Familienangehörige – Kriege in einem zerstörten Land überlebt hätten.

DER BESUCH IST SO SPANNEND WIE BEDRÜCKEND: Der voll funktionsfähige Bunker erscheint im Stil der 1960er-Jahre: Geschirr, Locher, Wählscheibentelefone, Betten, Aktenschränke, ein Haartrockner, eine Bibliothek – etwa mit Ian Flemings »007 jagt Dr. No« –, sogar das Toilettenpapier stammt noch aus der Zeit des Kalten Krieges. In der Radiostation sind noch Musikbänder eingelegt, die im Kriegsfall gespielt werden sollten, um die Bevölkerung zu beruhigen. Das hat natürlich einen gewissen Charme. Und doch fragt man sich unweigerlich: Hätte man in diesen Räumlichkeiten wirklich (über-)leben wollen? Die Beamten, die hier regelmäßig für einige Tage den Ernstfall probten, schienen diese Frage nicht uneingeschränkt bejaht zu haben: Sie schlichen sich nachts in die örtliche Kneipe, um dem bedrückenden Ambiente für kurze Zeit zu entfliehen …

IN KÜRZE

LAGE
Eifel; Kall-Urft

INFO
Ausweichsitz NRW
Am Gillesbach
53925 Kall
www.ausweichsitz-nrw.de
Führungen nach persönlicher Anmeldung über die Internetseite. Der Bunker wird auf eigene Gefahr betreten. Man sollte sich unbedingt warm anziehen, auch bei einer Sommerführung, denn im Bunker ist es konstant 7 °C kalt.

BUNKERTOUR

Wer mag, kann eine Tour buchen, in der auch der ehemalige Atombunker der Bundesregierung in Ahrweiler besichtigt wird.

AN ALLES GEDACHT

Vom Tonstudio (oben), das der WDR für den Bunker hatte bauen und regelmäßig warten müssen, über ein Chemielabor (unten), etwa für Wasseruntersuchungen, bis hin zu Schlafräumen war im Urfter Ausweichsitz an alles gedacht worden. Der Schlafraum (rechts) zeigt das Zimmer eines Ministers – den »einfachen« Beamten wurden Stockbetten zugewiesen, und zwar jeweils nur ein halbes. Nach acht Stunden Schlaf wäre man abgelöst worden und der Nächste hätte die Matratze übernommen. Bei Notbelegung – mit 300 Leuten im Bunker – hätten sogar drei Mann pro Bett schlafen müssen.

75 VIA BELGICA, VIA AGRIPPA
Zeitreise auf antiken Verkehrswegen

Als Hauptstadt der Provinz Niedergermanien war Köln zu Zeiten des Römischen Reichs ein bedeutender Verkehrsknotenpunkt. Gleich zwei der wichtigsten Fernhandelsstraßen der Antike haben hier ihren Ausgangs- bzw. Endpunkt: die Via Belgica und die Via Agrippa. Wer ihrem Verlauf folgt, lernt eine Seite Nordrhein-Westfalens kennen, in der römische Geschichte allgegenwärtig und auf besondere und facettenreiche Weise erlebbar ist.

Schnurgerade führen die mehrspurigen Fahrbahnen der Aachener Straße und der Luxemburger Straße aus dem Zentrum von Köln stadtauswärts. Nicht alle Auto- oder Fahrradfahrer sind sich bewusst, dass diese Hauptverkehrsachsen der modernen Stadt bereits vor rund 2000 Jahren existierten. Als weitaus weniger komfortabel zu befahrende Verkehrswege waren sie wichtiger Bestandteil eines Fernhandelsnetzes, das insgesamt 100.000 Kilometer Strecke umfasste. Während die Aachener Straße als einstige Via Belgica das Kölner Stadtgebiet Richtung Westen verlässt und auf ihrem Weg zur nordfranzösischen Hafenstadt Boulogne-sur-Mer die NRW-Städte Bergheim, Elsdorf, Jülich und Baesweiler passiert, schlägt die einstige Via Agrippa einen überwiegend südlichen Kurs ein, führt vorbei an Hürth, Erftstadt, Zülpich und Nettersheim, ehe sie das rheinland-pfälzische Trier ansteuert, um nach mehreren Hundert Kilometern Lyon zu erreichen.

WENN SICH DIE RÖMERSTRASSEN heute als ein ganzheitlicher Erlebnisraum präsentieren und per Rad oder zu Fuß bestens zu erkunden sind, ist das ein Verdienst der Kommunen. Sie haben bei der »Aufbereitung« der antiken Fernverbindungen nicht nur die erhaltenen Boden- und Baudenkmäler berücksichtigt, sondern auch den Naturraum, der sie umgibt. Auf diese Weise verbinden sich auf der Reise in die Geschichte des Rheinlands Kultur- und Naturerlebnisse aufs Angenehmste miteinander.

GELUNGENSTER AUFTAKT für die Zeitreise ist ein Besuch des Römisch-Germanischen Museums in Köln, das neben dem weltberühmten Dionysos-Mosaik und dem Poblicius-Denkmal zahlreiche weitere Sensationsfunde bereithält. Von hier aus geht es auf die einstige Via Belgica oder Via Agrippa. Angesichts der dichten Bebauung mag sich der Eindruck antiker Verkehrswege anfangs nur schwer einstellen, doch immer wieder bezeugen Relikte aus der Römerzeit und entsprechende Informationstafeln, dass hier vor 2000 Jahren tatsächlich Reisewagen und Handelskarossen ihren Weg nahmen. Dass sich die Römer nicht nur auf den Bau von Straßen verstanden, sondern ganz allgemein über hohe technische Standards verfügten, bezeugen zahlreiche Relikte entlang der Handelsrouten. Einer der Höhepunkte der Via Agrippa zwischen Köln und Dahlem sind sicherlich die Reste der Aquädukte sowie die mit Fußbodenheizung ausgestatteten Thermen, die in Zülpich im »Museum der Badekultur« zu bestaunen sind. Auch die Via Belgica kann ein eigenes Römerbad im Tal der Wurm aufweisen, das in der Antike zu einem Guthof gehörte. Dazwischen zeigen sich an beiden Routen Straßenreste und Stelen, Tempel- und Wallanlagen, die die Wander- und Radtouren so abwechslungsreich machen.

IN KÜRZE

LAGE
Ausgangspunkt beider Fernhandelsstraßen ist Köln.
Stationen der Via Belgica in NRW sind unter anderem: Bergheim, Elsdorf, Jülich und Übach-Palenberg; Stationen der Via Agrippa: Hürth, Erftstadt, Zülpich, Nettersheim, Dahlem

START UND ZIEL
Via Belgica: Köln bis Boulogne-sur-Mer nahe Calais
Via Agrippa: Köln bis Lyon

INFO
www.erlebnisraum-roemerstrasse.de

LINKS In Köln, unweit des Doms und des Römisch-Germanischen Museums, können sich Besucher ein Bild von dem Kopfsteinpflaster machen, das in römischer Zeit in den Straßen verlegt wurde.

RECHTS Zülpich als eine der Stationen der Via Agrippa unterhält seit 2008 ein Museum der Badekultur, in dem man sich in einer bestens erhaltenen Thermenanlage von den hohen technischen Standards der antiken Badekultur überzeugen kann.

LINKS Mittels sogenannter Hpyokausten (kleiner Säulen unterhalb der Bodenplatte) konnte ein Hohlraum erzeugt werden, der durch Feuerstellen mit heißer Luft befüllt wurde – die antike Form der Fußbodenheizung.

74 AACHEN, DÜSSELDORF, PADERBORN
Von der Pfalz zur Stadt

Wenn der sonntägliche Besucher heute durch die ehrwürdigen Ruinen der Kaiserpfalz zu Kaiserswerth spaziert, ahnt er wohl kaum, dass sie im Jahr 1062 Schauplatz einer perfiden Entführung war: Nach einem prachtvollen Festmahl lud Erzbischof Anno II. von Köln den minderjährigen König Heinrich IV. auf sein Rheinschiff ein. Kaum hatte der Knabe die Schiffsplanken betreten, verschleppte ihn der Erzbischof nach Köln. Auf diese Weise erpresste Anno die Herausgabe der Reichsinsignien und damit die Regierungsgewalt im Reich. Die Kaiserpfalz von Kaiserswerth ist heute zu einer Ruine verfallen, nichtsdestotrotz gilt sie als die Wiege der Stadt Düsseldorf.

Aachen, Kaiserswerth, Paderborn – das waren nur drei der vielen, vielen Königs- und Kaiserpfalzen im Reich. Sie dienten den fahrenden Königen und Kaisern des Mittelalters als Raststation auf langen Reisen, als Wohnsitz und als Gerichtsort. Pfalz leitet sich vom lateinischen »palatium« ab, das auch noch im deutschen Wort Palast sichtbar ist. Die Kaiserpfalzen waren mithin die mehr oder minder prunkvollen Paläste der deutschen Kaiser im Früh- und Hochmittelalter, bestehend mindestens aus dem Palas, der Residenz des Kaisers, der Pfalzkapelle und dem Gutshof. Letzterer war wichtig, um die Verpflegung des Kaisers zu sichern. Denn der reiste zwar mit seinem ganzen Gefolge, nicht aber mit Nahrung. Auch Gäste mussten angemessen untergebracht und bewirtet werden – es war keine leichte Aufgabe für den Gutshof, die Versorgung zu regeln. Einen Tagesritt lagen die Pfalzen in der Regel auseinander, damit das Reisen für den Kaiser nicht allzu beschwerlich war.

DIE LIEBSTE KAISERPFALZ KARLS DES GROSSEN war bekanntlich Aachen. Karl beabsichtigte ursprünglich, mit der riesigen Pfalz, die aus Villa Regia, Pfalzkapelle, Wohnturm, mehreren Gerichtssälen, Höfen sowie den Garnisonen bestand, einen dauerhaften Regierungssitz zu etablieren. Dazu ist es weder unter seiner Herrschaft noch unter der seiner Nachfolger gekommen. Erhalten geblieben ist von der Pfalz nur ein Teil der Pfalzkapelle mit dem Thron Karls. Das Oktogon bildet das Zentrum des heutigen Aachener Doms, mit dem es zusammen Weltkulturerbe ist. Mit der Pfalz aber beginnt auch allmählich die mittelalterliche Stadt zu blühen.

WIE AUCH IN AACHEN, so siedelten auch in Paderborn und Kaiserswerth immer mehr Menschen rund um die Pfalz an. In der Kaiserpfalz Paderborn, in die sich Papst Leo III. nach einem Aufstand in Rom flüchtet, trifft er mit Karl dem Großen zusammen. Karl verspricht dem Papst militärische Hilfe, im Gegenzug planen sie in Paderborn die Kaiserkrönung des Frankenkönigs. Von Karls Pfalz sind noch einige Fundamente neben dem Museum in der Kaiserpfalz zu sehen, das wiederum auf der späteren Pfalz Heinrichs II. errichtet wurde.

IDYLLISCH sind auch die Kaiserswerther Ruinen gelegen: Direkt am Rhein erstrecken sich die Gemäuer und lassen sich begehen. Kaiserswerth ist heute ein Teil der Großstadt Düsseldorf.

IN KÜRZE

LAGE
Ostwestfalen-Lippe;
Paderborn
Düsseldorf
Eifel; Aachen

RECHTS Die Pfalzkapelle Aachens mit dem Thron Karls des Großen bildet heute das Zentrum des Aachener Doms. Der schlichte Thron besteht aus Marmorplatten, die von vier bronzenen Klammern gehalten werden. Die Marmorplatten stammten, wie auch die Stufen, die zum Thron hinaufführen, aus der Grabeskirche in Jerusalem.

LINKS Das Museum in der Kaiserpfalz wurde auf den Fundamenten der einstigen Villa Regia Heinrichs II. errichtet. Die Grundmauern sind noch gut von dem neuen Mauerwerk zu unterscheiden. Im Hintergrund der Turm des Hohen Doms St. Maria, St. Liborius, St. Kilian zu Paderborn.

RECHTE SEITE Nur noch Ruinen sind von dem einstigen Palas der Kaiserswerther Pfalz zu sehen. Sie sind ein beliebtes Ziel für Sonntagsausflügler, zumal ein angrenzender Biergarten mit schattigen Bäumen lockt.

73 DIE KRUPPS IN ESSEN
Der Patriarch und seine Familie

Die Geschichte der Krupps klingt wie eine Erzählung aus der Neuen Welt. Sie erzählt vom Aufstieg Alfred Krupps vom Tellerwäscher (oder in diesem Fall vom hoch verschuldeten Kleinunternehmersohn) zum Millionär, indem er das marode Industrieunternehmen seines Vaters zum zeitweise größten Europas führt. Doch seine wie auch die Erfolge der nachfolgenden Generationen werden überschattet von unglücklichen Ehen, Skandalen und den Verstrickungen der Familie in die Machenschaften der Nazis. In Essen kann man auf den Spuren der Krupp'schen Geschichte wandeln.

Heute ist das Stammhaus der Familie Krupp ein schmuckes Fachwerkhäuschen, das sich in den Schatten der jetzigen Firmenzentrale duckt. Doch für Alfred Krupp war der Umzug 1824 von seinem bürgerlichen Geburtshaus in der Essener Innenstadt in das einstige Aufseherhaus auf dem Gelände der Krupp'schen Gussstahlfabrik ein Umzug in die relative Armut. Zwei Jahre nach dem Umzug stirbt der Vater. Alfred ist 14, bricht das Gymnasium ab und übernimmt die Fabrik – der Vater hatte noch Zeit gehabt, ihn in die Gussstahlherstellung einzuweisen.

UNERMÜDLICH ARBEITET der Junge daran, die Familie wieder hoch zu bringen. Trotz der Schulden der Familie gelingt es Alfred Krupp, die Fabrik mit der Zeit rentabel zu machen. Er ist ein eiserner Patriarch, der einerseits seine Arbeiter kontrolliert, andererseits das Familiensilber einschmelzen lässt, um in Notzeiten deren Löhne bezahlen zu können. Mit dem Gussstahlunternehmen geht es bergauf und nun soll es auch einen angemessenen Stammsitz geben.

MIT DER VILLA HÜGEL SCHAFFT SICH Alfred einen Wohnsitz, der eindrucksvoll belegt, welchen Reichtum der Stahl der Familie brachte. Und der Patriarch konnte mit ihr seinen Aufstieg aus bitterer Armut demonstrieren. Die klassizistische Villa thront auf einem Hügel über dem Baldeneysee, inmitten eines herrlichen Landschaftsparks. In welcher Pracht die Krupps hier lebten, lässt sich bei einem Rundgang durch das Haupthaus eindrucksvoll sehen.

ÜBER DIE JAHRZEHNTE HINWEG wächst das Unternehmen Krupp weiter und weiter. Doch persönliches Glück findet die Familie augenscheinlich nicht. Alfreds Frau verbringt die meiste Zeit des Jahres mit Sohn Friedrich Alfred in Italien. Als er im Jahr 1902 in der Villa Hügel stirbt, munkelt man über Selbstmord. Seine Tochter Bertha, Alleinerbin des Unternehmens, heiratet Gustav von Bohlen und Halbach und obwohl das Paar Hitler zunächst ablehnt, machen sie mit den Nazis Millionengeschäfte, nutzen Zwangsarbeiter und KZ-Häftlinge aus. Ihr Sohn Alfried wird dafür nach dem Krieg zu zwölf Jahren Gefängnis verurteilt – allerdings begnadigt. Mit Alfried endet zwar nicht das Unternehmen Krupp, wohl aber die persönliche Inhaberschaft an der Firma. Mit seinem Tod geht das Vermögen in eine Stiftung über. Die Geschichte des Unternehmens Krupp wie der Familie zeigt die Ausstellung Krupp in der Villa Hügel.

IN KÜRZE

LAGE
Ruhrgebiet; Essen
Villa Hügel
Hügel 15
45133 Essen
www.villahuegel.de

Es empfiehlt sich, die Öffnungszeiten der Villa Hügel vor dem Besuch zu erfragen – Haupthaus und Ausstellung sind nicht ganzjährig zugänglich. Größere Gruppen müssen ihren Besuch anmelden.

Stammhaus
Altendorfer Straße 100
45143 Essen

Die Krupps sind in Essen noch allgegenwärtig: als Standbild Alfred Krupps an der Essener Marktkirche (rechts), in der Villa Hügel (links und Mitte), in der Philharmonie mit dem Alfried-Krupp-Saal und natürlich in den Industriebetrieben. Als Namen darf ihn die Familie jedoch nicht mehr tragen: Kaiser Wilhelm II. hatte bestimmt, dass nur derjenige den Namen Krupp tragen dürfe, der Alleininhaber der Firma sei.

OBEN Gartenansicht der Villa Hügel. Im linken Flügel ist heute das Krupp-Museum untergebracht.

LINKS Noch heute kann man das Stammhaus der Krupps, das einstige Aufseherhaus, von außen besichtigen, oder zumindest dessen Replik, denn das Häuschen wurde im Zweiten Weltkrieg zerstört, aber 1961 originalgetreu wiederaufgebaut. Es steht in unmittelbarer Nähe zum modernen Hauptquartier der 1999 gegründeten Thyssen-Krupp AG.

OBEN Der alte Bundestag in seinem schlichten schwarzen Design ...

UNTEN ... und die Villa Hammerschmidt zeugen von der Vergangenheit Bonns als Hauptstadt.

die jedoch nie bei der dpd ankam, feierte der SPD-Vorstand bereits die sichere Niederlage der CDU. Als die hessischen Abgeordneten das hörten, fielen sie um und stimmten für Bonn. Weil die »Frankfurter Rundschau« daraufhin offen am 13. Mai »Wahlbeeinflussung« vermutete, setzten die Frankfurt-Befürworter eine nochmalige Abstimmung im Bundestag durch, auch dort fiel die Entscheidung für Bonn aus. Allerdings erinnerte sich einige Monate später der Vorsitzende der Bayernpartei, Josef Baumgartner, im »Spiegel«, dass rund 100 Abgeordnete insgesamt zwei Millionen Mark bekommen haben sollen, wenn sie für Bonn stimmen würden. Weil der eingesetzte Untersuchungsausschuss zu keinem Ergebnis kam, wurde Bonn zur Hauptstadt der Bundesrepublik Deutschland ernannt. Am 3. Oktober 1990 musste Bonn diesen Titel zugunsten Berlins abgeben, Bonn wurde zur Bundesstadt ernannt und ist damit zweiter Regierungssitz und Verwaltungszentrum Deutschlands.

RELIKTE der nun untergegangenen Hauptstadt aber, die man einmal gesehen haben sollte, gibt es in Bonn in Mengen. Das einstige Regierungsviertel erstreckt sich entlang des Rheins, der Lange Eugen, einst das Abgeordnetenhaus und heute deutscher Sitz der Vereinten Nationen, ist weithin sichtbar. Architekt des zwischen 1966 und 1969 errichteten Gebäudes war Egon Eiermann.

AUCH DAS EHEMALIGE WOHNGEBÄUDE der Bundeskanzler, der sogenannte Kanzlerbungalow, kann nach vorheriger Anmeldung besichtigt werden. Zu sehen sind die Wohn- und Empfangsräume, die seit Bundeskanzler Erhard bis zum Umzug des Bundeskanzlers nach Berlin durchgehend genutzt wurden. Der Architekt Sep Ruf, der mit Ludwig Erhard befreundet war, sollte ein weltoffenes und doch repräsentatives Wohngebäude für die deutschen Kanzler schaffen. Der Bungalow wurde jedoch nicht von jedem geschätzt. Kiesinger ließ Stilmöbel in den lichten Bau stellen, Brandt nutzte den Bungalow nicht als Wohnsitz, sondern nur zu Empfängen, und Loki Schmidt bemängelte das Fehlen einer Küche. Helmut Kohl allerdings blieb 17 Jahre in dem Bau wohnen.

VON INNEN SIND im einstigen Regierungsviertel auch die beiden Plenarsäle – im Bundeshaus wie im Wasserwerk – zu besichtigen. Außerdem kann bei Führungen die Villa Hammerschmidt, früher der Hauptwohnsitz des Bundespräsidenten, angeschaut werden. Darüber hinaus ist es ein Vergnügen, durch das ehemalige Viertel der Bundesregierung zu schlendern und etwa einen Blick auf das frühere Bundeskanzleramt, in dem sporadisch Kulturveranstaltungen abgehalten werden, zu werfen. Von ihm hatte Helmut Schmidt gesagt, der Bau erinnere ihn an eine Stadtsparkasse.

DAS ADENAUERDENKMAL Vor dem früheren Bundeskanzleramt steht seit 1982 Konrad Adenauer, als zwei Meter großer Bronzekopf. Auf der Rückseite erinnern Symbole an die Meilensteine in Adenauers Karriere: Der Kölner Dom gedenkt seiner Zeit als Oberbürgermeister, Charles de Gaulle erinnert an die Annäherung zwischen Deutschland und Frankreich. Die Lebensdaten Adenauers sind in die Ohren der von Hubertus von Pilgrim geschaffenen Skulptur graviert.

72 BONN
Wiege der Zweiten Republik

Die Geschichte der Hauptstadt der Bundesrepublik Deutschland beginnt mit Rivalitäten, Ränkespielen und möglicherweise sogar mit Bestechung. Bonn konnte sich gegenüber einer Vielzahl von Mittelstädten und einer Metropole als Hauptstadt durchsetzen. Ganz sauber ging das nicht vonstatten.

Es ist eine fast unglaubliche Geschichte, mit der die Zweite deutsche Republik beginnt: Nach Beendigung des Zweiten Weltkriegs und der Überwerfung der Westalliierten mit der Sowjetunion bekam der Parlamentarische Rat der amerikanischen, britischen und französischen Besatzungszonen den Auftrag, ein Grundgesetz auszuarbeiten, um im Anschluss daran auf dem Gebiet dieser westdeutschen Besatzungszonen einen neuen Staat zu gründen. Doch ein Staat braucht eine Hauptstadt und was lag für Konrad Adenauer, den Vorsitzenden des Parlamentarischen Rats, näher, als Bonn als Hauptstadt allen anderen Städten vorzuziehen. Zehn Minuten Fahrtzeit von seinem Haus in Rhöndorf aus und ein Rheinfährengeld von einer Mark fünfzig waren zwei gewichtige Gründe für ihn, sich Bonn als Hauptstadt zu wünschen. Sein politisches Argument: Bonn im Rheinland habe immer ein gutes Verhältnis zum Westen gepflegt und der Sitz könne für die Verständigung zwischen der jungen Bundesrepublik und den Westmächten nur von Vorteil sein.

DOCH DAS SAH LÄNGST NICHT die Mehrheit des Parlamentarischen Rats so: Viele Städte waren 1948 als mögliche Hauptstadt im Gespräch und einige hatten gute Chancen, die Wahl zu gewinnen. Für Bamberg oder Braunschweig galt das nicht, aber Kassel und vor allem Frankfurt am Main hatten gute Aussichten, die Wahl für sich zu entscheiden. Als man sich allerdings der Kriegsschäden Kassels gänzlich gewahr wurde, schied auch die hessische Stadt aus – zu sehr hätte die Regierung der ohnehin im Elend lebenden Bevölkerung das Leben erschwert. Nun blieben nur noch Bonn und Frankfurt – die im Übrigen beide bereits Plenarsäle errichten ließen, ohne zu wissen, ob die jeweilige Stadt zur Hauptstadt ernannt werden würde und im Falle Bonns im Übrigen ohne Baugenehmigung.

FÜR FRANKFURT SPRACH VIEL: Eine funktionierende Infrastruktur inklusive eines großen Flughafens, der Wirtschaftsrat der vereinigten Bizone saß hier ebenso wie die US-Militärregierung, die im einstigen IG-Farben-Hochhaus agierte. Was sprach für Bonn? Nicht viel, außer Adenauer. Darüber hinaus hatten viele Deutsche gegen die Provinzstadt am Rhein nichts einzuwenden, denn man sah Bonn als nichts anderes an als eine Übergangslösung: Die eigentliche Hauptstadt würde – nach der Integration der russischen Besatzungszone in die Bundesrepublik – ohnehin wieder Berlin sein.

AM 10. MAI 1945 sollte im Parlamentarischen Rat über die neue Hauptstadt abgestimmt werden. Die SPD stand geschlossen hinter Frankfurt, die hessischen CDU-Abgeordneten aber – trotz der Anweisung Adenauers – waren eigentlich auch auf der Seite Frankfurts. Doch Adenauer ließ sich etwas einfallen: Laut einer »vertraulichen« dpd-Meldung,

IN KÜRZE

LAGE
Bonn

BESICHTIGUNGEN
Kanzlerbungalow
Adenauerallee 139
53113 Bonn
Informationen zur Besichtigung unter www.hdg.de/bonn/ausstellungen/dauerausstellung/kanzlerbungalow.
Bei Fragen erreichen Sie den Besucherdienst unter 0228-9165400. Besucher müssen ihren Personalausweis mitführen.

RELIKTE DER BONNER REPUBLIK

Ein früher geläufiges Bild in der Tagesschau: die Bronzeskulptur »Large Two Forms« des britischen Bildhauers Henry Moore vor dem 1976 eröffneten Bundeskanzleramt (oben). Heute ist hier das Bundesministerium für wirtschaftliche Zusammenarbeit und Entwicklung untergebracht. Dagegen ist die Originalausstattung des Plenarsaals nur noch im Haus der Geschichte in Bonn (siehe Tour 79) zu sehen. Auch sie war – wie hier mit Franz Josef Strauß als Redner und Konrad Adenauer sowie Ludwig Erhard – in den Fernsehnachrichten früher allgegenwärtig.

71 ORDENSBURG VOGELSANG
Schule der Fanatiker

Einen herrlichen Ausblick hat man von hier oben: Im Norden und Osten von den Schlingen der Urft und der anschließenden Urfttalsperre begrenzt, schweift der Blick weit über den Kermeter mit seinen schönen Wäldern und die nördliche Eifel; im Westen liegt die Dreiborner Hochfläche. Doch innerhalb der Mauern der NS-Ordensburg Vogelsang trifft man – trotz der späteren Nutzung als belgische Kaserne und des Umbaus zum »internationalen Platz für Ideen« Vogelsang ip – noch allenthalben auf den Fanatismus, den Größenwahn und den unguten Geist ihrer Erbauer.

Sie war eine Schule der künftigen Führungselite der NSDAP, in die nur von Dr. Robert Ley, Reichsorganisationsleiter und Initiator der Ausbildungsstätte, persönlich gemusterte Schüler Einlass fanden und zu »Junkern« des Tausendjährigen Reichs ausgebildet wurden. In Zusammenarbeit mit zwei weiteren Ordensburgen – in Sonthofen im Allgäu, in der Verwaltungs- und Militäraufgaben gelehrt wurden, und im pommerschen Crössinsee (heute Polen), die für die Bildung des Charakters zuständig war – sollte der »neue Adel Deutschlands« herangezogen werden. Vogelsang war für die rassistische Philosophie des Nationalsozialismus zuständig.

DIE LAGE DER ZUKÜNFTIGEN ORDENSBURG VOGELSANG – ab September 1934 errichtet – war mit Bedacht gewählt worden: In wild-ursprünglicher Lage sollte der elitäre Geist der NSDAP-Führerschaft herausgebildet werden, ein kameradschaftliches Gefühl entstehen, die Lehre und der Mythos vom Tausendjährigen Reich und vom Nationalsozialismus fest in den Köpfen der »Junker« verankert werden. Ab 1936 zogen die ersten Auszubildenden auf der nur halb fertigen Burg ein. Als 1939 mit dem Ausbruch des Kriegs auch die Junker-Ausbildung hier ein jähes Ende fand, war ein Großteil der von den Architekten Professor Clemens Klotz und Karl-Friedrich Liebermann geplanten Gebäude nicht umgesetzt worden. Und dennoch ist die Burg Vogelsang ein gigantisches Areal, das mit seinen monumentalen Gebäuden und Plätzen den Herrschaftsanspruch der Nationalsozialisten und ihren Mythos vom Herrenmenschen widerspiegelt.

EIN MYTHOS BLIEB DIE SCHULE auch lange Zeit selbst: Für Elitenazis konzipiert, wurden die Gebäude nach 1939 zwar als Adolf-Hitler-Schule genutzt, doch nur wenige waren ausersehen, die Gebäude zu betreten. Auch nach dem Ende des Zweiten Weltkriegs blieb die Burg Sperrgebiet: 1945 von den Amerikanern kampflos erobert, wurde sie zunächst britische und ab 1950 belgische Kaserne und Truppenübungsplatz, bis diese mit dem Ende des »Kalten Krieges« am 31. Dezember 2005 endgültig aufgegeben, der Schlagbaum für Besucher geöffnet wurde und damit Burg Vogelsang einen Teil ihres Geheimnisses verlor. Der ungute Geist aber, den die Nationalsozialisten hier vertraten und lehrten, der ist sogar nach dem Umbau in den gigantomanen Gebäuden, in Kunstwerken wie dem Fackelträger, ja selbst im öffentlich zugänglichen Schwimmbad noch spürbar.

IN KÜRZE

LAGE
Eifel; bei Schleiden

ÖFFNUNGSZEITEN
Gelände: täglich von 8–20 Uhr
Besucherzentrum und Gastronomie: täglich von 10–17 Uhr, Heiligabend und Silvester 10–14 Uhr

DURCH DIE SCHÖNE EIFEL

Um die einstige Ordensburg herum erstreckt sich die traumhaft schöne Landschaft der Eifel. Wanderungen bieten sich von der Burg Vogelsang aus beispielsweise zum Kermeter an. Die Victor-Neels-Brücke, eine Stahl-Hängebrücke, führt unterhalb von Sportplatz und Schwimmbad der Burg über die Urft hinweg ins Kermetergebiet. Auch die Dreiborner Hochfläche (Tour 7) ist von hier aus ein lohnendes Ziel.

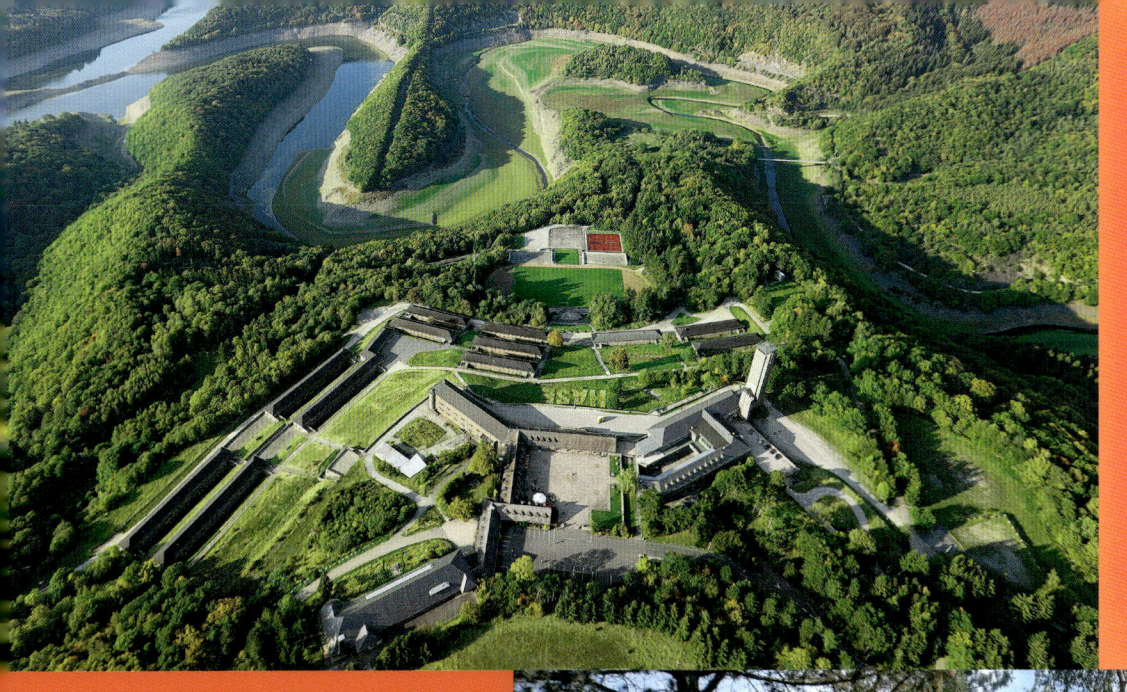

INTERNATIONALER PLATZ VOGELSANG IP

Durch umfangreiche Umbaumaßnahmen entsteht auf der einstigen NS-Ordensburg Vogelsang seit 2006 ein Ausstellungs- und Bildungszentrum, ein außerschulischer Lern-, kultureller Veranstaltungs- und Tagungsort.

OBEN Die Ordensburg Vogelsang nach Abzug der belgischen Truppen und vor dem Umbau zum Internationalen Platz

MITTE Der »Fackelträger« wurde von Willy Meller, einem der beliebtesten Bildhauer unter den Nationalsozialisten, geschaffen.

UNTEN Wer im Vogelsanger Schwimmbad schwimmt, darf das körperliche Idealbild der Nationalsozialisten getrost vergessen, auch wenn es bildlich allgegenwärtig ist.

GLANZ UND SCHATTEN
Deutsche Geschichte

71 SEITE 178

Ordensburg Vogelsang
Schule der Fanatiker

72 SEITE 180

Bonn
Wiege der zweiten Republik

73 SEITE 184

Die Krupps in Essen
Der Patriarch und seine Familie

74 SEITE 186

Kaiserpfalzen
Von der Pfalz zur Stadt

75 SEITE 188

Via Belgica, Via Agrippa
Zeitreise auf antiken
Verkehrswegen

76 SEITE 190

Ausweichsitz NRW
Relikt des Kalten Kriegs

77 SEITE 192

Drachenfels
Wo Helden und Mythen
gemacht werden

78 SEITE 194

**Die Schlacht im
Teutoburger Wald**
Der erste Held

79 SEITE 196

Haus der Geschichte
Zeitgeschichte hautnah

80 SEITE 198

Das Täuferreich von Münster
Bigamie im neuen Jerusalem

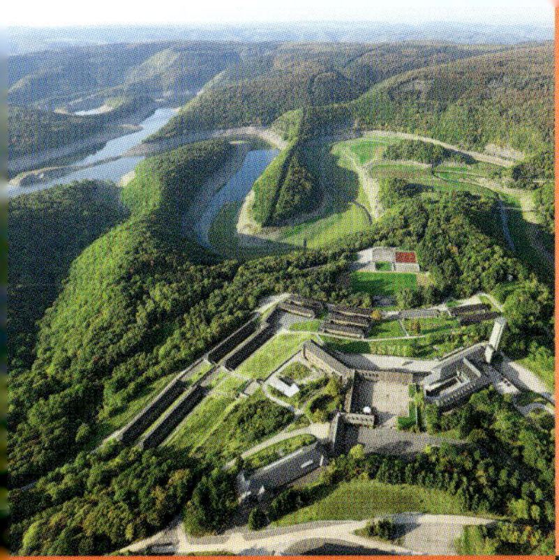
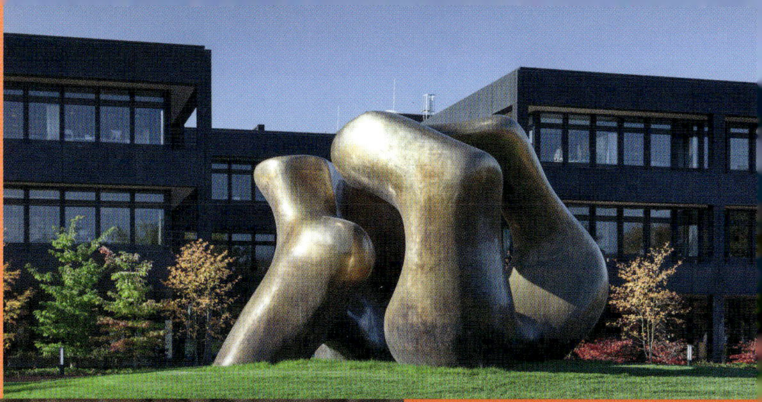
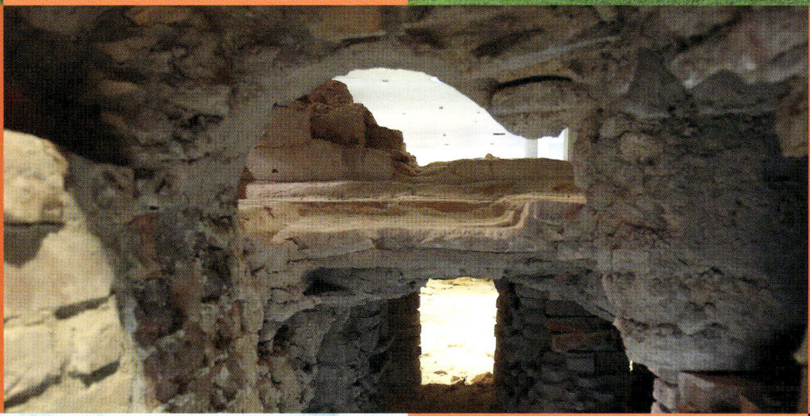
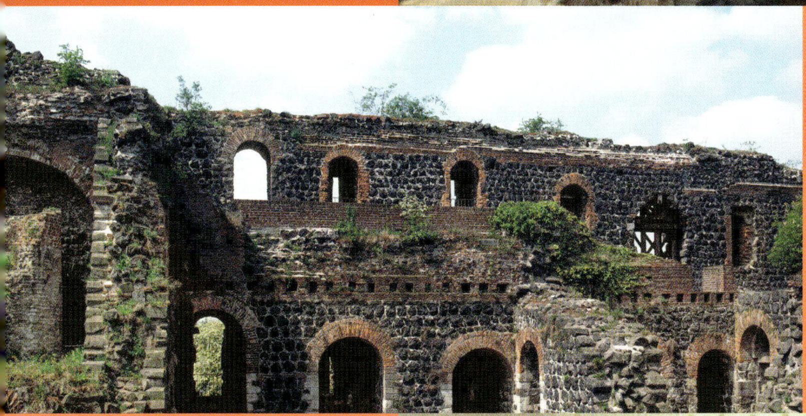
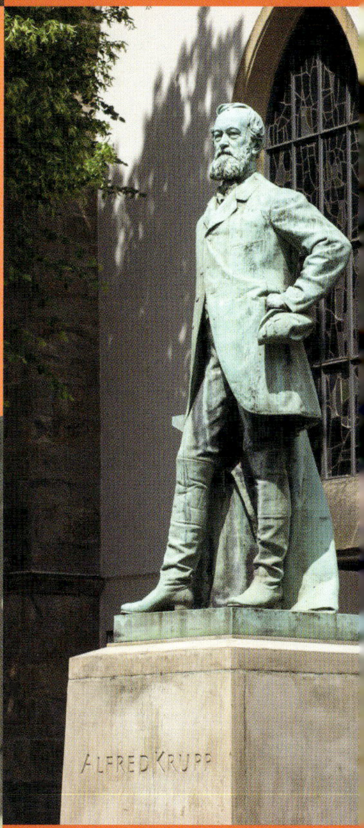
ALFRED KRUPP
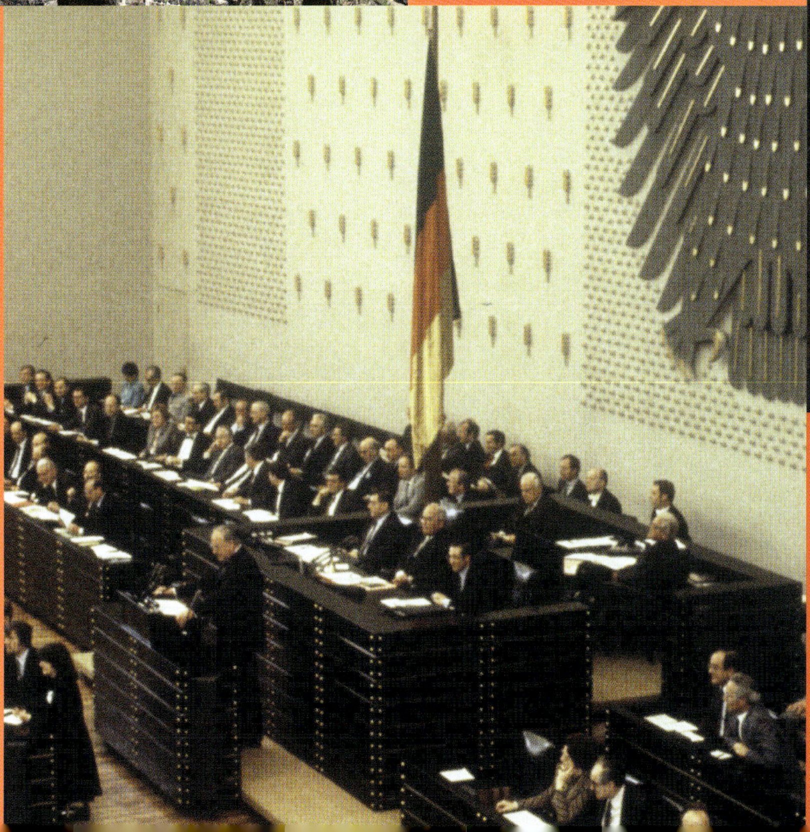

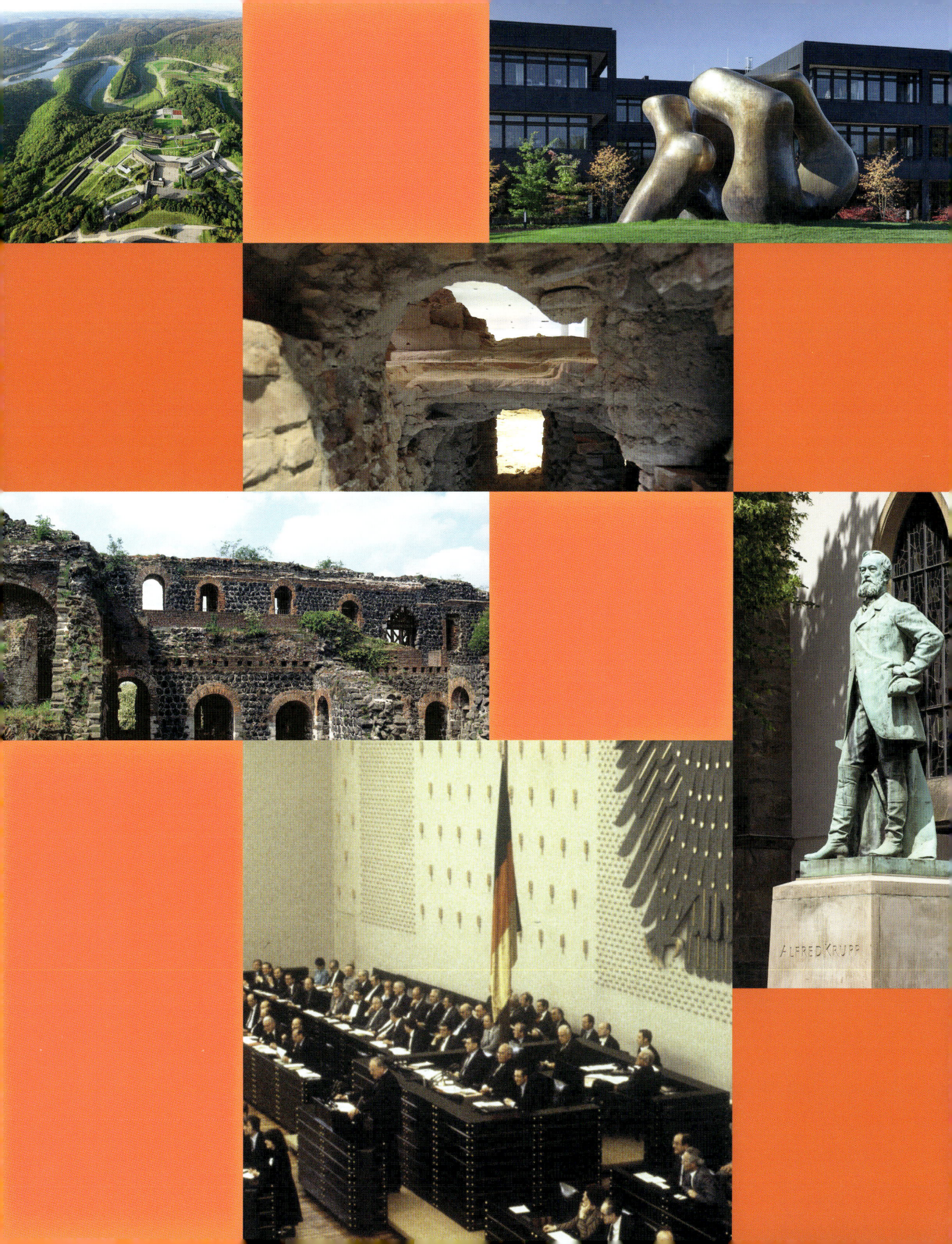

70 DÜLMENER WILDPFERDE
Halbwild mit Aalstrich

Klug und gutmütig, ausdauernd und genügsam – so wird der Charakter der »Dülmener« beschrieben. Es sind alles Hengste, die ein Leben als Freizeitpferd, als Kutsch- oder Reitpony vor sich haben. Aber da hatten einige ihrer Vorfahren ein schlimmeres Los. Ihre wild lebenden Verwandten, die »Dülmener Wildpferde«, die Stuten nämlich und einige Deckhengste, traben derweil durch die Wälder, Gras- und Heidelandschaften, Moore und Birkengestrüpp des Merfelder Bruchs. Sie leben dort, beinahe ohne Kontakt zum Menschen, ein halbwildes Leben wie einst ihre wilden Vorfahren.

Aus Sicht des Zoologen sind die Dülmener Wildpferde keine wirklichen Wildpferde mehr. Sie waren es noch, als sie im 14. Jahrhundert erstmals in Urkunden erwähnt wurden: als sich nämlich zwei Herren der Region die Jagd- und Fischereirechte im Merfelder Bruch sicherten. Die immer intensiver werdende Landwirtschaft verkleinerte zunehmend das Gebiet der Wildpferde, bis der Herzog von Croÿ eingriff. Er sicherte im 19. Jahrhundert zunächst ein 33 Hektar großes Waldgebiet für die Tiere, das immer weiter vergrößert wurde, bis das heute 350 Hektar große Wald- und Heidegebiet erreicht war. Nach wie vor lebten die Tiere in freier Wildbahn, unbeeinflusst durch den Menschen. Aber es gab ein natürliches Problem: Das kleine Gebiet ließ keinen Austausch mit »fremden« Genen zu. Inzucht wäre die Folge gewesen, hätten nicht auch da die Herzöge von Croÿ richtig reagiert: Sie haben Deckhengste verschiedener relativ ursprünglicher Ponyrassen – Welsh-Ponys, Ponys aus Exmoor, Tarpan und ab 1957 polnische Koniks – ausgesucht und in die Dülmener Wildpferde eingekreuzt.

NUN MÖGEN SIE GENETISCH nicht mehr ganz wild sein, doch sie leben komplett in freier Wildbahn, ohne Ställe, ohne Pfleger, auch ohne Tierarzt. Von zwei Ausnahmen abgesehen sind die Tiere komplett auf sich selbst gestellt. Die eine Ausnahme sind extreme Winter mit viel Schnee: In solchen Ausnahmefällen wird ihnen mit ein bisschen Heu aus der Patsche geholfen. Die andere ist der alljährliche Hengstfang, wenn die einjährigen Hengste von den Herden separiert, eingefangen und verlost oder versteigert werden. Das ist notwendig, um in dem verhältnismäßig kleinen Areal der Wildbahn Hengstrivalität und Inzucht zu vermeiden. Die »Dülmener« genannten Hengstponys werden verkauft und zu Freizeitpferden ausgebildet. Damit haben sie es wesentlich besser als ihre Vorfahren, die wegen ihres lieben Wesens als Grubenponys herhalten mussten.

IHRE WEIBLICHEN GESCHWISTER bleiben in der Wildnis und tragen dort zum Rasseerhalt bei. Zu unterscheiden sind sie von Haustierrassen deutlich: Auf ihrem meist falben oder grauen Fell tragen sie den typischen Aalstrich, einen schwarzen Strich, der aus der Mähne heraus zum Schweif verläuft. Viele Tiere zeigen an Vorder- und Hinterbeinen schwarze Zebrastreifen sowie ein Schulterkreuz. Die dunkelbraunen Ponys, die auf die Exmoorponys zurückgehen, erkennt man an Mehlmaul und hellen Augenringen.

IN KÜRZE

LAGE
Münsterland; Merfelder Bruch westlich von Dülmen

GRÖSSE
350 Hektar

HENGSTFANG
letzter Samstag im Mai; die Veranstaltung ist beliebt, die Tickets sind schnell ausverkauft

INFO
Wildpferdebahn Merfelder Bruch
Herzog von Croÿ'sche Verwaltung
Schlosspark 1
48249 Dülmen
www.wildpferde.de

Die Wildbahn kann samstags und sonntags besucht werden; Führungen ab 10 Personen können vereinbart werden unter 0170-3478005.

OBEN Der alljährliche Hengstfang lockt immer wieder Hunderte Zuschauer an. Man kann sogar eines der Hengstponys gewinnen. Wenn die Hengste die Arena erreicht haben, sind sie keine Dülmener Wildpferde mehr, sondern nur noch schlichte Dülmener.

UNTEN Falb und Grau sind die vorherrschenden Farben der Dülmener Wildpferde. Der schwarze Aalstrich ist auf dem hellen Fell gut zu erkennen.

69 URDENBACHER KÄMPE
Kleinod zwischen Großstädten

Mit der Urdenbacher Kämpe kurz vor den Toren Düsseldorfs – stromabwärts gesehen – bekommt man einen Einblick in die Schönheit des Niederrheins, so wie er seit seiner Besiedlung durch den Menschen und bis zum Industriezeitalter vollständig ausgesehen haben mag. Die Kämpe ist eine alte Kulturlandschaft am Beginn des Niederrheins, die als Naturschutzgebiet wie auch als Naherholungsgebiet der Städte Düsseldorf, Monheim, Leverkusen, ja sogar Kölns fungiert. Ein Gebiet von besonderer Schönheit.

Schafe auf Rheindeichen, flaches, weites Land mit Wiesen und Feldern, im Winter ein paar Graugänse und ab und zu gerade gezogene Ent- oder Bewässerungskanäle, je nach Region – so sieht die Vorstellung vom Niederrhein weitgehend aus. In der Urdenbacher Kämpe zeigt sich, wie der Niederrhein eigentlich ist. Es ist nicht das einzige Gebiet am Niederrhein, in dem sich die echte Natur- und Kulturlandschaft am Fluss präsentiert, aber es ist das einzige, das zu einer Großstadt gehört und auch ansonsten von Groß- und Industriestädten umgeben ist.

IM JAHR 1374 ÜBERFLUTETE DER RHEIN weite Teile seines Einzugsgebietes. Ständige Regenfälle ließen das Überflutungsgebiet beinahe ein halbes Jahr lang unter Wasser stehen. Es geschah vermutlich in diesem Jahr, zumindest aber in einem Jahr Mitte des 14. Jahrhunderts, dass sich der Rhein, als die Überschwemmungen auf dem Gebiet der heutigen Urdenbacher Kämpe zurückgingen, ein neues Bett weiter im Westen gesucht hatte. Sein vorheriges Flussbett, ein weiter Mäander im Osten, war zu einem Altrheinarm geworden. Der linksrheinisch gelegene Hof Bürgel, auf den Mauern eines römischen Kastells errichtet, lag nun rechtsrheinisch. In dem Gut ist heute die »Biologische Station Haus Bürgel« untergebracht, die auch die Kämpe verwaltet.

DIE KÄMPE UMFASST DAS ALTE KULTURLAND zwischen altem und neuem Flussbett. Noch immer wird hier das Land bestellt, aber extensiv, nach biologischen und umweltgerechten Kriterien. 850 Birn- und 400 Apfelbäume lassen die Kämpe im Frühling weiß erstrahlen und betörend duften. Den Honigbienen, die ihr Zuhause am Haus Bürgel haben, steht eine hervorragende Trachtzeit bevor. In den letzten Jahren wurden die Bäume, die lange verwahrlost waren, wieder gepflegt – sie tragen dadurch nicht nur wieder mehr Früchte, typische Kulturfolger finden in ihnen auch wieder einen Lebensraum. Vogelarten wie Steinkauz, Wendehals und Gartenrotschwanz brauchen alte Obstbäume, um darin zu brüten. Die Rettung der Streuobstwiesen ist also auch die Rettung einer Vielzahl von Tierarten.

EINE BESONDERE AUFMERKSAMKEIT verdienen auch die Kopfweiden. Sie sind der typische Baum des Niederrheins. Kopfweiden sind keine eigene Weidenart, sondern Wirtschaftsbäume, die zur Rutengewinnung angebaut werden. Fledermäuse und Eulen haben in ihnen einen Lebensraum gefunden, aber auch für viele Insekten sind die Weiden wichtig.

IN KÜRZE

LAGE
Düsseldorf;
südlich der Stadt

FLÄCHE
316 Hektar

INFO
Haus Bürgel
Urdenbacher Weg 1
40789 Monheim am Rhein

DIE KOPFWEIDE
Korb- und Silberweiden sind es vornehmlich, die zu Kopfweiden gezogen werden. Dazu kappt man die Baumkronen bei Jungbäumen, sodass sie an der Schnittfläche neue Triebe bilden können. Diese Triebe können als Ruten geerntet werden, um daraus beispielsweise Körbe zu flechten.

OBEN Noch immer wird die Urdenbacher Kämpe bewirtschaftet. Die extensive Arbeitsweise sichert, dass das Kulturland erhalten bleibt.

LINKS Weil nur wenige Deiche die Kämpe vom Rhein trennen, werden die Wiesen mit jedem Hochwasser überschwemmt. Einzigartige Weich- und Hartholzauen sowie Feuchtwiesen und feuchte Hochstaudenflure sind das Resultat.

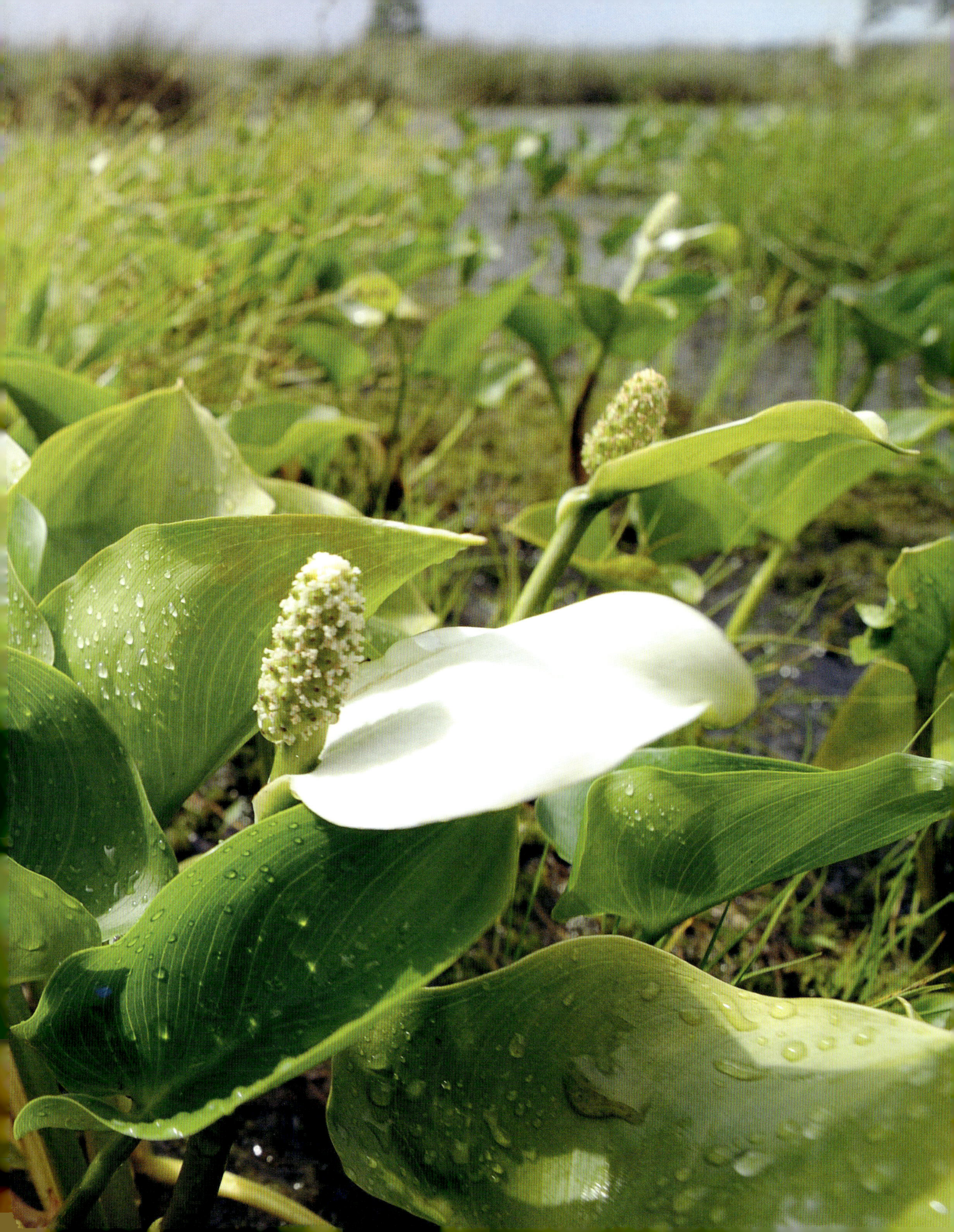

DIE SUMPF-CALLA – wegen ihres schlangenförmigen Rhizoms auch Drachen- oder Schlangenwurz genannt – ist keine von den gefährdeten Arten des Hochmoores. Überhaupt kommt sie in Feuchtwäldern und Mooren noch recht häufig vor. Aber ihre weißen Blütenteppiche im Sommer, aus denen sich im Herbst Fruchtstände aus feuerroten Beeren entwickeln, sind ein herrlicher Anblick.

68 GROSSES TORFMOOR
Bloß nicht vom Weg abkommen!

In der Tat sollte man die Wege im Großen Torfmoor bei Lübbecke nicht verlassen. Nicht, weil man einsinken und erst in Jahrhunderten als Moorleiche wieder auftauchen könnte, sondern um die Natur, die fragilen Biotope und deren scheue Bewohner nicht zu stören.

Es ist ein Gesetz der Physik, dass ein Mensch im Moor nicht gänzlich untergehen kann. Allen wunderbar gruseligen Geschichten zum Trotz hält die Dichte des Moorschlamms, die größer ist als die des menschlichen Körpers, diesen an der Oberfläche. Man kann bis zur Brust einsinken und dann so fest stecken bleiben, dass man sich aus eigener Kraft nicht mehr so leicht befreien kann, aber als Moorleiche wird niemand enden, der an einem nebeligen Tag im Großen Torfmoor vom Weg abkommt.

ÜBERHAUPT IST VON DEN GEHEIMNISVOLLEN, MYSTISCHEN GESCHICHTEN, die vom Moor erzählt werden, an einem sonnigen Tag im Großen Torfmoor nicht viel zu spüren. Dann grünt und blüht es allerorten. Das Schmalblättrige und das Scheidenwollgras beeindrucken im Frühjahr, manchmal in einer zweiten Blüte auch im August und September mit ihren wattebauschigen Fruchtständen, im Mai beginnt die Rosmarinheide mit der Ausbildung ihrer zartrosa Blütenköpfchen. Fleischfressender Sonnentau, Glockenheide und Lungenenzian teilen sich mit ihnen die feuchten Habitate. Beeindruckend ist die Sumpf-Calla mit ihrem markanten Blütenstand. In den Teichen und Tümpeln tummeln sich Krickenten und Bekassinen und der Blaue Moorfrosch ist wieder recht häufig anzutreffen. Auch die seltene Sumpfohreule ist als Durchzügler im Frühjahr und Herbst anzutreffen.

WER ALLERDINGS IM SPÄTHERBST UND WINTER das Große Torfmoor besucht, durch das mehrere gut gekennzeichnete und oft über Stege verlaufende Wege führen, der kann die Mystik des Ortes à la Annette von Droste-Hülshoff schon besser verstehen. Raureif lässt das Pfeifengras, das im Großen Torfmoor von 1500 Moorschnucken klein gehalten wird, silbrig schimmern. Die Tümpel und Teiche sind teils gefroren, auch die Holzstege sind noch von Eiskristallen bedeckt. Nebel steigt auf und wenn es dann noch nieselt, strahlt die Landschaft etwas Verwunschenes aus, aber auch eine unendliche Einsamkeit, in der einem unweigerlich Moorleichen und andere Schauergeschichten in den Sinn kommen.

ENTSTANDEN IST das Große Torfmoor, das heute das bedeutendste Hochmoor des Bundeslandes darstellt, vor ungefähr 11.000 Jahren, als die Weser durch einen Gletscher in dieses Gebiet abgeleitet wurde beziehungsweise als das Wasser nach Abschmelzen des Gletschers wieder zurückging und das Gebiet teilweise verlandete, erst zum Nieder- und dann zum Hochmoor wurde. Jahrhundertelang wurde in diesem Gebiet Torf gestochen, ab den 1950er-Jahren war es zunehmend Müllkippe und verbuschte nach und nach, bis man den Wert eines solchen Gebietes endlich erkannte und es zu renaturieren begann. Heute ist das Moor einer der schönsten Naturschätze der Region.

IN KÜRZE

LAGE
Ostwestfalen-Lippe; bei Lübbecke

GRÖSSE
550 Hektar

INFO
Das Moorhus Besucherzentrum, Frotheimer Straße 57a, 32312 Lübbecke, informiert über Geschichte und Ökologie des Torfmoors.

WANDERN DURCHS MOOR

Mehrere Wanderwege führen durch das Hochmoor. Eine schöne Tour kann am Parkplatz am Moorwiesenweg in Lübbecke, direkt am Westrand des Moores, beginnen. Die dem roten Pfeil folgende Wanderung ist knapp 8 Kilometer lang.

DAS TORFMOOR UND DER KLIMASCHUTZ

Torfmoore sind exzellente Kohlenstoffspeicher. Aufgrund des Sauerstoffmangels werden in ihm Pflanzenmaterialien nur sehr allmählich zersetzt, der Kohlenstoff wird langfristig im Moor gebunden. Werden Torfmoore zerstört, trockengelegt und abgebaut, gelangt der Kohlenstoff in die Atmosphäre, reagiert dort mit Sauerstoff zu Kohlendioxid und beschleunigt den Treibhauseffekt. Indem das Große Torfmoor ab den späten 1970er-Jahren renaturiert und wieder bewässert wurde, konnte dieser Prozess gestoppt und teilweise sogar rückgängig gemacht werden.

macht wird und in welcher Form, bleibt abzuwarten. Sicher ist: Solange das Gebiet nicht verbaut wird – und das konnten Naturschutzverbände bislang erfolgreich verhindern –, ist die Senne in dem Bereich des Truppenübungsplatzes relativ geschützt und den Bürgern steht immerhin der Rest des Gebietes uneingeschränkt zur Verfügung – zumal auch der Truppenübungsplatz bedingt begehbar ist, die Termine aber beim britischen Verbindungsbüro erfragt werden müssen.

ES IST DIE EINZIGARTIGE MISCHUNG aus Natur- und Kulturland, aus Wildnis und offenem Land, das die Senne ausmacht. Ein kleinteiliges Mosaik an verschiedenen Lebensräumen eröffnet sich dem Besucher, entstanden einerseits durch die natürlichen Voraussetzungen wie die kargen Böden und den Wasserreichtum, den der Boden jedoch nicht überall speichern kann, andererseits durch die Wald- und Weidewirtschaft der wenigen frühen Siedler und durch wenig Ackerbau. Rund 5000 Tier- und Pflanzenarten konnten in den unterschiedlichsten Lebensräumen – etwa Kiefern-, Buchen- und Eichen-Birken-Wäldern, silbergrasbestandenen Sanddünen, Nieder- und kleinen Flächen an Hochmooren, Auwäldern, Seen und Bächen sowie trockenen und feuchten Heideflächen – ihr Überleben sichern. Letztere sind insbesondere im Innern der Senne, also auf dem Truppenübungsplatz, zu finden: Die Moosheide, ein regionales Naturschutzgebiet und altes Kulturland, entstanden durch Plaggen- und Weidewirtschaft, wird von Heidschnucken offen gehalten, die der Verstrauchung und der Ansiedlung von Birken beggenen.

DIE BINNENDÜNEN, ebenfalls im Zentrum der Senne zu finden, sind noch immer aktiv. Der Wind ist die formende Kraft, die Dünenvegetation wiederum stoppt die übermäßige Wanderung. In manchen Bereichen haben Kiefernaufforstungen der Dünenwanderung Einhalt geboten. In den vom Sand hinterlassenen Mulden bildeten sich im Laufe der Zeit Moore und Tümpel, überhaupt ist die Senne äußerst wasserreich: Die Ems entspringt hier. In ihrem Quellbereich sickert das Wasser an zahlreichen Stellen aus der Erde. Andere Sennebäche wie Ölbach und Furlbach, die ihr später zufließen, haben sich ein paralleles Bett gegraben und formen mit ihren sandig-weichen Betten, Sandbänken und Steilufern die Landschaft der Senne maßgeblich mit.

Seit dem 12. Jh. beweiden halbwilde Pferde die Senne, Senner Pferde oder kurz Senner genannt. Sie zählen zu den ältesten Pferderassen Deutschlands und waren im Mittelalter äußerst begehrt. Ein Projekt hat es sich zur Aufgabe gemacht, die halbwild lebenden Tiere, in die im Lauf der Jahrhunderte andere Rassen eingekreuzt wurden, zu erhalten. Nahe den Emsquellen sind sie häufig zu finden.

RECHTS Das aus zwei Gutshöfen hervorgegangene, am Ölbach und im gleichnamigen Ortsteil der Stadt Schloß Holte-Stukenbrock gelegene Schloss Holte kann man nur von Weitem anschauen – es befindet sich in Privatbesitz.

67 DIE SENNE
Dünenlandschaft fernab des Meeres

Sand bestimmt das Leben in der Senne: Nach der letzten Eiszeit hatten es Bäume schwer, in dem kargen Boden zu wurzeln, für den Ackerbau war der Boden nur bedingt geeignet und auch heute sind es Binnendünen mit ihrer charakteristischen Vegetation, die den großen Reiz der Landschaft ausmachen.

IN KÜRZE

LAGE
Ostwestfalen-Lippe; zwischen Bielefeld und Paderborn

SPERRZEITEN TRUPPENÜBUNGSPLATZ
Zu erfragen bei: Britischer Verbindungsoffizier
Postfach 24 14
33054 Paderborn
Telefon: 05251-282578 oder 05251-101342

INFO
Ein guter Ausgangspunkt für eine Tour in die Senne ist Stadt Schloß Holte-Stukenbrock.

Im Westen schmiegt sich die Senne an die Hänge des Teutoburger Waldes und des Eggegebirges an und wird im Norden von Bielefeld, im Süden von Paderborn begrenzt. Geformt wurde diese Landschaft durch die Gletscher der Saale-Eiszeit. Danach hat sich in der nach Osten sanft ansteigenden Ebene eine bis zu 60 Metern dicke eiszeitliche Sandschicht abgelagert, die die Natur maßgeblich mitbestimmt. Wälder, Heidelandschaft, Bäche, Stillgewässer und Moore bestimmen das 250 Quadratkilometer große Gebiet – die Senne ist eine einzigartige Landschaft, nicht nur für Nordrhein-Westfalen, sondern für ganz Deutschland.

IM DICHT BESIEDELTEN UND INDUSTRIELL stark genutzten NRW sind es häufig die Truppenübungsplätze, in denen die Natur kaum gestört wurde. In der Senne ist das nicht anders: Über hundert Jahre wird ein Teil des Gebiets militärisch genutzt, noch immer trainieren auf einer Fläche von etwa 116 Quadratkilometern insbesondere britische Militärs für den Ernstfall. Es ist eine phantastische, vielseitige Natur, die dadurch erhalten blieb, und Naturschutzverbände stehen schon in den Startlöchern, um im Fall des Abzugs der Truppen – was eventuell schon im Jahr 2020 geschehen soll – für ein Naturschutzgebiet zu kämpfen. Der nordrhein-westfälische Landtag beschloss im Jahr 1991 sogar, einen Nationalpark auf dem Gebiet von Senne und den angrenzenden Mittelgebirgen Teutoburger Wald und Eggegebirge einzurichten, sobald die Soldaten weg sind: Wechselnde Regierungen, die britischen Truppen und einige regionale Gegner stehen dem immer wieder im Weg. Was in Zukunft mit der Senne geschieht, ob sie den Menschen ganz zugänglich ge-

LINKS Auen und Bruchwälder sowie ...

RECHTS ... orchideenreiche Kalk-Magerrasen gehören zu den seltenen Lebensräumen der Senne.

66 WISENTWELT WITTGENSTEIN
Ein Gigant kehrt zurück

Mit einer Widerristhöhe von bis zu 1,90 Metern, einer Kopf-Rumpf-Länge von rund drei Metern und einem Gewicht um die 800 Kilogramm ist der Wisent ein Koloss, der zu den größten Landsäugetieren unseres Kontinents zählt. Jahrtausendelang durchstreifte er die Wälder Europas – bis die intensive Bejagung ihm fast den Garaus gemacht hätte. Nun setzen sich Wiederansiedlungsprojekte für das Überleben des imposanten Tieres ein – mit Erfolg, wie sich im Wittgensteiner Land eindrucksvoll erleben lässt.

Von jeher ist der zu den Wildrindern zählende Wisent, auch Europäischer Bison genannt und eng mit dem Amerikanischen Bison verwandt, mit dem er einen gemeinsamen Vorfahren hat, in Europa ein Zeitgenosse des Menschen. Schon von den Jägern der Altsteinzeit wird er bejagt wohl um des Fleisches und des dicken Felles willen. Davon berichten die berühmten Felszeichnungen in den Höhlen von Altamira (Spanien). Und bereits in der Jungsteinzeit geht sein Lebensraum mehr und mehr zurück. Der letzte in freier Wildbahn lebende Wisent stirbt im Jahr 1919, getötet von einem polnischen Forstarbeiter aus Wut über seine Entlassung aus dem Forstdienst. Ab dem Moment gab es noch 66 Tiere der Unterart Flachlandwisent, verstreut lebend in den Tierparks und Zoos Europas. Wenige Jahre nach dem Tod des letzten freien Wisents – die zum Tribus der Rinder gehören – begannen die Bemühungen von Naturschützern, den Europäischen Bison nachzuzüchten, um ihn anschließend auszuwildern. Das gelang in den Jahren 1952/53 in dem die polnische und weißrussische Ländergrenze überschreitenden Białowieża-Nationalpark, heute Weltnaturerbe und Biosphärenreservat.

ES SOLLTE BEINAHE 60 weitere Jahre dauern, bis auch hierzulande wieder Wisente frei lebend die Wälder bevölkern, und zwar die des Wittgensteiner Landes. Im Jahr 2010 zog der erste Wisentbulle ins Rothaargebirge ein: der damals dreijährige Bulle Egnar. Ihm folgten in den darauffolgenden Jahren sieben weitere Tiere, die im Jahr 2013 tatsächlich in die Freiheit des »Wisent-Waldes« entlassen wurden. Dort auf die Herde – die im Jahr 2015 bereits auf 17 Tiere angewachsen war – zu treffen, ist ein absoluter Glücksfall, denn Wisente sind eher scheu, auch wenn diese Herde an Menschen gewöhnt ist.

AUS DIESEM GRUND wurde die 20 Hektar große Wisent-Wildnis eingerichtet: Dort informiert nicht nur das »Naturerlebniszentrum WisentWelt« über die Wildrinder, ein drei Kilometer langer Rundwanderweg führt auch durch den Lebensraum einer zweiten, zurzeit siebenköpfigen Wisentherde. In dem überschaubaren Terrain ist die Wahrscheinlichkeit groß, die Herde beobachten zu können. Allerdings nur, wenn man mit Ruhe und Bedacht durch den Wald wandert – Geschrei und Hektik mögen die Tiere nicht. Wer aber auf Nummer sicher gehen und alles Wissenswerte über die Wittgensteiner Herden erfahren möchte, der bucht eine Führung mit Wisent-Ranger Jochen Born, der sich um beide Herden kümmert und sogar schon Ersatzmutter für ein Wisentkälbchen wurde, als dessen Mutter keine Milch hatte.

IN KÜRZE

LAGE
Siegerland-Wittgenstein; Wisent-Wildnis am Rothaarsteig, an der K42 zwischen 57319 Bad Berleburg-Wingeshausen und 57392 Schmalenberg-Jagdhaus

GUT ZU WISSEN

Es ist nicht immer sicher, dass Sie bei einer Wanderung durch die WisentWelt auch wirklich auf die Herde stoßen. Der Wanderpfad durch die WisentWelt verläuft im naturbelassenen Gelände; das bedeutet, feste Wanderschuhe und eine gewisse Trittsicherheit sind für die Tour Voraussetzung. Für Menschen mit Beeinträchtigung sowie Eltern mit Kinderwagen steht ein kurzer befestigter Weg zur Verfügung, der jedoch nur eine eingeschränkte Sicht ins Gelände erlaubt.

SEIN KÖRPER wirkt urtümlich, mit dem wollig behaarten und behörnten Kopf, dem kurzen Hals, dem massiven, grobschlächtigen Buckel und dem verhältnismäßig grazilen Hinterteil erscheint er wie ein Tier aus einer anderen Welt. Und tatsächlich gehört der scheue Grasfresser zu den Ureinwohnern des europäischen Kontinents, der den Menschen seit Jahrtausenden fasziniert.

65 BISLICHER INSEL
Zugvogel müsste man sein

Wirkliche Ruhe herrscht auf der Bislicher Insel am Niederrhein selten: Überall ist das Zwitschern des Pirols, das heisere Flöten des Kiebitz oder das Krächzen der Rohrdommel zu hören. Obwohl sie alle auf der Roten Liste der vom Aussterben bedrohten Tierarten stehen, finden sie – mit einer ganzen Reihe anderer Zug- und Standvögel – zur Brut- oder Winterzeit in einer der letzten Auenlandschaften Deutschlands eine einzigartige Zuflucht. Das wiederum macht das Naturschutzgebiet auch für den Menschen so spannend, denn auf der Bislicher Insel ist immer etwas los.

Mit einer Körpergröße von 53 bis 65 Zentimetern ist die Zwerggans selten größer als eine Stockente. Sie ähnelt im Aussehen der Blässgans, doch ist sie etwas dunkler gefiedert, ihre Stimme etwas höher und sie ist deutlich kleiner – insbesondere ihr Hals. Obwohl die Jagd auf sie verboten ist, fällt sie häufig der Verwechslung zum Opfer und landet als Blässgans im Ofen. Aus diesem Grund haben sich Tierschutzaktivisten des vom Aussterben bedrohten Zugvogels angenommen: Sie prägten Jungvögel in den nördlichen Brutgebieten auf den Menschen und wiesen den Tieren im Spätsommer per Ultraleichtflugzeug Flugrouten in neue Winterquartiere, in denen sie nicht wie in den angestammten Quartieren am Balkan bejagt werden. Und so finden immer mehr Zwerggänse auf der Bislicher Insel ein sicheres Winterquartier.

DIE BISLICHER INSEL IST DE FACTO KEINE INSEL, sondern eine 1200 Hektar große Aue des Rheins, in der also das Leben vom Wechsel zwischen Hoch- und Niedrigwasser bestimmt ist. Ihre heutige Hauptrinne bildete bis etwa 1786, als Friedrich der Große allmählich den Rhein begradigen ließ, das eigentliche Flussbett des Stroms. Buhnen und Deiche sorgten dafür, dass das Gebiet im 19. Jahrhundert nach und nach verlandete; außer über den Kanal »Alter Rhein« und durch die gelegentlich starken Hochwasser ist die Insel vom Rhein abgeschnitten. Darüber hinaus haben die Kiesförderung und seit den 1990er-Jahren der Steinsalzabbau die Aue geformt, sodass eine Fülle verschiedenartiger Biotope und Lebensgemeinschaften entstehen konnten und noch immer wieder neue entstehen. Wie bei Auenlandschaften üblich verändert auch die Bislicher Insel ständig ihr Gesicht, so dass auf den Besucher immer neue Entdeckungen warten.

DER FLORA WIE FAUNA scheint dieser Wandel ebenso zu gefallen wie den menschlichen Besuchern. Zwischen Erlen, Schwarzpappeln, Weiden und Eschen tummelt sich Rot- und Schwarzwild, die zahlreichen Teiche wimmeln von Hechten, Rotaugen und Karpfen und selbst der Aal hat hier wieder eine Heimat gefunden, bevor er zum Laichen in die Sargassosee zieht. Doch es sind vor allem die Zug- und Standvögel, für die das Naturschutzgebiet ein einzigartiges Rückzugsgebiet darstellt. Denn durch die abwechslungsreiche Vegetation, die verschiedenen Biotope, den Insekten- und Fischreichtum finden sie auf der Bislicher Insel stets reiche Nahrung und eine geschützte Heimat.

IN KÜRZE

LAGE
Niederrhein; bei Xanten

GRÖSSE
1200 Hektar, davon sind knapp 900 Hektar Naturschutzgebiet

EIN BISSCHEN WISSENSCHAFT AM RANDE

Das Naturforum Bislicher Insel (Bislicher Insel 11, 46509 Xanten) inmitten des Naturschutzgebietes bietet umfangreiche Informationen, Exkursionen und Ausstellungen sowie im Auencafé leckeren Kaffee und Kuchen.

VOM ALTRHEIN ZUR ARTENREICHEN AUENLANDSCHAFT

Nur aus der Luft lässt sich erahnen, dass der Rhein dort, wo sich heute die Bislicher Insel erstreckt, noch vor wenigen Jahrhunderten in einem weiten Mäander die Landschaft durchzog. Heute umschließt dieser Altrheinarm eine für Deutschland selten gewordene Flussaue: Feuchtwälder, Teiche, Wiesen, Heiden prägen die Landschaft, die etwa 50 Vogelarten wie Fasan, Fitis und Zilpzalp ein Brutgebiet bietet und im Winter allein etwa 120.000 Gänsen Nahrung und Rast gewährt.

>> Der Mensch spielt auf der Bislicher Insel eindeutig eine untergeordnete Rolle und das bedeutet, dass er sich hier vor allem ruhig verhalten und auf den Wegen bleiben sollte. Um die fragilen Lebensgemeinschaften und die empfindsamen Tiere zu schützen, sind Mountainbiking, Baden und freilaufende Hunde verboten.

64 WAHNER HEIDE
Unter Heidschnucken

Sie ist die artenreichste Heide- und Moorlandschaft Nordrhein-Westfalens und nur dank der beständigen Arbeit von Naturschutzgruppen noch relativ intakt: die Wahner Heide. Unweit der Millionenmetropole Köln bietet das Naturschutzgebiet zahlreichen Pflanzen- und Tierarten einen Lebensraum. Doch es steht nicht nur unter Naturschutz, sondern auch unter einer ständigen Bedrohung durch einen möglichen Ausbau des Flughafens Köln-Bonn, der direkt an das seltene Biotop grenzt.

2630 Hektar umfasst das Naturschutzgebiet Wahner Heide, rund 700 gefährdete Pflanzen- und Tierarten finden in ihm ein Rückzugsgebiet. Durch dieses Gebiet ziehen sich 130 Kilometer Wanderwege und 30 Kilometer Reitwege, die nicht nur Tieren und Pflanzen das Überleben sichern sollen. Auch der Wanderer wird durch die Wege geschützt. Verlässt er sie, begibt er sich auf explosiven Grund, denn als ehemaliger Truppenübungsplatz ist die Wahner Heide mit Munition und anderen Kampfmitteln belastet.

DIE WEGE BEEINRÄCHTIGEN das intensive Naturerlebnis jedoch nicht, insofern fällt es nicht schwer, sie zu berücksichtigen. Im Gegenteil: Man muss nicht so auf den Weg achten und kann den Wechsel in der kleinteiligen Landschaft besser nachvollziehen. Namensgebend für die Wahner Heide ist ihre Lage auf den rechtsrheinischen Heideterrassen, aber eben auch das Heidekraut, die offenen Heideflächen auf den trockenen und sandigen Binnendünen. Ihre violette Pracht entfalten die Zwergsträucher am Ende des Sommers, dann erstrahlen die Dünen in Schattierungen von Lila und Grün. Dazwischen einzelne Birken und Ginster. Die Heideflächen werden von Heidschnucken und Ziegen freigehalten, damit sie nicht verbuschen können.

IM FRÜHLING UND SOMMER kann man sich im Heidegebiet an anderen Pflanzen erfreuen: etwa an der pink blühenden Heidenelke, am wilden Thymian und an zartem Labkraut. Silbergras wächst büschelweise auf den Sanddünen. Doch es ist eine kleinteilige Landschaft und so wechseln die Heideflächen mit anderen Biotopen. Dort, wo Wasser nicht abfließen kann, bilden sich kleine Moore, Bruchwälder und Auen. Lungenenzian und Moorlilie sind dort zu finden. Alte Eichenwälder konnten sich im Naturschutzgebiet erhalten, Weiher und Teiche liegen in tiefem Frieden. Sie sind beispielsweise durch den Sand- und Tonabbau früherer Jahrhunderte entstanden, aber auch durch Bomben und Granaten. In ihnen tummeln sich seltene Fischarten und Amphibien wie die Gelbbauchunke und der Teichmolch.

AN LAND SIND ES REPTILIEN, die sich zahlreiche Habitate erobert haben – sogar die ehemalige Panzerwaschanlage. Ringelnattern verstecken sich dort. Die Schlingnatter ist eine bedrohte Schlangenart, die selten geworden ist. Ein besonderes Tier ist erst seit Winter 2014/15 wieder nachgewiesen: Die Europäische Wildkatze schleicht auf Samtpfoten durch ein Gebiet, das sie 100 Jahren nicht mehr betreten hatte.

IN KÜRZE

LAGE
Rheinland; südöstlich von Köln rund um den Flughafen Köln/Bonn

GRÖSSE
2630 Hektar. Inklusive des Flughafens, von dem Teile ebenfalls unter Naturschutz stehen, sind es beinahe 5000 Hektar.

INFO
Infozentrum Wahner Heide
Flughafenstraße 33
53842 Troisdorf-Altenrath
www.wahnerheide.net

EXTENSIVE BEWEIDUNG FÜR DEN ARTENSCHUTZ

Damit der Waldanteil im Naturschutzgebiet nicht größer wird, muss die Heide immer weiter beweidet werden – durch Heidschnucken und Ziegen. Nur so kann gesichert sein, dass die einzelnen Habitate erhalten bleiben und dass die Heide weiterhin so herrlich blüht. Auf den trocken-sandigen Flächen ist es übrigens hauptsächlich Besenheide, während Glockenheide Feuchtigkeit bevorzugt.

63 GARTENKUNST IN SCHLOSS DYCK
Gezähmte Natur

Er ist mehr als nur ein Park rund um das barocke Wasserschloss Dyck. Er ist ein Gesamtkunstwerk, das die Handschrift der größten Gartendesigner ihrer Zeit trägt. Allen voran Thomas Blaikie, der auch die Bagatelle-Gärten im Pariser Bois de Boulogne gestaltete.

Gewöhnlich wird die Kunst der Gartengestaltung unterschätzt. Der Ideenreichtum, mit ungewohnten Sichtachsen zu überraschen und auch in die hintersten Winkel zu locken, der Weitblick, das Wachstum von Bäumen und Sträuchern auch über Jahre, Jahrzehnte, vielleicht Jahrhunderte hinweg zu berücksichtigen und ihre Bedürfnisse einzuschätzen, die Üppigkeit und Schönheit der Natur sichtbar zu machen und sie gleichzeitig zu zähmen, dass all das das Werk eines Menschen ist, wird dem Betrachter nur selten bewusst. Er genießt, er lässt sich locken, aber er führt sich die Intelligenz der Anlage selten vor Augen.

BEIM DURCHSTREIFEN der riesigen Gartenanlage rund um Schloss Dyck ist das ein wenig anders. Die Gärten sind so abwechslungsreich gestaltet, geben einen so eindeutigen Einblick in die Gartenkunst vom Barock bis in die Neuzeit, dass der Besucher nicht umhinkann, sich auch geistig mit der Gartenanlage auseinanderzusetzen. Im Zentrum der Anlage stehen noch immer das im Jahr 1094 erstmals urkundlich erwähnte, im 17. und 18. Jahrhundert jedoch zur repräsentativen barocken Residenz umgestaltete Schloss Dyck und der Garten, den der schottische Gartenarchitekt Thomas Blaikie im frühen 19. Jahrhundert für den Fürsten Joseph zu Salm-Reifferscheidt-Dyck gestaltete. Der Fürst war ein leidenschaftlicher Pflanzensammler, brachte aus aller Welt botanische Raritäten ins Rheinland und ließ eigens für die exotischen Gewächse seine Gärten anlegen. Und diese Neugierde und Weltoffenheit des Fürsten, gepaart mit der Rationalität seiner Zeit, sowie seine Arbeit als Botaniker werden beim Durchwandern der Kerngärten dies- und jenseits der barocken Brücke mit Torhaus offenbar. Sie zeigen sich in den Sichtachsen und Alleen, den weiten Wiesen und heimlichen Gehölzen, die den Besucher und seinen Geist lenken, im Spiel mit Licht und Schatten, mit Farben und Formen, mit Wasser und Land, die durch unbewusste Sinneswahrnehmungen Gedanken und Erkenntnis fördern. Und in den Pflanzen selbst, die beispielsweise die Artenvielfalt innerhalb der Pflanzengattungen demonstrieren.

DOCH ES IST NICHT ALLEIN der sanft restaurierte barocke Landschaftsgarten, den es zu besichtigen gilt: Die Stiftung Schloss Dyck, die allein über Eintrittsgelder und Spenden den Erhalt der Gärten sichert, hat auf dem insgesamt über 70 Hektar großen Areal die Ideen des Fürsten wie seines Gartenkünstlers aufgegriffen und neue Räume geschaffen: »Lehrgärten«, die den Besuchern praktische Tipps und Inspiration für daheim vermitteln, und das Dycker Feld – das auch die historische, 200 Jahre alte Maronenallee beherbergt –, wo junge Gartenarchitekten in den Neuen Gärten, jeweils von Chinaschilf umgeben, ihre eigene Gartenkunst kreieren durften.

IN KÜRZE

LAGE
Niederrhein; Jüchen

GRÖSSE
70 Hektar

INFO
Schloss Dyck
41363 Jüchen
Telefon: 02182-8240
www.stiftung-schloss-dyck.de

NOCH MEHR GARTENKUNST

Auch andere großartige Beispiele historischer Gartenkunst kann man im Rheinland und in ganz NRW entdecken: Etwa der barocke Garten von Kloster Kamps in Kamp-Lintfort, der von Schloss Benrath, Düsseldorf, oder jener um Schloss Nordkirchen im Münsterland.

LINKS Die barocke Brücke mit Torhaus leitet den Besucher in das Zentrum der historischen Gartenlandschaft und direkt zum Schloss. Die wertvollen Gehölze des von Blaikie gestalteten englischen Landschaftsgartens, zu denen Rieseneibe und Mammutbaum, Tulpenbaum, Sumpfzypresse oder Geweihbaum gehören, suchen in Bezug auf Alter und Artenreichtum europaweit ihresgleichen.

RECHTS Die kostbaren exotischen Gehölze, die zu einem Großteil noch aus der Zeit des Fürsten Joseph zu Salm-Reifferscheidt-Dyck stammen, machen die Grünanlagen rund um Schloss Dyck zu einem Garten von europäischem Rang. Doch es sind vor allem die Tulpenfelder im Frühjahr und die Staudengärten im Sommer, die die Besucher besonders reizen, zumal interessierte Hobbygärtner in den Beeten auch Anregungen für ihren eigenen Garten finden.

62 EXTERNSTEINE
Steinerne Wollsäcke

13 markante Sandsteinfelsen wachsen inmitten des Teutoburger Waldes recht unvermittelt aus dem Boden. Vor rund 130 Millionen Jahren begann die Geschichte dieser Felsen, die heute mancherlei in sich vereinen: Sie sind nicht nur Naturdenkmal inmitten eines exzellenten Naturschutzgebiets. Sie gelten auch als nationales Geotop und stehen als Kulturdenkmal eines vielleicht frühgeschichtlichen, zumindest aber frühchristlichen Kultplatzes unter besonderem Schutz.

Zu Füßen des Barnackens, des höchsten Bergs im Teutoburger Wald, entspringt die Wiembecke. Ihre Quelle sprudelte schon, nachdem sich der Gebirgszug des Teutoburger Waldes vor etwa 80 Millionen Jahren gehoben hatte. Zusammen mit anderen Bächen spülte sie den Gebirgszug aus, die Eiszeiten taten auch einiges dazu und zurück blieben die markanten Felsen der Externsteine. Wind, Regen, Eis und Sonne haben sie in schönster Wollsackmanier verwittern lassen, was ihnen ein mystisches Aussehen verleiht, zumal heute, wo Generationen von Menschen an ihnen und um sie herum ihre Spuren hinterlassen haben, die Natur aber gleichzeitig wieder so weit unter Schutz steht, dass sie sich recht frei entfalten kann. Das hat die Externsteine und ihr Naturschutzgebiet zu einem der, zumindest dem Namen nach, bekanntesten Naturdenkmäler Nordrhein-Westfalens gemacht.

OHNE FRAGE SIND SIE ein herrlicher Anblick, ohne Frage ist es wunderschön, zu ihren Füßen wandern zu gehen oder auch auf sie heraufzukraxeln – natürlich über die ab dem 17. Jahrhundert belegten Stufen, nicht etwa frei kletternd. Denn das wäre verboten. Aber die beinahe religiöse Verklärung, die ihnen entgegengebracht wird, ist – egal, aus welcher Richtung sie kommt – unerträglich. Von diversen Esoterik-Gruppen werden den Felsen spirituelle Kräfte und geomantische Eigenschaften nachgesagt, die insbesondere in der Walpurgisnacht und zur Sommersonnenwende wirken. Auch aus neonazistischen Kreisen finden sich immer wieder Eiferer ein, die in den Steinen eine – in keiner Weise belegbare – Kultstätte sehen. Welchen germanischen Kulten hier gefrönt wurde, können sie selbstredend nicht benennen.

VON DEM EINMAL ABGESEHEN, sind die Externsteine ein großartiges Ausflugsziel: Ihre Lage im Naturschutzgebiet an dem im 19. Jahrhundert künstlich angelegten Wiembecketeich, die geologisch interessanten Verwitterungsformen, die Heide- und Blaubeerflächen und der Eichenhain und natürlich die christlichen Relikte machen die Felsen zu einem einzigartigen Denkmal. Zu Letzteren zählen Hohlwege, Treppen, die künstlichen Grotten, die direkt in den Stein geschlagen und zu Kapellen geweiht wurden, und eines der bedeutendsten mittelalterlichen Großreliefs Europas. In dessen Zentrum steht die um 1150 entstandene Darstellung einer Kreuzabnahme. Die Hauptfiguren sind in traditioneller sächsisch-fränkischer Tracht gekleidet und zeigen bereits, anders als zu jener Zeit üblich, eine stark expressive Gestik und Mimik.

IN KÜRZE

LAGE
Ostwestfalen-Lippe; Teutoburger Wald bei Horn-Bad Meinberg

INFO
Externsteiner Straße 32805 Horn-Bad Meinberg

NAHEBEI

Die Adlerwarte Berlebeck (Hangsteinstraße, 32760 Detmold, www.detmold-adlerwarte.de) liegt nur wenige Kilometer von den Externsteinen entfernt. 200 Greifvögel und Eulen leben auf der Anhöhe am Rande des Teutoburger Waldes. 46 Arten sind vertreten.

LINKS Der Wiembecke-
teich, auch Externsteinteich
genannt, wurde Mitte des
19. Jahrhunderts künstlich
aufgestaut.

RECHTS Wenn man viel
Glück hat, kann man auch
einmal einen Adler aus der
nahen Adlerwarte seine Krei-
se über den Externsteinen
ziehen sehen. In freier Wildbahn wird man den Seeadler
hier allerdings nicht erleben.

OBEN Vor 130 Millionen Jahren lagerten sich die Sande im
Meer des Niedersächsischen
Beckens ab, aus denen später
die Externsteine hervorgehen
sollten.

LINKS Direkt in den Felsen
gehauen, zeigt das Großrelief
auf 4,80 mal 3,70 Metern die
Abnahme Jesu vom Kreuz.
Darüber schwingt Gott die
Siegesfahne. Unter der
Kreuzabnahme umschlingt ein
drachenartiges Wesen zwei
Menschen – ob sie Adam und
Eva, gefangen in der Erbsün-
de, darstellen, darüber rätselt
bis heute die Wissenschaft.

61 PLÄSTERLEGGE
Wo Relikte aus der Eiszeit blühen

Plästern heißt im westfälischen und rheinischen Dialekt »in Strömen regnen« oder »schütten«, legge ist eine Bezeichnung für Schieferfelsen und so ist der Name des höchsten Wasserfalls von Nordrhein-Westfalen eigentlich nur eine Übersetzung dessen, was hier ganz augenscheinlich zu sehen ist.

An einem sonnigen Tag, nach mehreren Regenfällen, ist es an der Plästerlegge am schönsten. Dann macht der Wasserfall seinem Namen alle Ehre: Er fällt beinahe senkrecht die 20 Meter hohe Schieferklippe herab und strömt danach weitere 500 Meter als wilder Sturzbach weiter, bis er sich wieder beruhigt und das Wasser als gemächliches Bächlein durch den Wald der Elpe und damit über die Ruhr dem Rhein zuströmt. Verschiedene Moosarten, darunter das Berg-Runzelbrudermoos, zahlreiche Flechten und einige Gräser leuchten dann direkt am Wasserfall in sattestem Grün. Die Moose nehmen das Wasser auf, bis sie gesättigt sind und es auch aus ihnen rinnt und tropft. Ebenfalls dicht am Wasserfall ist das Zweiblütige Veilchen zu finden. Es ist ein seltenes Relikt aus der letzten Eiszeit, das sich in dem sich erwärmenden Europa nur an wenigen kühlen, feucht-schattigen Standorten erhalten konnte und dessen letzte Biotope arg gefährdet sind. Auch die Weiße Pestwurz und die Hallersche Schaumkresse sind in unmittelbarer Nähe zur Plästerlegge zu finden.

NACH LÄNGEREN TROCKENPHASEN erscheint der Besuch des höchsten Wasserfalls Nordrhein-Westfalens zunächst enttäuschend. Dann tröpfelt es nur ein wenig auf dem nun mattgrauen Schieferfels und selbst die Moose, Flechten und Gräser, die direkt am Wasserfall wachsen, scheinen auf Feuchtigkeit zu warten. Das Bächlein, das oberhalb des Falls im Wald entspringt, ist dann trocken gefallen und kann auch den Wasserfall kaum noch speisen. Doch selbst bei Trockenheit, wenn sich die erste Enttäuschung gelegt hat, wird sich ein Naturliebhaber an der Plästerlegge erfreuen. Denn es ist nicht allein der Wasserfall, den man im Hochsauerland besichtigen sollte, er liegt auch eingebettet in ein Kleinod unter den Naturschutzgebieten des Landes.

UM DEN WASSERFALL HERUM breitet sich das Naturschutzgebiet »Plästerlegge – Auf'm Kipp« aus. Es ist klein, umfasst keine 30 Hektar. Aber in diesem kleinen Gebiet, insbesondere rund um den Wasserfall, erstreckt sich ein artenreicher Wald. Vergesellschaftungen von Buchen und Hainsimsen, einem Binsengewächs, und vor allem von Buchen und Waldgerste zeigen sich hier. Weiter bachabwärts trifft man in dem vom Bach tief eingeschnittenen Tal Schluchtwald mit Berg- und Spitz-Ahorn und Eschen – für diese Region ist das äußerst selten. Auch Ulmen und Sommerlinden finden sich. Den Bach begleiten Erlen, unter denen sich die Hain-Sternmiere ausbreitet.

DIE PLÄSTERLEGGE ist wie gemacht, um die wahren Schönheiten der Natur zu genießen. Wer einen gewaltigen Wasserfall erwartet, ist hier falsch; doch wer in der Lage ist, auch im Kleinen das Besondere zu entdecken, dem wird das Gebiet viele neue Eindrücke bescheren.

IN KÜRZE

LAGE
Hochsauerland; bei dem Ort Wasserfall

INFO
Den Wasserfall kann man nur zu Fuß erreichen. Am Parkplatz in der Aurorastraße in Wasserfall weist ein Schild den Weg, der in 20 Minuten zu bewältigen ist. Für Kinderwagen ist der Waldweg nicht geeignet, auch wenn er nicht schwierig zu begehen ist.

IN SCHNEE UND EIS

Bei längeren Minusgraden gefriert das fallende Wasser der Plästerlegge zu Eis. Es ist ein zauberhafter Anblick und es lohnt, an einem sonnigen, aber klirrend kalten Wintertag hierherzukommen.

BLAU-SCHWARZ leuchtet der Schiefer unter dem Wasserfall hervor. Südlich des Falls findet sich ein Brustwehr, hinter dem früher Blei geschmolzen wurde. Zum Abkühlen wurde das flüssige Blei in die Plästerlegge geschüttet, woraufhin es sofort zu kleinen Kügelchen erstarrte, die anschließend nur noch eingesammelt werden mussten. Noch immer kann man am Fuß des Wasserfalls und im Sturzbach solche Bleikügelchen finden.

GROSS INSZENIERT
Natur vor der Haustür

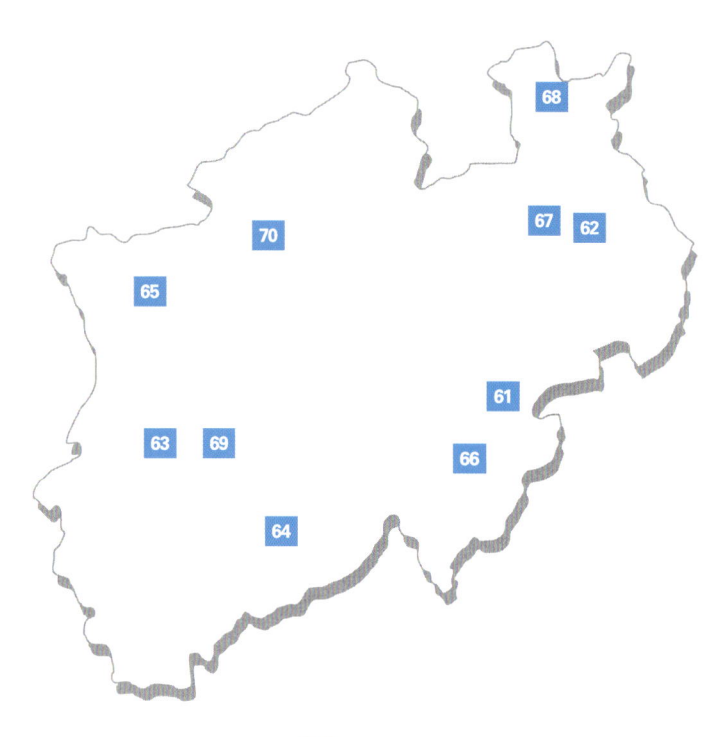

61 SEITE 154
Plästerlegge
Wo Relikte aus der Eiszeit blühen

62 SEITE 156
Externsteine
Steinerne Wollsäcke

63 SEITE 158
Gartenkunst in Schloss Dyck
Gezähmte Natur

64 SEITE 160
Wahner Heide
Unter Heidschnucken

65 SEITE 162
Bislicher Insel
Zugvogel müsste man sein

66 SEITE 164
WisentWelt Wittgenstein
Ein Gigant kehrt zurück

67 SEITE 166
Die Senne
Dünenlandschaft fernab des Meers

68 SEITE 168
Großes Torfmoor
Bloß nicht vom Weg abkommen!

69 SEITE 172
Urdenbacher Kämpe
Kleinod zwischen Großstädten

70 SEITE 174
Dülmener Wildpferde
Halbwild mit Aalstrich

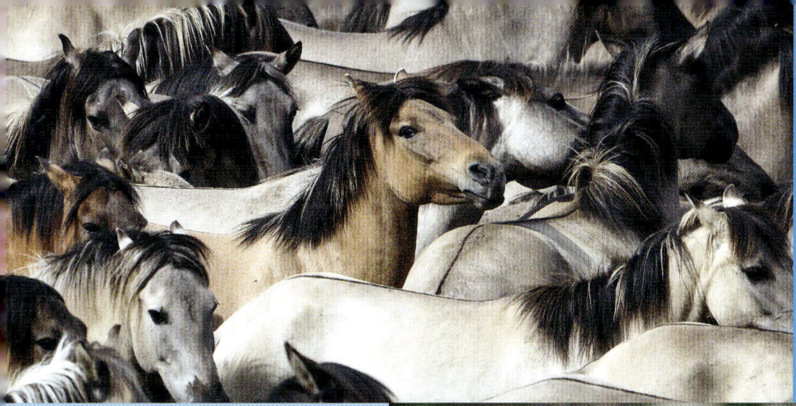
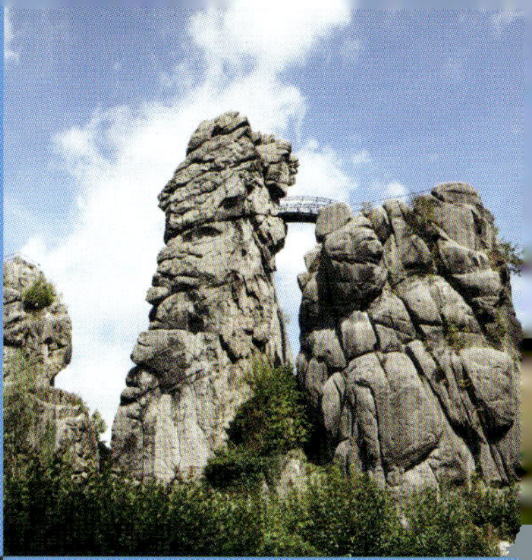
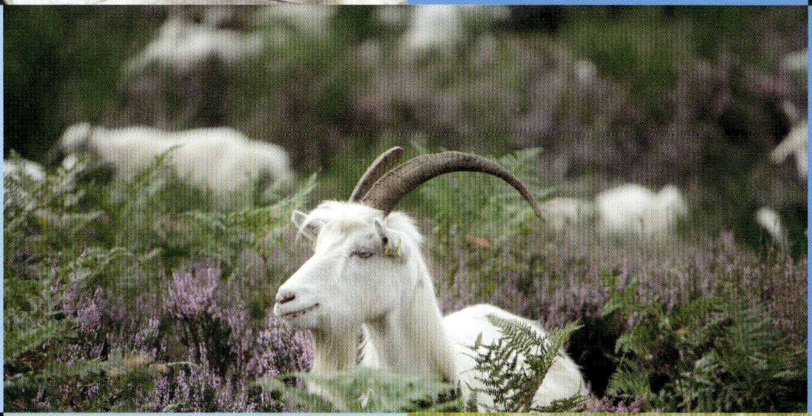
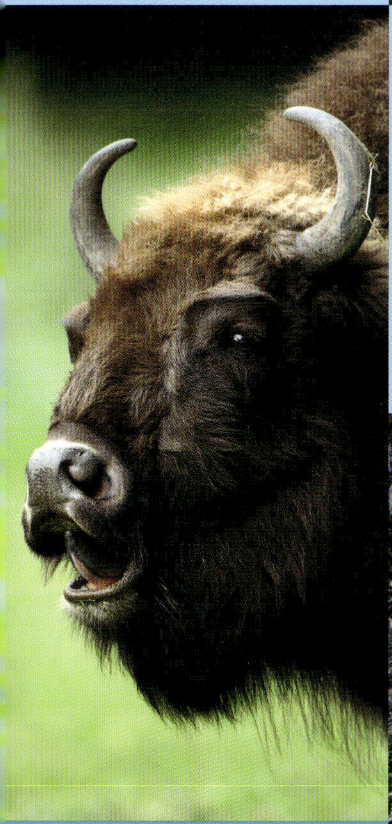
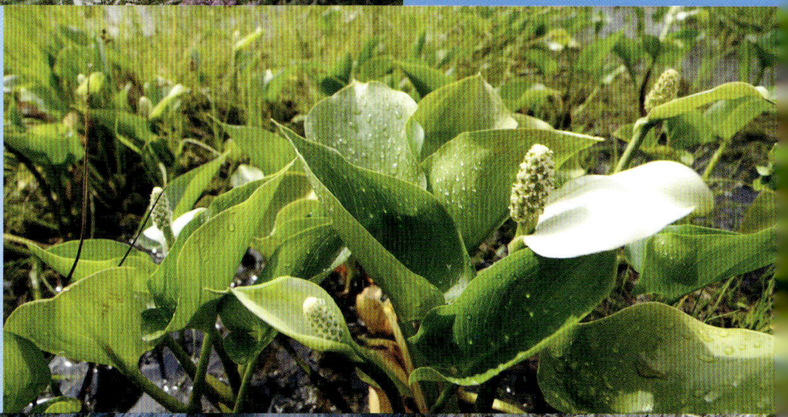
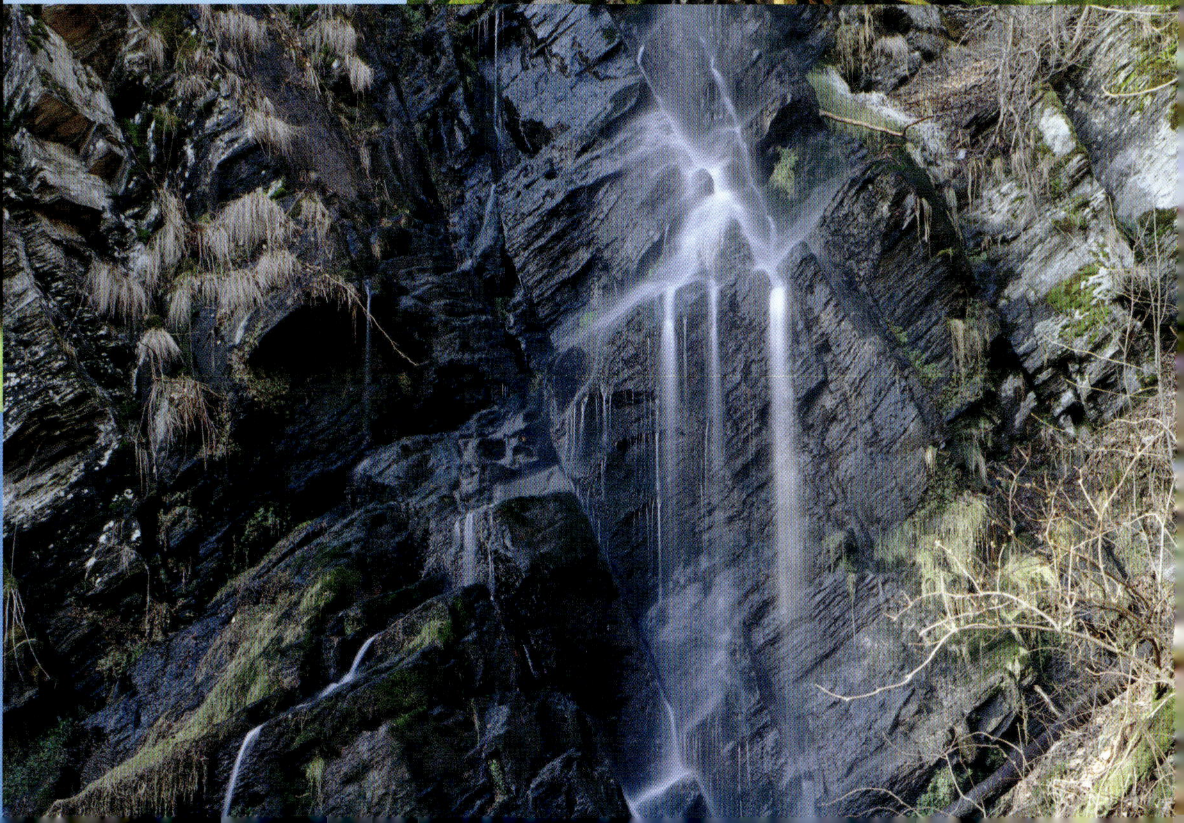

60 ZELTFESTIVAL RUHR
Zirkusfeeling am Stausee

Es ist keine reine Musikveranstaltung, das Zeltfestival am Kemnader Stausee zwischen Bochum und Witten. Kleinkünstler, Schriftsteller, Comedians, Akrobaten – auch sie dürfen auf die Bühne und ihre Kunst darbringen. Aber die Musiker wären schon deutlich in der Überzahl, wären da nicht die Kunsthandwerker. Die bestücken den zugehörigen Markt und sind nicht unwichtig für den Erfolg des Festivals. Denn es ist die Mischung, die den Reiz, die entspannt-fröhliche Zirkusatmosphäre des Festivals ausmacht.

Das Zeltfestival ist anders als die anderen Festivals. Das liegt nicht allein an der Mischung, das liegt am ganzen Konzept. Es ist ein Familienfestival im wahrsten Sinne des Wortes. Ja, es stimmt, Kinder sieht man auch auf anderen Festivals, mit dicken Kopfhörern auf den Ohren, damit sie sich nicht schon in jungen Jahren die Ohren kaputt machen. Aber dann nehmen Eltern ihre Kinder eben zu einem reinen Erwachsenenfestival mit, was denen trotzdem Spaß macht und mit 15 wiederum cool sein wird, wenn man erzählen kann, schon mit drei Jahren sein erstes dreitägiges Rockfestival besucht zu haben. Spannend für Kids ist's aber beim Zeltfestival auch deshalb, weil sie ihr eigenes Programm haben. Das ist nicht nur cool, sondern eben auch wirklich unterhaltsam: Die Kinder ermüden nicht so schnell, quengeln nicht, weil ihnen ab und zu auch mal etwas Kindgerechtes geboten wird.

IN DER GANZEN ÜBRIGEN ZEIT: Drei große Eventzelte werden mit einem unterschiedlichen Programm bespielt. Zu einem großen Teil sind das Konzerte und auch dabei ist für die unterschiedlichsten Geschmäcker etwas dabei. Ziemlich häufig erwischt man sich beim Mitsingen, Klatschen und Tanzen – dabei hatte man BAP doch gar nicht sehen wollen. Und auch Dieter Thomas Kuhn war eigentlich total super – zu Hause hätte man ihn wahrscheinlich nicht angehört. Es gibt Künstler, auch internationale, die sind von der Stimmung in den Zelten so begeistert, dass sie wiederkommen. Jamie Cullum gehört dazu, Simple Minds und Milow ebenfalls. Das Konzertprogramm ist mit Künstlern wie Tina Dico, Farin Urlaub, Clueso und Kraftklub hochkarätig – in jedem Jahr.

ABER WIE GESAGT: Auch Kleinkunst und Literatur finden Anklang bei den 130.000 Besuchern jährlich. Sven Regener und Carolin Kebekus durfte man hier schon erleben; Manni Breuckmann und Gerburg Jahnke standen auf den Festivalbühnen und Anke Engelke und Roger Willemsen sogar zusammen.

BEGLEITET WIRD DAS FESTIVAL vom »Markt der Möglichkeiten«. Auch der ist anders, und zwar auf eine sehr angenehme Art und Weise. Es gibt Kunsthandwerk und Design, keinen südostasiatischen Kitsch inklusive Patchouli-Duft. Ein bisschen Merchandising, klar, das gehört zu einem Festival dazu. Und das Essen: Richtige Köche bieten richtiges Essen, nicht bloß Pommes rot-weiß und Currywurst – auch wenn man im Ruhrpott ist. Und gegessen wird unter Sonnenschirmen, an Tischen, die sogar abgewischt werden.

IN KÜRZE

LAGE
Ruhrgebiet; Kemnader Stausee südlich von Bochum

INFO
Festivalgelände
Querenburger Straße 35
58455 Witten
www.zeltfestivalruhr.de

TERMIN
17 Tage in August und September

DIE WEISSE ZELTSTADT am Kemnader Stausee sieht nicht nur von oben aufgeräumt aus, sie ist es auch am Boden – trotz des Gewusels und der Feststimmung, wenn die Gäste eingetroffen sind.

59 VAINSTREAM ROCKFEST
Von Herzen laut

Punk, Metal, Hardcore – das ist schon lange nicht mehr Rebellentum gegen Gesellschaft und Institutionen. Tätowierungen, rot gefärbte Haare, Gitarrenkrach in Verbindung mit Grunz- und Knurr-Lauten, ja selbst Löcher in Hosen und Röcken schockieren heute niemanden mehr. Aber Punk, Metal, Hardcore machen immer noch Spaß. Vor allem beim Vainstream Rockfest Am Hawerkamp im westfälischen Münster.

Ein einziges Gerangel vor der Bühne, es wird geschubst und gesprungen und geheadbangt. Crowdsurfer werden weitergereicht. Einen Tag im Jahr tobt Am Hawerkamp in Münster der Moshpit, wird getanzt und gepogt, wird Bier getrunken, geschwitzt und gefeiert. Die Tätowierungen, tagsüber unter weißen Hemden und Schlips versteckt, werden vom schwarzen Muskelshirt mit Namenszug der Lieblingsband umrahmt, die roten Haare sind zerstrubbelt und zerzaust und endlich wird man von ohrenbetäubendem Gesang umfangen, die Bässe dröhnen bis ins Herz hinein.

SEIT DEM JAHR 2006 MAUSERT sich das Vainstream Rockfest immer mehr zu DEM Festival für Punk, Hardcore, Metal und Rock in Nordrhein-Westfalen. Mit den Jahren wurden aus einer Bühne zwei, die abwechselnd bespielt wurden und wo der Soundcheck teilweise schon begann, während die Band auf der Nachbarbühne ihr Set noch nicht beendet hatte: Gestört hat das kaum jemanden. Seit 2014 gibt es vier Bühnen auf dem Gelände. Das Programm: Unbekannte Talente, weltbekannte Künstler, regionale und internationale Bands der Szene reichen sich das Mikro in die Hand: Dropkick Murphys, Parkway Drive, Lagwagon, Slayer, Sepultura, Boysetsfire, Bring Me The Horizon, The Gaslight Anthem und Motörhead sind nur einige der Namen, die beim Vainstream im Laufe der Jahre auf der Bühne standen und den Moshpit zu einer »Wall of Death« animiert haben.

EINEN IDEALEN RAHMEN FINDET DAS ROCKFEST IM HANSAVIERTEL, genauer im Hawerkamp. Zum einen, weil es zentral direkt hinter dem Hauptbahnhof und damit mal nicht abseits versteckt liegt. Zum anderen, weil die alten Fabrikhallen des ehemaligen Industriegeländes einen urbanen, auch zur Musik passenden Rahmen schaffen. In der Dämmerung oder im Dunkeln mutet das Festival mit den stampfenden Bässen, dem Geschrei vor und auf der Bühne vor der Industriekulisse beinahe archaisch an – vor allem mit der entsprechenden Lightshow oder wenn wie bei Parkway Drive etwa Feuersäulen aus dem Bühnenboden schießen, unterlegt von dem tiefen Growling des Sängers.

UND GERADE DANN, wenn die Stimmung am höchsten steht, wenn der Headliner sein Bestes auf der Bühne gibt, dann wird auch noch mal die andere Seite von Punk, Metal, Hardcore sichtbar, zeigt sich die Idee hinter der Musik und die Mode verschwindet für Momente: Das scheinbar Hässliche, Gemeine, Rohe wird ästhetisch, das Banale beinahe zur Kunst.

IN KÜRZE

LAGE
Münsterland; Münster

INFO
Vainstream Rockfest
Am Hawerkamp
48155 Münster
www.vainstream.com/

Das Festival findet gewöhnlich am letzten Juni- oder ersten Juliwochenende statt.

OFFEN FÜR ALLES

Hip-Hop ist eigentlich nicht das Musikgenre, dessentwegen 2015 immerhin 15.000 Besucher zum zehnjährigen Geburtstag des Vainstream kamen. Aber man ist da nicht so: Von den 257ers (oben) waren die meisten trotzdem begeistert, der versprühte Schaum war lustig und eine kleine Pogo-Verschnaufpause auch ganz angenehm.
Parkway Drive mit ihrem smarten Drummer Ben Gordon (unten) war dann aber wieder ganz auf Hardcore-Kurs, ihr Song »Vice Grip« wurde zur Hymne des Vainstream 2015.

58 SCHUMANNFEST DÜSSELDORF
Geistige Schönheit

Robert Schumann ist nicht wirklich ein Sohn Düsseldorfs, auch wenn die Landeshauptstadt ihn gern als solchen für sich vereinnahmt. Dreieinhalb Jahre lebte er dort, hatte eine äußerst produktive Schaffensphase, in der auch die »Rheinische« entstand – und doch überwarf er sich mit Chor, Orchester und Musikverein, fühlte sich im Vaterland ohnehin nicht verstanden und versuchte sogar, sich das Leben zu nehmen, indem er von der Oberkasseler Pontonbrücke in den Rhein sprang. Doch dafür ist die heutige Stadt Düsseldorf nun wirklich nicht mehr verantwortlich und so ist es fabelhaft, dass sie dem großen Romantiker ein eigenes Fest widmet.

Ein heimatloser Künstler hat eine Heimstatt gefunden: die Spielstätte Nummer eins des Schumannfestes ist die Tonhalle. Der Bau ist wie gemacht für das Festival. Ihr großer Saal, der Mendelssohn-Saal, hat eine fast private Atmosphäre, nicht aber einen solchen Klang. Der Robert-Schumann-Saal ist nebenan im Museum Kunstpalast untergebracht und fungiert ebenfalls von Zeit zu Zeit als Veranstaltungsort. Aber es gibt auch immer wieder mal ganz ungewöhnliche Spielorte oder Aufführungsarten; etwa eine Klanginstallation im herrlich beleuchteten, nächtlichen Wald um Schloss Benrath.

ES SIND DIE GROSSEN NAMEN, die beim Schumannfest zu finden sind – trotz oder vielleicht wegen der ungewöhnlichen Aufführungskonzepte –, Namen wie Emerson String Quartet, Tzimon Barto, Kristjan Järvi, die 12 Cellisten der Berliner Philharmoniker, das Chamber Orchestra of Europe unter der Leitung des Dirigenten Frans Brüggen, Daniel Barenboim, Hilary Hahn, Vesselina Kasarova, Klaus Maria Brandauer. Ihre Aufgabe soll es beim Festival sein, das musikalische Erbe Robert Schumanns und seiner Zeit künstlerisch und wissenschaftlich zu pflegen und weiterzuentwickeln. Weil das, bei einer Musik, die nicht nur wohlgefällig, sondern oft sperrig und experimentell ist, nicht jedem gelingt, wird für ein echtes »Zugpferd« auch einmal von diesem Konzept abgewichen. Das schadet dem Festival manchmal mehr, als es nützt, auch wenn David Garrett ein jüngeres, bislang weniger klassikaffines Publikum anzieht. Aber sind die »Vier Jahreszeiten« bei einem Schumannfest wirklich notwendig?

ÜBERHAUPT SIND DIE BETREIBER des Schumannfestes, das 1981 erstmals von der Schumann-Gesellschaft initiiert wurde, allem Anschein nach auf ein neues Publikum aus, auf das nämlich, das man in Klassikkonzerten sonst eher selten sieht. Man will ein neues Schumann-Bild kreieren, mit dem neuen Slogan des Festes: »Romantisiere Dich!«, durch Plakatwerbung oder durch so nette kleine Aktionen wie in der Stadt versteckte Gratiseintrittskarten. Dadurch soll Robert Schumann sein falsches Image als »museales Schaustück« verlieren. Nicht alles davon gelingt, aber es ist zumindest der Versuch, ein großartiges Fest auch weiterhin aufrechtzuerhalten. Und wer einmal im Konzertsaal sitzt, der wird sich ohnehin von der geistigen Schönheit und Klarheit der Schumann'schen Musik einnehmen lassen.

IN KÜRZE

LAGE
Düsseldorf

DAUER
alle 2 Jahre im Mai und Juni

INFO
www.schumannfest.de

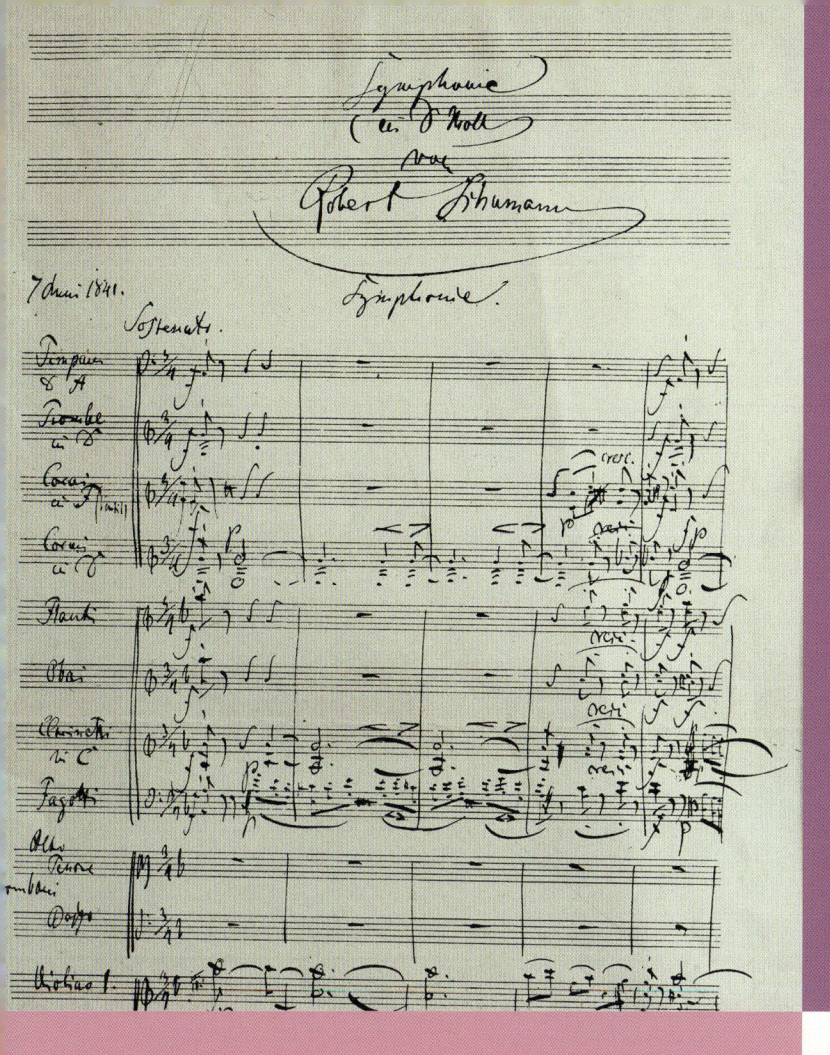

LINKS Robert Schumann war seiner Zeit weit voraus, so fortschrittlich in seiner Musik, dass ihn seine Zeitgenossen als Revolutionär und Anarchisten betitelten. Noch immer entspricht seine Musik nicht unbedingt dem ästhetischen Zeitgeschmack – zu sehr bricht er mit den Traditionen Mozarts und Haydns und selbst denen des von ihm hochverehrten Beethoven. Links die eigenhändige Notenhandschrift zu seiner Sinfonie Nr. 4 d-Moll, die de facto seine zweite war, aber den Kritikern als unfertig erschien.

RECHTS Sie bewunderten sich gegenseitig; Robert Schumann und seine Frau Clara, geborene Wieck. Clara war die bedeutendste Pianistin ihrer Zeit. Sie überlebte Robert um 40 Jahre und heiratete kein zweites Mal.

57 HALDERN POP FESTIVAL
Im Popdorf am Niederrhein

1981 feierten 13 Ministranten mit ihren Freunden auf einem alten ungenutzten Reitplatz nahe dem niederrheinischen Dorf Haldern eine Party; Pop-Musik wurde aufgelegt, im nebenan gelegenen namenlosen See gebadet. Die Party hatte Spaß gemacht, im nächsten Jahr kamen Hunderte, im übernächsten Jahr 1500 Leute zum Feiern an den Niederrhein, im vierten Jahr die ersten Bands. Jetzt sind es alljährlich rund 7000 Menschen, zwischen 3 und 60, vielleicht auch 65 Jahren alt. Ein paar Kühe müssen ihre Wiesen räumen, damit für ein langes Wochenende im August eine Festivalstadt entstehen kann, in der handverlesene Bands ihre Musik darbieten dürfen.

Eines vorweg: Wer zum Haldern Pop Festival fahren möchte, muss schnell sein. Und er kauft in gewisser Weise die Katze im Sack. Am 1. Oktober beginnt der Vorverkauf für das nächstjährige Festival – und immer ist es am 1. Oktober auch schon wieder ausverkauft. Fast jedenfalls, im Dezember oder Januar bekommen ausgewählte Vorverkaufsstellen noch einmal ein Restkontingent, aber auch vor denen ist dann Schlangestehen angesagt und der Einkauf nicht immer von Erfolg gekrönt. Dabei weiß man noch nicht mal, wer eigentlich im August auf der Bühne stehen wird. Die Spannung beim Line-up wird hochgehalten: Beim Start des Vorverkaufs wird noch keiner der zu erwartenden Künstlerinnen und Künstler bekannt gegeben und die letzten Ankündigungen treffen oft erst Ende Juni ein.

DOCH DIE MACHER DES HALDERN POP haben ein außergewöhnlich gutes Händchen bei der Auswahl ihrer Künstler: Nicht alles sind große Namen der Pop-, Folk-Pop-, Indie- oder Singer-Songwriter-Szene, aber viele werden in den auf das Festival folgenden Jahren einen Namen haben – so jedenfalls die Erfahrung der letzten mehr als 30 Jahre. Und in jedem Jahr gibt es einige Künstler, die die Herzen der Besucher höher schlagen lassen und die allein schon ausreichen würden, 7000 Menschen an den Niederrhein zu locken.

WAS EINEN NEBEN DER MUSIK ERWARTET, ist eines der entspanntesten Festivals des Landes: Das liegt einerseits daran, dass Areal und Besucherzahl überschaubar sind. Länger als fünf Minuten läuft man nie zum nächsten Klo oder vom Zeltplatz zum Festivalgelände; die Schlangen halten sich in Grenzen, selbst vor den Frauenduschen. Das Essen ist anständig und für die drei Festivaltage abwechslungsreich genug, der Kaffee im Frühstückszelt hervorragend. Auch ist der Weg ins Dorf so kurz, dass man sich hier noch einmal mit allem Notwendigen eindecken kann. Das Dorf ist mittlerweile übrigens in das Festival stärker eingebunden: In der Dorfkirche finden einige ruhige, ausgewählte Konzerte statt. Auf dem Festivalgelände sind es die große Open-Air-»Rockpalast«-Mainstage, eine kleine Biergarten-Bühne und das traumhaft schöne alte Spiegelzelt, das besonders am Abend begehrt ist und bei dem man eben doch noch mal mit Einlassschwierigkeiten rechnen muss. Außer an ganz heißen Sommertagen, an denen es im Zelt schon fast unerträglich ist.

IN KÜRZE

LAGE
Niederrhein;
Rees-Haldern
http://haldernpop.com

DAS LEBEN BEIM FESTIVAL IST EIN LEBEN UNTER FREIEM HIMMEL

Ständig draußen zu sein, das ist eines der Highlights bei Festivals im Allgemeinen und beim Haldern Pop Festival im Besonderen. Denn hier liegt ein See für eine kleine Badeerfrischung nah genug, hier fahren Wassertankwagen durch die Zeltstadt, um den Campern ab und zu eine kleine Abkühlung zu verschaffen, und hier ist nach den großartigen Konzerten bis tief in die Nacht hinein auch mit einer echten Nachtruhe zu rechnen, denn eigentlich wird ab drei Uhr fast überall geschlafen. Sofern man an warme Schlafsäcke und Kleidung gedacht hat: Die meisten Stadtbewohner vergessen nämlich, dass es auf einer niederrheinischen Kuhwiese nachts im August schon wieder empfindlich kalt werden kann.

56 OPEN SOURCE FESTIVAL
What a day!

Meistens ist es sonnenverwöhnt, das Open Source Festival. Dann kann man auf der Wiese sitzen, mit Bratwurst und Bier, und erst mal ankommen. Vorn auf der Bühne spielt schöne Musik, die Düsseldorfer Folk-Pop-Band »Honig« ist gerade dran. Es ist der perfekte Start ins Festival: Die Wiesen und Tribünen füllen sich nur ganz allmählich und doch liegt das Versprechen eines großartigen Tages in der Luft.

Im Grunde geht es den ganzen Tag sehr relaxt auf der Düsseldorfer Galopprennbahn zu. Das liegt auch daran, dass das Open Source nur auf einen Tag und eine Nacht ausgelegt ist und die drei Bühnen so angelegt sind, dass sie sich zwar nicht stören, man aber immer innerhalb weniger Minuten von einem zum anderen Ort kommt und sich auf dem Weg noch schnell mit Nahrung und Getränken versorgen kann.

5000 LEUTE BESUCHEN jährlich das Festival für elektronische Musik und Indie-Pop. Das mag nicht ganz zusammengehören, hat sich aber als Konzept bestens bewährt, denn es schafft Abwechslung. Allerdings macht es den Eindruck, als würde allmählich der Indie die elektronische Musik, für die das Festival doch ursprünglich angetreten ist, ein bisschen in den Schatten stellen. Die Mainstage jedenfalls ist mittlerweile ganz in der Hand der Indiemusiker aus aller Welt: für solche wie die norwegische Band KAKKMADDAFAKKA, die nicht nur einen besonderen Namen hat, sondern auf der Bühne auch herrlich durchgeknallt ist. Und schon ist's vorbei mit der Gemütlichkeit, da kann man einfach nicht mehr auf der Wiese rumsitzen. Das alles findet direkt vor den historischen denkmalgeschützten Tribünen statt, auf denen man selbstverständlich auch sitzen darf, und mit Blick auf den Rasen, auf dem ansonsten Pferde für ihre Besitzer um Ruhm, Ehre und Geld galoppieren.

DIE ZWEITE WICHTIGE BÜHNE, sponsored by Carhartt, liegt direkt hinter den Tribünen nahe dem Eingang des Festivals und ist der Elektronik vorbehalten. Harmonious Thelonious bringen zusammen mit The Cuban Nightmare Band die Menge, die der Sonne hier nicht so ausgeliefert ist, zum Tanzen.

WEITER GEHT'S ZUR NÄCHSTEN BÜHNE, mal nachschauen, was die jungen Talente aus Nordrhein-Westfalen so können: Wenn es einem reicht, wechselt man die Bühne, schaut nach, was auf der Young Talent Stage – mit Bands aus ganz NRW – geschieht. Einige Bands haben Spaß gemacht; mal sehen, wo sie demnächst so zu hören sind.

ZWISCHEN DIESEN DREI BÜHNEN ein bisschen Merchandise, Frittenbuden, Pizza- und Bratwurststände, Bierwagen, in denen das Bier nicht immer ganz so flüssig fließt, und mittlerweile auf jedem Festival obligatorisch: Foodtrucks mit Pulled-Pork-Burgern oder veganem Food. Bei der Schlange, die davor steht, lacht die Krakauer vom Würstelstand noch mal so schön.

IN KÜRZE

LAGE
Düsseldorf

INFO
Open Source Festival
auf der Düsseldorfer
Galopprennbahn
Rennbahnstraße 20
40629 Düsseldorf
open-source-festival.de/

ZEIT
1 Tag im Juli

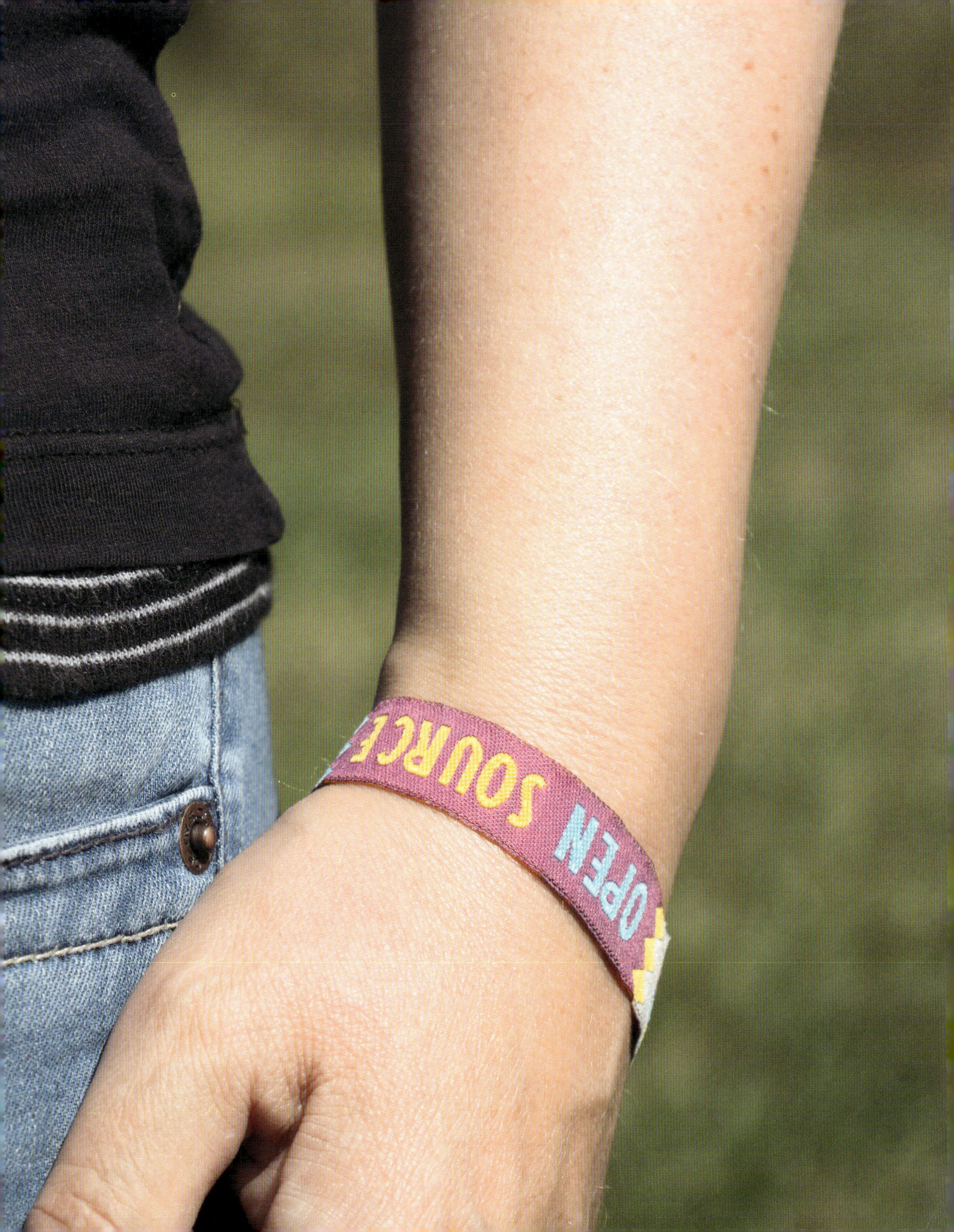
OPEN SOURCE

55 JUICY BEATS FESTIVAL
Beat-Alarm im Dortmunder Westfalenpark

Juicy Beats (»saftige Beats«) – schon der Name des Festivals lässt erahnen, dass bei diesem Musikevent weder die Klänge von Mozarts »Requiem« noch die neuesten Trends aus dem Bereich Free-Jazz im Fokus stehen. Die 30.000 Besucher, die sich im Hochsommer im Westfalenpark zum Festival einfinden, feiern stattdessen die Bands und DJs, die auf sechs Bühnen und mehr als zehn Floors zum Besten geben, was Electro, Rap, HipHop, Reggae, Alternative, Indie und Drum&Bass hergeben.

Alles begann 1996 mit einer Open-Air-Veranstaltung. Zu diesem Zeitpunkt war der Dortmunder »Club Trinidad« längst zu einer Institution für House-Partys geworden, bei denen sich die besten DJs des Landes die Klinke in die Hand gaben. Aus diesem Umstand heraus entstand die Idee einer House- und Electro-Party unter freiem Himmel, zu der sich 1996 mehr als 2000 Leute im Dortmunder Westfalenpark einfanden, um unter dem zentral gelegenen Sonnensegel der Parkanlage eine Open-Air-Ausgabe des »Club Trinidad« zu feiern. Die Begeisterung der Besucher spornte in den folgenden Jahren zur Fortsetzung des Festivals an – eine Initiative, die nur mithilfe zahlreicher Volunteers zu erreichen war und mit einer stetig wachsenden Besucherzahl belohnt wurde. Zehn Jahre nach der Gründung zählte das Line-up des Juicy Beats 2005 nicht nur etliche DJs, sondern auch mehr als 25 Bands.

MITTLERWEILE IST DAS Juicy Beats zu einem Festival mit 30.000 Besuchern, sechs Bühnen und über einem Dutzend Floors herangewachsen. Dass 125 Bands und DJs, die das Festivalgelände binnen eines Tages bespielen, auch die Gefahr eines Überangebots bergen, bei dem sich Besucher zwischen Bühnen und Floors »zerreißen« müssen, ist auch den Veranstaltern bewusst. Es lag nahe, das Festivals auf zwei Tage auszudehnen – eine Entscheidung, die 2015 anlässlich des 20-jährigen Bestehens des Juicy Beats erstmals umgesetzt werden sollte. Nach einem planmäßig verlaufenen ersten Tag musste jedoch in der Nacht der Campingplatz wegen eines aufziehenden Unwetters geräumt werden; Tornadowarnungen veranlassten die Veranstalter schließlich zum Abbruch des Festivals am Morgen des zweiten Tages. Fritz Kalkbrenner, WhoMadeWho, Erlend Øye, Mighty Oaks und zahlreiche andere Künstler, die an diesem Tag auftreten wollten, mussten unverrichteter Dinge wieder abreisen.

TROTZ DIESES TIEFSCHLAGS werden die Veranstalter an ihrem Konzept eines zweitägigen Festivals festhalten. Auch der Dortmunder Westfalenpark wird als Standort nicht in Frage gestellt, obgleich die ursprüngliche Keimzelle des Juicy Beats – das frei tragende Sonnensegel aus dem Jahre 1969 – seit Jahren nicht mehr als Bestandteil des Festivalgeländes genutzt werden kann. Grund sind bauliche Mängel, die aufgrund knapper Kassen nicht beseitigt werden können. Der anhaltende Erfolg des Juicy Beats Festivals wird dadurch jedoch kaum gefährdet werden.

IN KÜRZE

LAGE
Ruhrgebiet; Dortmund, Westfalenpark

INFO
www.juicybeats.net

OBEN Einer der vielen legendären Momente des Juicy Beats Festivals: 2009 nimmt die Band Deichkind mit Schlauchbooten ein Bad in der Menge.

MITTE 30.000 Besucher, sechs Bühnen und mehr als zehn Floors – das sind die Eckdaten des Juicy Beats Festivals, das alljährlich im Hochsommer im Dortmunder Westfalenpark stattfindet.

UNTEN Der weitläufige Westfalenpark in Dortmund, der seit dem ersten Juicy Beats 1996 Austragungsort des Musikevents ist, bietet Festivalbesuchern ausreichend Raum und Möglichkeiten für Auszeiten.

54 MOERS FESTIVAL
Free your mind

Im Jahr 2015 hat das Moers Festival, gegründet 1972 als Internationales New Jazz Festival Moers, den renommierten Preis des Europe Jazz Network (EJN) erhalten, der für ein besonders ambitioniertes, kreatives und zukunftsorientiertes Programm vergeben wird. Damit werden hoffentlich auch die letzten Nörgler verstummen, denen das Festival – je nachdem – zu viel oder zu wenig Jazz bot und die dem Festival jedes Jahr aufs Neue das Überleben schwer gemacht haben.

Disharmonien gab es schon immer beim Moers Festival. Allerdings seltener auf der Bühne, obwohl es als reines Free-Jazz-Festival begann, sondern vor allem zwischen Festivalbetreibern und der Stadt Moers oder den Betreibern und dem Westdeutschen Rundfunk. Mit der Stadt musste immer wieder über den Veranstaltungsort, über Finanzen und in dem Zusammenhang über die Dauer des Festivals diskutiert werden, der WDR wollte sich dagegen in die Programmgestaltung einmischen, weil ihm einiges als nicht sendefähig erschien. Letztendlich haben sich die zwei Betreiber, Burkhart Hennen von 1972 bis 2005 und Reiner Michalke seit 2005, mit ihrem Programm und dem Festival durchsetzen können und wurden belohnt. Auf der Bühne stehen nicht nur seit über 40 Jahren die renommiertesten Jazzmusiker der Welt, die Begründung zum EJN-Preis lobt auch ausdrücklich die ständige Erneuerung und die Experimentierfreude des Festivalprogramms.

IN DER TAT HAT SICH DAS FESTIVAL seit seinem Bestehen immer neu erfunden und radikal gewandelt: Begonnen hat es als reine Free-Jazz-Veranstaltung, bei der die freie Improvisation klar im Vordergrund stand. Die Musiker waren bereits in den Anfangsjahren hochkarätig; Han Bennink und Peter Brötzmann spielten im Moerser Schlosshof vor jeweils gut 800 Zuhörern. Die zunächst europäische Ausrichtung wurde bald erweitert: Free-Jazzer aus der ganzen Welt kamen über die Jahre, der Schlosspark reichte nicht mehr aus, Spielort wurde der Moerser Freizeitpark, dann die Eishalle und Europas größtes Zirkuszelt im Freizeitpark. Seit 2014, nach den letzten Querelen um die Dauer des Festivals und finanzielle Probleme, hat es nun endlich eine feste Halle auf dem Solimare-Sport- und Freizeitgelände gefunden.

ABER ES VERÄNDERTE SICH NICHT NUR DER SPIELORT: Ohne sich der Hinwendung zum Mainstream schuldig zu machen, öffnet sich das Festival auch für andere Musikarten, die dem Jazz nahestehen. Das begann mit der African Dance Night im Jahr 1985 und umfasst mittlerweile auch Hip-Hop sowie Weltmusik und Elektronik.

UNBEDINGT ZUM FESTIVAL DAZU – und im Jahr 2015 noch einmal vergrößert – gehört auch der Händlermarkt vor dem Haupteingang. Er steht Festivalbesuchern wie Nichtfestivalbesuchern gleichermaßen offen. Angelehnt an die Streetfood-Festivals kann man dort seinen Hunger stillen, sich mit Kunsthandwerk eindecken oder ein Auge auf exquisite Designermode werfen.

IN KÜRZE

LAGE
Niederrhein; Moers

ZEIT
Das Festival findet alljährlich über Pfingsten mittlerweile wieder über vier Tage statt.

INFO
Festivalhalle Moers
Filder Straße 140
47447 Moers

LINKS Leadsängerin Alexis Jones beim Auftritt von »The Jones Family Singers« in 2015

UNTEN LINKS Der finnische Jazz-Drummer Mika Kallio tritt solo mit eigenen Kompositionen auf. Beim Moers Festival 2015 war er jedoch mit »Mikko Innanen 10+« zu sehen.

UNTEN RECHTS Megan Stetson, Mezzosopranistin, unterstützt ihren Bruder Colin Stetson bei dessen Projekt »Sorrow, a reimagining of Gorecki's 3rd Symphony«.

53 ROCK IM REVIER
Vom Nürburgring in den Pott

Das hatte im Ruhrpott gefehlt – ein mehrtägiges, richtiges Rockfestival. Jetzt endlich geben sich auf der Trabrennbahn in Gelsenkirchen die internationalen Rocklegenden gegenseitig das Mikro in die Hand.

Es ist Ruhe bei »Rock im Revier« eingekehrt. Nicht auf den Bühnen, nein, dort gehört sie auch nicht hin. Aber die Streitigkeiten um die Location, um den Namen, ums Geld, die damit begannen, dass dem Veranstalter des legendären »Rock am Ring«-Festivals der Vertrag am Nürburgring gekündigt wurde, die sind nun vorbei. Denn auch der neue Veranstalter am Nürburgring, der »Rock am Ring« als »Grüne Hölle Rock« am Nürburgring wiederauferstehen lassen, musste seine Koffer packen – denn den Nürburgringbetreibern ging der Ticketverkauf zu schleppend voran. Der neue Veranstalter, die Deutsche Entertainment AG (Deag), suchte sich kurzfristig einen neuen Veranstaltungsort und fand ihn in der Veltins-Arena in Gelsenkirchen. Die Fans buchten ihre Züge um und obwohl die Vorgeschichte des neuen Festivals nicht unbedingt dazu angetan war, Vertrauen zu stiften, kamen im ersten Jahr bereits 43.500 Besucher. Jetzt kann endlich wieder Musik gemacht werden, in Gelsenkirchen, wo das neue Festival endlich eine Heimat gefunden hat.

WIE DER VORLÄUFER »ROCK AM RING« war auch »Rock im Revier« ein Festival der langen Wege geblieben. Neben der »Big Stage« auf Schalke, also in der überdachten Arena, befand sich die Open-Air-Bühne »Boom Stage« auf einem der Parkplätze vor der Arena, die zweite Indoor-Bühne »Bang Stage« in der Emscher-Lippe-Halle, zu der man zehn Minuten unterwegs war. Doch das eigentliche Problem war die Camping-Area: Sie lag auf der Gelsenkirchener Trabrennbahn und war nur per Shuttle-Bus zu erreichen. Alles in allem konnte es schon mal eine Dreiviertelstunde dauern, wenn man zurück zum Festivalgelände wollte. Das war zwar auch bei »Rock am Ring« nicht anders: Wer nicht wirklich Glück mit seinem Platz hatte, der musste auch am Nürburgring ziemlich lange Wege in Kauf nehmen. Aber die Macher von »Rock im Revier« wollen es komfortabler. Sie haben das Konzept noch einmal überarbeitet und nun eine ausgewogene und sehr gute Lösung gefunden.

DIE NEUE HEIMAT VON »ROCK IM REVIER« wird die Gelsenkirchener Trabrennbahn sein. Wo sonst Pferdchen im Kreis laufen, eingespannt in einen Sulky, werden an drei Tagen im Mai Gitarrenkrach und Abertausende von Fans erwartet. Mit der Trabrennbahn schlägt man zwei Fliegen mit einer Klappe: Das Festival rückt näher zusammen und man hat dem Wunsch der Fans nach einer reinen Open-Air-Location Rechnung getragen. Dass »Rock im Revier« nun in Gelsenkirchen stattfindet, ist ein Segen: Nordrhein-Westfalen fehlt nämlich ein großes Rockfestival. Und Gelsenkirchen hat einen weiteren Vorteil: Es liegt mitten im Ruhrgebiet, hat exzellente Anbindungen und eine hervorragende Infrastruktur. Für all diejenigen, die keine Lust zum Campen haben, gibt es also Hoffnung.

IN KÜRZE

LAGE
Ruhrgebiet; Gelsenkirchen

DAUER
3 Tage im Mai

INFO
GelsenTrabPark
Nienhausenstraße 42
45883 Gelsenkirchen

ROCK IM REVIER wurde 2015 zum ersten Mal veranstaltet, in Gelsenkirchen, was zuerst nur als Provisorium galt. Nun hat das Festival ein neues Zuhause.

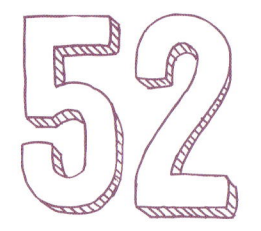

52 SUMMERJAM FESTIVAL
Im Rausch der Musik

Einmal im Jahr wird der Fühlinger See im Norden von Köln zum Anlaufpunkt für rund 30.000 Besucher, die an diesem Wochenende ihre Leidenschaft für Reggae- und Dancehall-Musik teilen, gemeinsam feiern, tanzen und entspannen und sich dem außergewöhnlichen Charme des Summerjam Festivals ergeben, das seit 1986 besteht und jedes Jahr aufs Neue unter Beweis stellt, warum es als eines der bedeutendsten Reggae-Events Europas gilt.

Bereits einen Tag vor der Eröffnung des Summerjam reisen zahlreiche Besucher mit ihren Zelten an und sichern sich einen Platz in der Camping-Area rund um den See. Die zwei Bühnen befinden sich auf einer großflächigen Insel, die von drei Seiten erreicht werden kann. Hier treten im Verlauf des Wochenendes etwa 40 Künstler auf, die zu den bekanntesten Größen des Reggae und Dancehall gezählt werden dürfen. Doch nicht nur dies macht das Festival zu etwas ganz Besonderem: Es ist auch die friedliche, ausgelassene Stimmung, die Veranstalter wie Sicherheitskräfte jedes Jahr aufs Neue begeistert. Auch wenn böse Zungen behaupten, dieser Umstand sei in erster Linie dem Cannabis-Konsum vieler Teilnehmer geschuldet, trägt doch sicherlich die wasserreiche und naturnahe Umgebung ihren Anteil dazu bei, dass bei den Besuchern perfektes Urlaubsfeeling aufkommt.

SEIT DER FÜHLINGER SEE 1996 zum neuen Austragungsort für das Summerjam Reggae Festival wurde, ist Wasser ein immer wiederkehrendes Thema im Zusammenhang mit dem alljährlichen Musikevent. Das Festival findet traditionell am ersten Juliwochenende statt. Daher zeigen sich die Besucher entweder hocherfreut über die Möglichkeit, bei 37 °C eine Abkühlung in dem See zu nehmen, oder sie ringen angesichts unendlicher Wolkenbrüche mit der Frage, ob die Wassermassen auf dem Festivalgelände den Niederschlägen oder einem rapid steigenden Wasserpegel des Sees geschuldet sind. Doch Wetter hin oder her: Im Mittelpunkt des Summerjam Festivals stehen immer noch die namhaften Künstler, die aus der ganzen Welt anreisen, um Reggae- und Dancehall-Begeisterten ein unvergessliches Festivalwochenende zu bescheren.

DAS ERSTE SUMMERJAM FESTIVAL fand 1986 im Loreley Amphitheater nahe St. Goarshausen am Rhein statt und war zunächst für nur einen Tag konzipiert. Doch schnell machte das Musikevent von sich reden, denn Künstler wie Jimmy Cliff, Curtis Mayfield, Johnny Clegg, Eek-a-Mouse und James Brown konnten in den ersten Jahren als Headliner gewonnen werden und sorgten für stetig wachsende Besucherzahlen, die schließlich 1994 den Umzug an einen größeren Veranstaltungsort erzwangen. Längst war das Reggaefestival zu diesem Zeitpunkt zu einem zweieinhalbtägigen Event herangewachsen und benötigte entsprechend eine andere Infrastruktur mit Zeltplätzen. Nach zwei Jahren auf dem ehemaligen Militärflugplatz in Wildenrath bei Heinsberg wurde der Fühlinger See 1996 zum Zentrum für das Summerjam Festival – und ist es bis heute geblieben.

IN KÜRZE

LAGE
Köln; Fühlinger See

INFO
Das Summerjam Festival findet jedes Jahr am ersten Juliwochenende statt. Karten und Infos: www.summerjam.de

LINKS Während sich die Camping-Area entlang der lang gezogenen Ufer des Fühlinger Sees erstreckt, liegt das eigentliche Festivalgelände mit seinen Bühnen inmitten des Sees auf einer Insel.

OBEN Knapp 40 Konzerte auf zwei Bühnen – das ist die beeindruckende Bilanz des Summerjam Festivals.

LINKS Bei ausgelassener Stimmung begeistern sich die rund 30.000 Festivalbesucher an den internationalen Reggae- und Dancehall-Größen, die aus aller Welt zum Summerjam Festival in Köln anreisen.

51 C/O POP
Die Stadt lauscht

Es ist ein Festival der besonderen Art: Fünf Tage im Sommer wird in ausgewählten Clubs und Konzerthallen musiziert. Was als Festival für elektronische Popmusik begonnen hat, ist über sich hinausgewachsen und deckt längst auch andere Genres wie Pop, Indie, Rap oder die Musik diverser Singer-Songwriter ab. Daneben ist die c/o pop nicht nur Festival, sondern auch Musik-Convention, bei der Fachleute aus der Musikbranche beispielsweise neueste Trends und Probleme, richtiges Marketing und die Entwicklung der Branche diskutieren.

Es war ein herber Schlag für Köln, als die Popkomm im Jahr 2004 von Köln nach Berlin umzog. Hatte doch die internationale Fachmesse der Musik- und Unterhaltungsbranche Musik in die Stadt gebracht. Doch Köln reagierte schnell und kreierte mit der c/o pop eine Nachfolge-Messe. Wieder sollte es eine Fachmesse werden, an die in der Stadt eine ganze Reihe von Konzerte angekoppelt wurden.

ZU DIESEM ZEITPUNKT konnten sich die neuen Veranstalter die ganz großen Namen der Musikbranche, die noch bei der Popkomm zu hören waren, nicht leisten. Was tun? Die Lösung lag nahe: Man engagierte aufstrebende Künstler, die in kleinen Kölner Clubs, an ungewöhnlichen Veranstaltungsorten spielten. Dazwischen der ein oder andere internationale Star – sozusagen als Zugpferd –, doch das Gros machten beinahe unbekannte Musiker aus, die kaum mehr als eine Handvoll Lieder hatten und damit nur mit Mühe mehr als eine Dreiviertelstunde Konzert über die Bühne bringen konnten. Das Festival eröffnen durften sie dennoch.

DAS KONZEPT GING AUF: Noch immer bedient das Festival nicht den Massenmarkt, aber das beabsichtigen die Macher auch gar nicht. Stattdessen gibt es ungewöhnliche Auftritte, die das Publikum begeistern: Beispielsweise Silent-Konzerte, also Konzerte, bei denen die Besucher über Funkkopfhörer der Live-Musik auf der Bühne lauschen. Das ist ein ganz neues Konzerterlebnis: Die Musik ist so nah, man wird beinahe von ihr umfangen. Das hat man sonst nur, wenn man direkt in den ersten fünf Reihen eines Konzerts steht oder vor der Box. Wichtiger aber ist, dass alle Störgeräusche, die bei Rock- und Popkonzerten sonst präsent ist, einfach nicht existieren. Aber nicht nur die Konzertkonzepte, auch die Spielstätten sind für die Pop-Branche ungewöhnlich: Kirchen, die Säle des Funkhauses Wallrafplatz und die Philharmonie. Auch in Kölns herausragendem Konzertsaal ist das Publikum ungewöhnlich still.

GLEICH ZWEI VERANSTALTUNGEN finden parallel zum Festival statt: zum einen der Branchentreff c/o pop Convention, bei dem etwa 1000 Fachbesucher über die Musikbranche diskutieren. Zum anderen, weit spannender, aber nur an dem Festivalssamstag, das kleine Festival im Belgischen Viertel, organisiert von der c/o pop und dem Zusammenschluss der Händler des Belgischen Viertels, Chic Belgique. Zwischen Röcken und Handtaschen finden am Nachmittag exquisite kleine und kostenlose Konzerte in den Läden des Viertels statt.

IN KÜRZE

LAGE
Köln

DAUER
5 Tage im Sommer

INFO
Festivalzentrale
Stadtgarten/Studio 672
Venloer Straße 40
50672 Köln
c-o-pop.de

OBEN Die kanadische Sängerin Maylee Todd in Köln. Indie-Rock, Pop und Bossa nova bilden ihr Repertoire.

UNTEN Auch der Singer-Songwriter José Gonzalez war schon zu Gast auf der c/o pop.

VON LAUT BIS LEISE
Musikfestivals

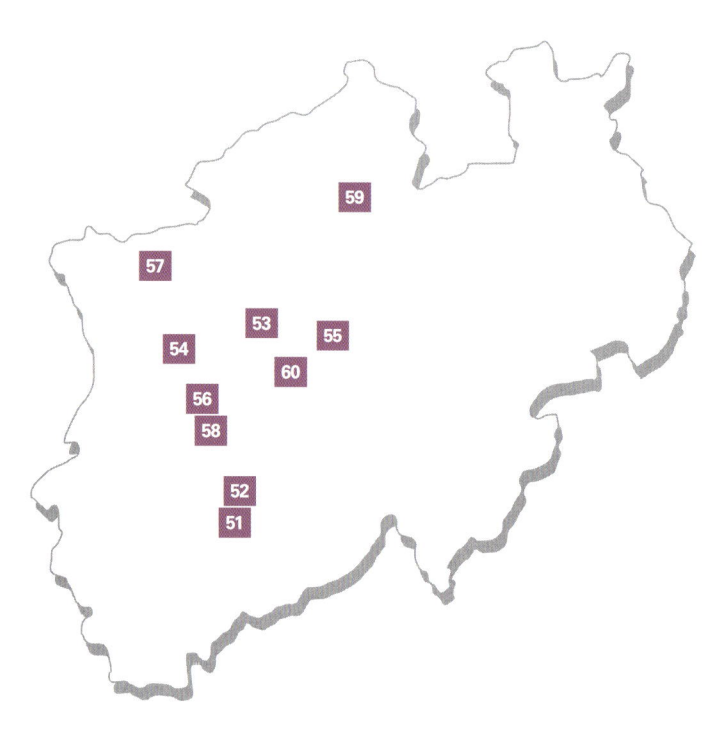

51 SEITE 132
c/o pop
Die Stadt lauscht

52 SEITE 134
Summerjam Festival
Im Rausch der Musik

53 SEITE 136
Rock im Revier
Vom Nürburgring in den Pott

54 SEITE 138
Moers Festival
Free your mind

55 SEITE 140
Juicy Beats Festival
Beat-Alarm im Dortmunder Westfalenpark

56 SEITE 142
Open Source
What a day!

57 SEITE 144
Haldern Pop Festival
Im Popdorf am Niederrhein

58 SEITE 146
Schumannfest Düsseldorf
Geistige Schönheit

59 SEITE 148
Vainstream Rockfest
Von Herzen laut

60 SEITE 150
Zeltfestival Ruhr
Zirkusfeeling am Stausee

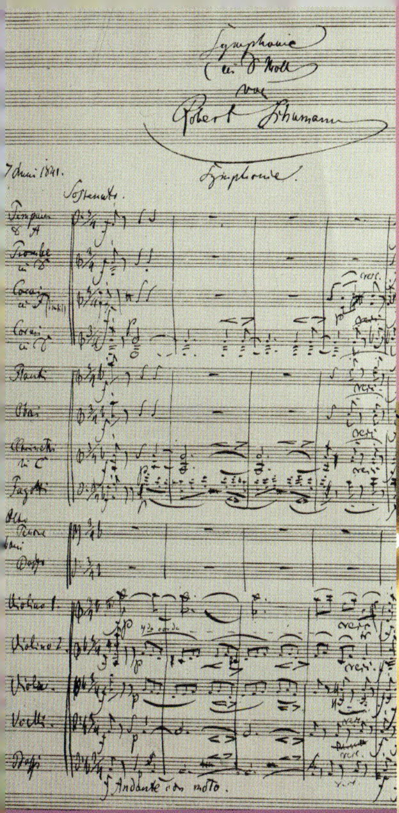

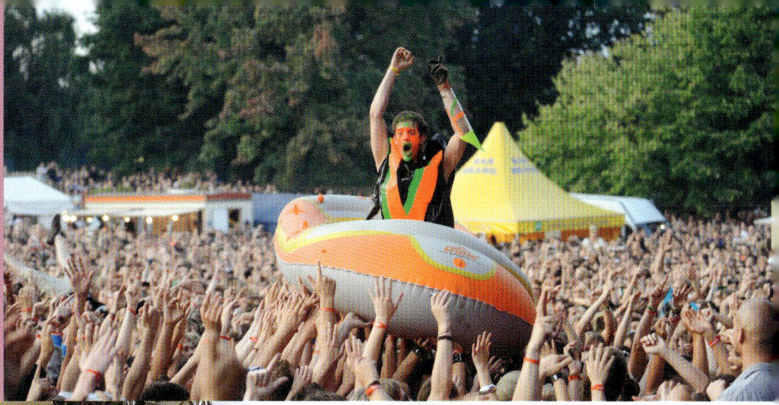

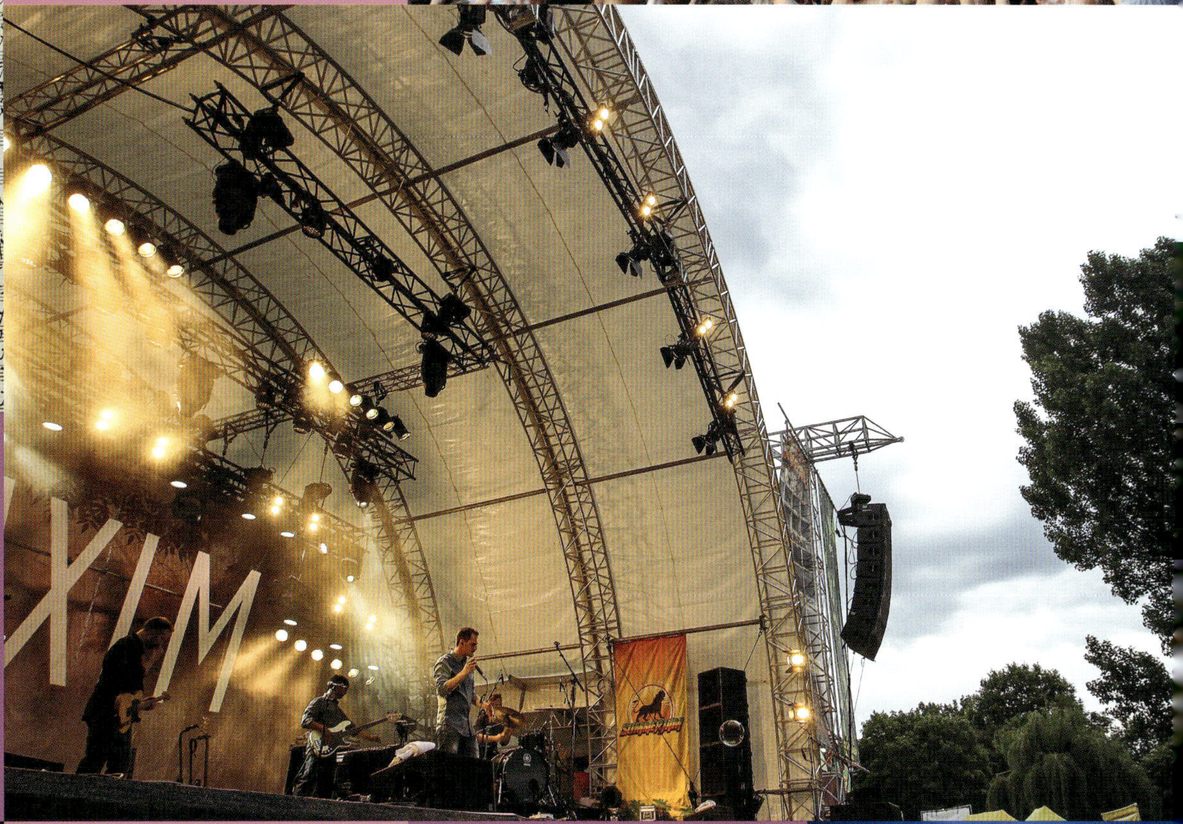

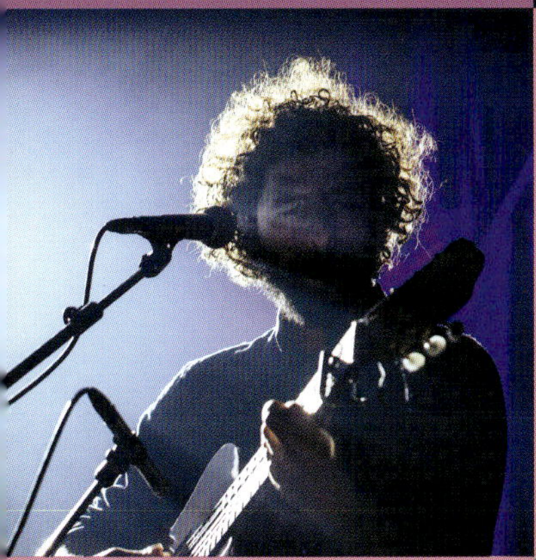

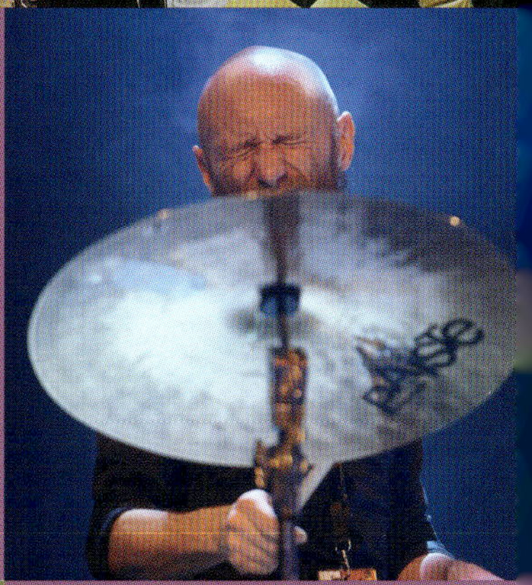

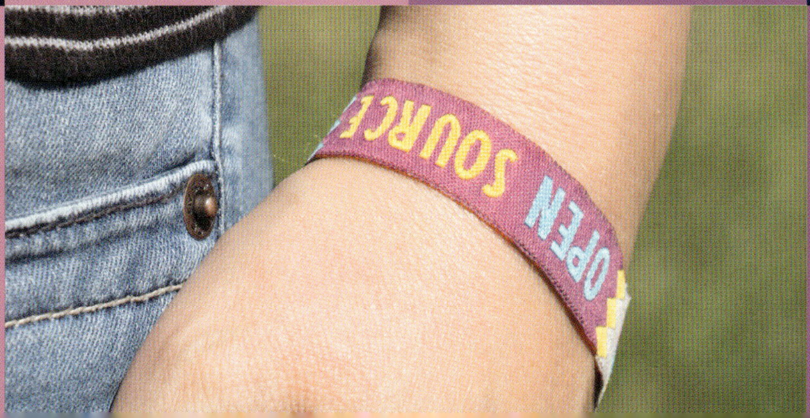
OPEN SOURCE

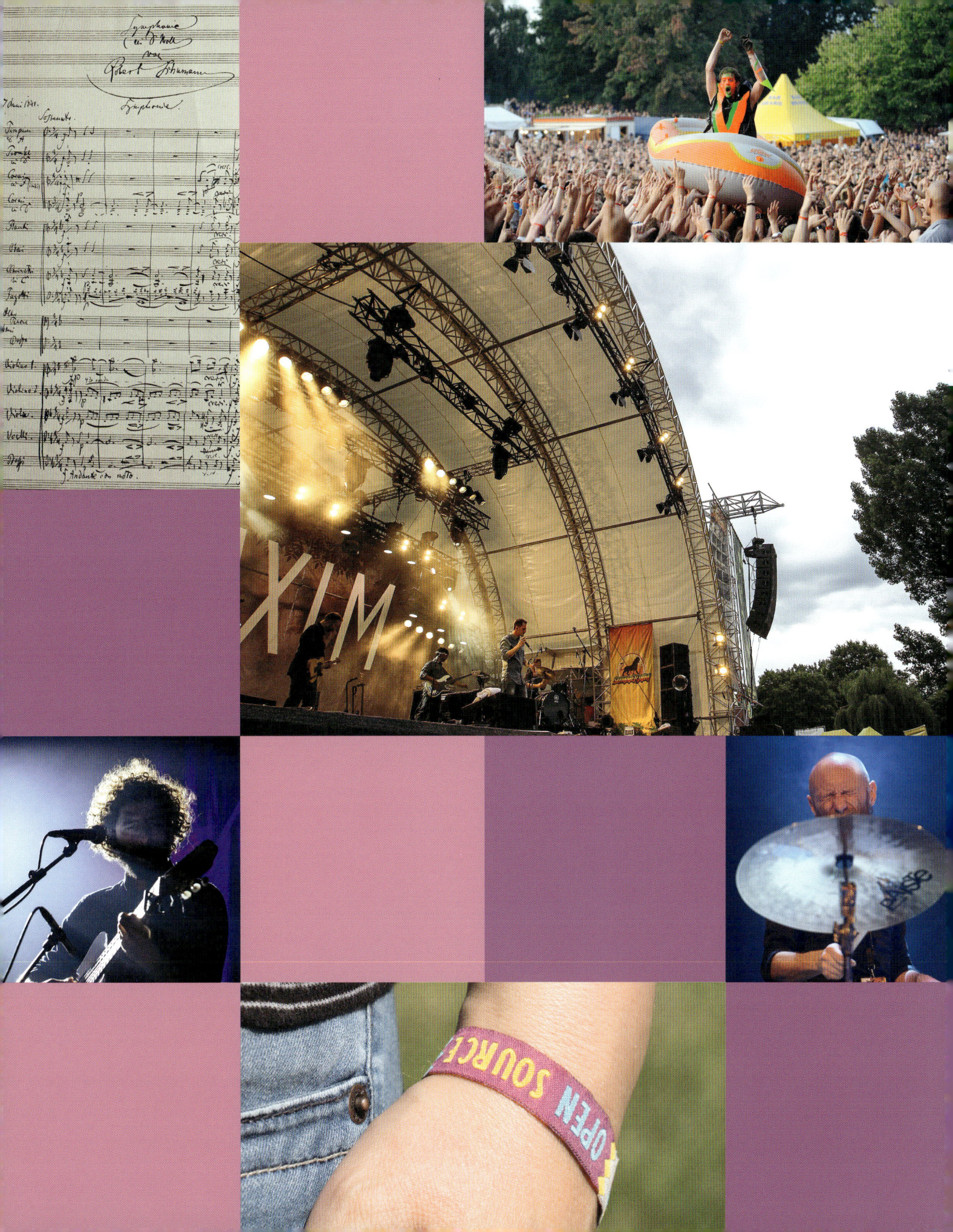

50 MINERALOGISCHES MUSEUM BONN
Kristalline Wunderwelten

Sie kommen in den bezauberndsten Farben und Formen vor, die Minerale der Welt. Menschen sind von ihrer Schönheit, ihrem Funkeln und Glitzern seit Jahrtausenden fasziniert, schmücken sich mit ihnen. Manchen werden heilende Wirkung, anderen sogar mystische Kräfte nachgesagt. Minerale dienen als Rohstoffe, als Würzmittel. Viele sind für alles Leben essenziell wichtig, andere hochgiftig. Das Poppelsdorfer Schloss in Bonn beherbergt eine der bedeutendsten nationalen und internationalen Mineralsammlungen.

Es ist eher eine Ausnahme, dass Minerale als große »Individuen« vorkommen, meisten bilden sie zusammen mit anderen Mineralen Gesteine. Das bemerkt auch der Laie meist schon mit bloßem Auge: Beim Betrachten von Gesteinen fallen hellere und dunklere, aber recht homogene Teile in unterschiedlicher Verteilung und Größenordnung auf. Diese homogenen Bestandteile des Gesteins sind Minerale, die ihrerseits in der Regel aus geometrisch regelmäßig und gesetzmäßig angeordneten Atomen bestehen. Solch regelmäßig geformte Minerale werden Kristalle genannt. Natürlich gewachsene Kristalle sind in der Regel von ebenen Flächen begrenzt und ergeben geometrische Formen. So ordnen sich Steinsalz-, Gold- und Diamantminerale beispielsweise in der Regel in Kuben an, während Schwefel und Topas in Rhomben kristallisieren. Mittels ihrer Formen und anderen optischen Eigenschaften wie Farbe und Fluoreszenz lassen sich die unterschiedlichen Minerale ebenso bestimmen wie anhand von physikalischen Eigenschaften wie der Dichte, Härte und Spaltbarkeit oder aber chemischer Eigenschaften.

AUCH WENN DIE VIELEN HUNDERT MINERALE der Erdkruste eher als ein Konglomerat vieler einzelner zu Gesteinskörpern zusammenfinden, können sie auch – etwa in Hohlräumen – einzeln zu großen, reinen Mineralaggregaten anwachsen, wie man sie aus naturkundlichen Museen kennt.

HAUPTSÄCHLICH IN SOLCHER FORM ENTFALTEN sie ihre ganze Pracht in den Vitrinen des Mineralogischen Museums im schönen Barockbau des Poppelsdorfer Schlosses. Vier Säle führen in »Minerale und ihre Systematik«, »Gesteine und Meteorite«, »Erze und mineralische Rohstoffe« und natürlich »Edelsteine« ein. Die Sonderausstellungen vertiefen einzelne Themengebiete, beschäftigen sich beispielsweise mit »Heavy Metal«, mit wirtschaftlich genutzten Metallen und den Mineralen, aus denen sie gewonnen werden. Oder die Ausstellung »Vom Stein zu Staub«, in Zusammenarbeit mit dem Deutschen Staubarchiv erarbeitet. Wer hätte überhaupt gedacht, dass es so etwas gibt? Die Sonderausstellungen werden von einem umfassenden Sonderprogramm begleitet.

NACH DEM BESUCH des Mineralogischen Museums darf auf gar keinen Fall ein Besuch im Museumsshop fehlen. Dort gibt es nämlich die Wundertüte des Museums, die man für sich selbst und als Mitbringsel erwerben sollte. Sie ist gefüllt mit allerlei Kleinigkeiten zum Ausprobieren, Lernen und Sammeln.

IN KÜRZE

LAGE
Rheinland;
Bonn

INFO
Mineralogisches
Museum der
Universität Bonn
Poppelsdorfer Schloss
Meckenheimer
Allee 169
53115 Bonn
www.steinmann.
uni-bonn.de/museen/
mineralogisches-
museum

GOLDRAUSCH

Gold (unten) gehört zu einem der seltensten Elemente der Erdkruste und ist dort mit nur vier Tausendstel Gramm pro Tonne Gestein enthalten. Dennoch konnten bislang 160.000 Tonnen des kostbaren Metalls gefördert werden. Und die Goldförderung steigt zunehmend – was wiederum die Goldpreise in den Keller fallen lässt, sodass die kostenaufwendige Goldförderung bald unrentabel werden könnte.

>> Wer noch ein bisschen Zeit nach dem Besuch des Mineralogischen Museums hat, der sollte sich das – ebenfalls im Poppelsdorfer Schloss beheimatete – Goldfuß-Museum nicht entgehen lassen. Das führt durch die lebendige, nicht mineralogische Erdgeschichte und zeigt Fossilien aus aller Welt, darunter den beeindruckenden Schädel eines Tyrannosaurus.

49 FREILICHTMUSEUM OERLINGHAUSEN
Es war einmal der Mensch

Vieles hat die Wissenschaft zur Entstehung des Menschen, über seine Lebensweise in urgeschichtlichen Zeiten, seine Ess- und Jagdgewohnheiten, die Art, sich zu kleiden und zu wohnen, herausgefunden – aber vorstellen kann sich der Laie das alles nicht so recht. Den trockenen wissenschaftlichen Werken fehlt die Bildhaftigkeit, aus denen wir uns das Leben unserer Vorfahren rekonstruieren können. Im Archäologischen Freilichtmuseum Oerlinghausen ist das anders: Dort wird die Urgeschichte sicht- und erlebbar.

Ein altsteinzeitliches Sommerlager mitteleuropäischer Rentierjäger macht den Auftakt im Oerlinghausener Freilichtmuseum. Die Vegetation war von der abklingenden Eiszeit geprägt, sommergrüne Zwergsträucher, Gräser, Moose und Flechten herrschten vor. Das lässt Rückschlüsse auf die Lebensweise des eiszeitlichen Menschen zu: Er musste ein geschickter Jäger sein, denn pflanzliche Nahrung war hier rar, während in der eiszeitlichen europäischen Tundra die Megafauna ganz prächtig gedieh. Fleisch stellte die Hauptnahrung des europäischen Menschen um 12.500 vor Christus dar. Doch die Reste der erbeuteten Tiere waren nicht etwa Abfall: Aus den Knochen wurden Werkzeuge, aber auch Kunst- und Kultgegenstände geschnitzt, die Tiersehnen dienten als Schnüre und Häute und Felle eigneten sich als Schutz vor der Witterung – auf dem Körper wie in Form von Zeltplanen. Das alles lassen archäologische Funde in den unterschiedlichsten Regionen Deutschlands rückschließen.

DER BESUCHER AUS DEM 21. JAHRHUNDERT durchwandert die Altsteinzeit und die Mittlere Steinzeit, dann gelangt er in die Jungsteinzeit. Es ist die Zeit, in der die Menschen begannen, sesshaft zu werden und sich von der Viehzucht und dem Ackerbau zu ernähren. Es war ein weitaus beschwerlicheres Leben als das des Jägers: Aus Wildtieren Haustiere zu züchten, Wildgetreide und -früchte zu kultivieren ist ein langwieriger Prozess, für den man Zeit braucht. Bis heute ist nicht geklärt, warum der Mensch plötzlich sesshaft wurde – aber das Freilichtmuseum kann zumindest schön veranschaulichen, wie die Menschen des Neolithikums und in der anschließenden Bronzezeit lebten.

VON DORT GEHT ES WEITER in die Eisenzeit. Auf das »Germanengehöft« geht das gesamte Museum zurück. Die Rekonstruktion des eisenzeitlichen Hofes wurde 1936 begonnen, die Konstruktion entspricht nicht dem heutigen Wissensstand, aber der Hof ist dennoch ganz hübsch anzusehen. Am Ende des Rundgangs gelangt man ins frühe Mittelalter. Den Mittelpunkt dieser rekonstruierten Hofanlage bildet ein Langhaus, in welchem Menschen und Tiere unter einem Dach lebten. Besonders attraktiv für Besucher jeden Alters ist dieser Hof vor allem wegen einem: wegen der Schweine. Es handelt sich dabei um Rückzüchtungen, die zumindest dem Aussehen nach den längst ausgestorbenen mittelalterlichen Schweinen entsprechen. Die Koben der Düppeler Weidschweine bringen zum Wissen auch das Leben in die Geschichte.

IN KÜRZE

LAGE
Ostwestfalen-Lippe

INFO
Archäologisches
Freilichtmuseum
Oerlinghausen
Am Barkhauser
Berg 2–6
33813 Oerlinghausen
www.afm-oerling
hausen.de

LINKS Wohnen auf neolithisch: In der Jungsteinzeit wurde der Mensch sesshaft, baute Häuser – und errichtete die ersten Zäune.

RECHTS Ritter ziehen Kinder magisch an – das ist auch im Freilichtmuseum nicht anders.

LINKS Räuchern war in der Frühzeit ein gutes Mittel, um Fleisch und Fisch lange haltbar zu machen. Auch die Menschen der Eisenzeit verwendeten dazu bereits spezielle Öfen.

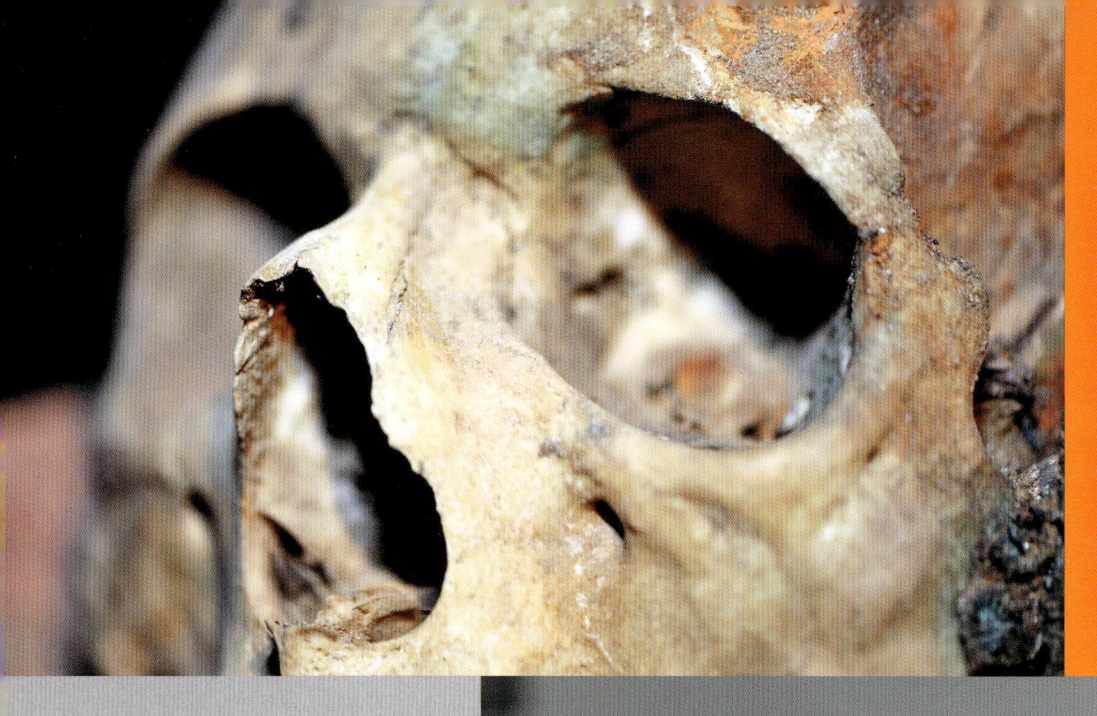

SCHÄDELKULT
MYTHOS UND KULT UM DAS HAUPT DES MENSCHEN

Schrumpfköpfe, Skalps, Kristallschädel, bemalte und tätowierte Schädel – in einer spektakulären Ausstellung setzte sich das LWL-Museum mit dem menschlichen Kopf in unterschiedlichen Zeiten und Kulturen auseinander.

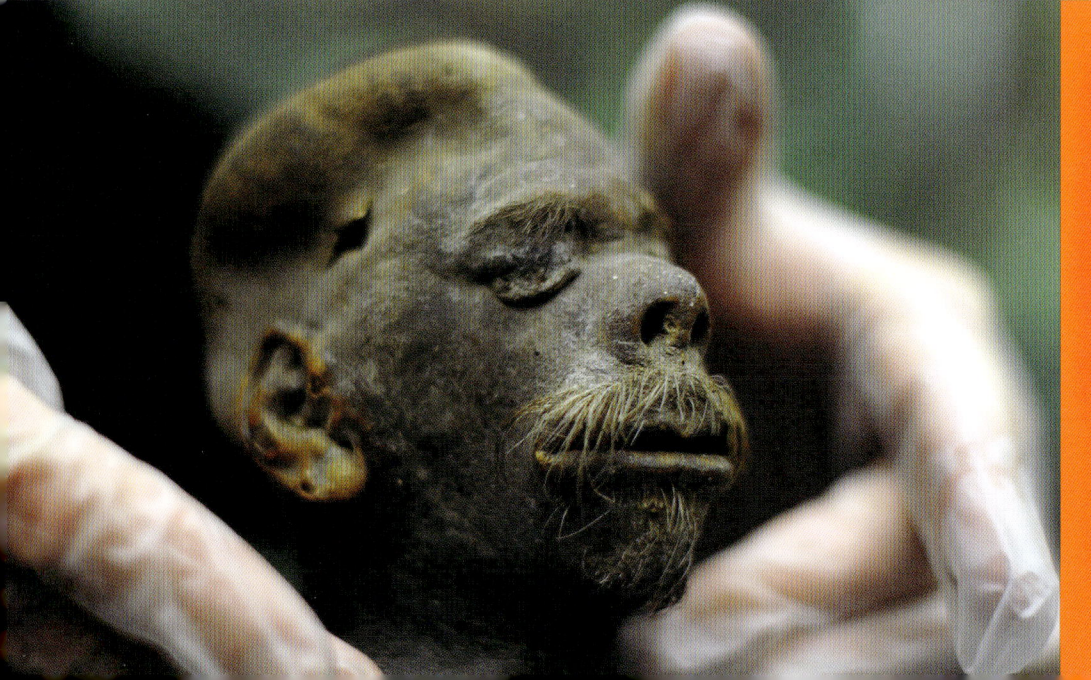

Sammler«, »Ackerbau und Viehzucht« oder »Römer und Germanen«. Doch die Ausstellung endet nicht mit dem Ende der Frühgeschichte und Antike, sie reicht über das Mittelalter in die Neuzeit bis hin zur Trümmerarchäologie nach Beendigung des Zweiten Weltkrieges. Zudem wird die Dauerausstellung multimedial begleitet: Ein spezieller Multimedia-Guide gibt mittels Videos vom originalen Fundort der Exponate und Hörbeiträgen – gesprochen von Joachim Król – zusätzliche Informationen zu ausgewählten Funden.

DOCH DAS HERNER MUSEUM ist mehr als ein Rundgang durch Geschichte und Archäologie. Wenn Sie wissen wollen, ob Sie selbst eigentlich zum Archäologen geboren sind und Sie nur Ihren Beruf verfehlt haben: In Herne werden Sie es erfahren. Mit Kelle und Pinsel ausgerüstet lernen Sie im GrabungsCAMP, wissenschaftlich exakt zu graben, Fundsituation und Funde zu dokumentieren, zu sortieren und einzuordnen. Steinzeitliche Scherben, römische Münzen treten zutage. Auch im Camp verbinden sich historische und archäologische Gesichtspunkte. Für das GrabungsCAMP, das eine Ergänzung zu der Dauerausstellung darstellt, muss allerdings eine Anmeldung erfolgen; man kann es aber auch ausschließlich besichtigen, wenn gerade eine Mitmachgrabung erfolgt.

AUFMERKSAMKEIT VERDIENT auch der Museumsbau selbst, entworfen von den Architekten v. Busse Klapp Brüning aus Essen. Der dreigegliederte Bau wurde für seine Neuordnung des »desolaten Stadtraumes«, der im Bereich zwischen Kirchplatz, Europaplatz und Kulturzentrum eine Art »Kulturgarten« ermöglicht, mit dem Architekturpreis NRW 2004 ausgezeichnet. Es ist die Mischung aus tiefer liegendem Ausstellungsareal, das dennoch keinerlei Kellerassoziationen hervorruft, und Hochbauten, was die Preisverleiher als herausragend betonen. Für seine Ziegelfassade findet das Museum außerdem beim Brick Award 2004, der für herausragende Bauten aus Ziegelprodukten verliehen wird, Anerkennung, wenn es auch nicht der Gewinner wurde.

NOCH VIEL MEHR FRÜHGESCHICHTEN – LWL-MUSEUM FÜR NATURKUNDE

Wer sein prähistorisches Wissen – vor allem das zu Westfalen – vervollständigen möchte, der sollte auch das Landesmuseum für Naturkunde mit angeschlossenem Planetarium in Münster nicht außer Acht lassen. Dort erfährt man alles über das nichtmenschliche Leben der Urgeschichte. Natürlich sind die Dinosaurier einer der wesentlichen Anziehungspunkte für die Kids, doch auch als Erwachsener findet man unter den 30.000 präparierten Tieren und einer Millionen Insekten, 300.000 Pflanzen und in der geowissenschaftlichen Sammlung mit 70.000 Exemplaren Zahlloses, was man noch nie gesehen hat. Schon im Foyer beeindruckend: der im Durchmesser 1,74 Meter große Ammonit der Oberkreide, der in einem münsterländischen Steinbruch entdeckt wurde und derzeit als der größte Ammonit der Welt gilt. Wer nach dem Besuch des Museums Lust hat, den Wandel von urgeschichtlicher zu heutiger Tier- und Pflanzenwelt zu erleben: Der münsterische Allwetterzoo liegt direkt neben dem Museum. Unterschiede und Gemeinsamkeiten zwischen urgeschichtlichem Mammut und lebendem Elefant werden da schnell offensichtlich.

48 LWL-MUSEUM FÜR ARCHÄOLOGIE
Ab in den Untergrund!

Wer in Nordrhein-Westfalen ein Loch in den Boden buddelt, stößt fast immer auf Überbleibsel der menschlichen Geschichte. Das gilt nicht nur für Köln, wo jeder Kelleraushub den nächsten römischen Sensationsfund zutage fördern kann, das gilt auch für die dünner besiedelten Regionen an Niederrhein und im Münsterland, im Bergischen Land und in der Eifel. NRW ist ein Mekka für Archäologen und entsprechend gibt es einige gute archäologische Museen, von denen das des Landschaftsverbands Westfalen-Lippe in Herne eines der spannendsten ist.

Es geht in den Untergrund im LWL-Museum für Archäologie. Trotz des schönen und preisgekrönten Gebäudes findet das eigentliche Geschehen darunter, in den Tiefen der Ruhrerde statt. Das hat einige Vorteile. Vor allem ist das Klima dort unter konservatorischen Gesichtspunkten ideal für die Bodenfunde. Darüber hinaus verdeutlicht die Ausstellung die Arbeitssituation der Archäologen und die Probleme, die daraus entstehen. Das nämlich ist das Besondere an diesem Museum: Es ist die Sichtweise auf die Exponate, die Perspektive von Archäologen, in die man hier eintaucht. Das heißt zunächst einmal: Meterdicke Erdschichten müssen erst abgetragen werden, bevor an eine detaillierte Grabung gedacht werden kann.

DIE DAUERAUSSTELLUNG LIEGT eingebettet in eine Grabungslandschaft. Die ist zwar rekonstruiert, doch damit nicht weniger authentisch: Archäologische Exponate können natürlich für sich betrachtet werden, doch die Situation, in der sie gefunden werden, sagt wesentlich mehr über eine Zeit aus als der reine Gegenstand. Ein bronzezeitliches Tongefäß legt auch ganz für sich gesehen Zeugnis ab über die handwerklichen Fähigkeiten und technischen Möglichkeiten der Zeit. Verzierungen, Materialien – sie alle sind bereits für sich gesehen aufschlussreich. Doch erst die Fundsituation sagt auch etwas über das Leben der Menschen zur jeweiligen Zeit aus. Dasselbe Tongefäß, das ohne die entsprechende Fundsituation eben nur ein Gefäß ist, gibt – in einem Grab gefunden – Aufschluss über ein Jenseitsbild, über kultische Handlungen der Zeit. In einer Höhle neben abgenagten Knochen und Feuerresten gefunden, wird es dagegen zum Alltagsgegenstand. 250.000 Jahre insbesondere westfälische Geschichte werden auf diese Weise dargestellt und in Zusammenhang mit den Geschehen der Weltgeschichte gestellt: Unter seinen Füßen entdeckt der Besucher Brunnen, Gräber, ein Erdwerk der bronzezeitlichen Bauern oder die Fundamente einer frühchristlichen Kirche. »Fenster in die Welt« zeigen daneben, was zur gleichen Zeit in anderen Teilen der Welt vor sich gegangen ist: die ägyptischen Pyramiden, die Entdeckung Amerikas, Machu Picchu, die Ruinenstadt der Inka aus dem 15. Jahrhundert – sie alle stellen das Geschehen in Westfalen in einen weltgeschichtlichen Kontext.

AUFGEBAUT IST DIE AUSSTELLUNG thematisch: In dem einen Bereich wird die Entwicklung zum Werkzeug dargestellt, andere Themen sind »Jäger und

IN KÜRZE

LAGE
Ruhrgebiet; Herne

INFO
LWL-Museum für Archäologie
Westfälisches Landesmuseum
Europaplatz 1
44623 Herne
www.lwl-landes
museum-herne.de

LWL
Museum für Archäologie
Westfälisches Landesmuseum

SEIT 1934 GIBT ES ein eigenständiges Landesmuseum für Vor- und Frühgeschichte, das seinen Sitz in Münster hatte. Die Sammlung wurde 2003 in den neu eröffneten Museumsbau in Herne verlegt. Seine charakteristische Ziegelsteinfassade verleiht dem ausgezeichneten Gebäude eine skulpturale Kraft.

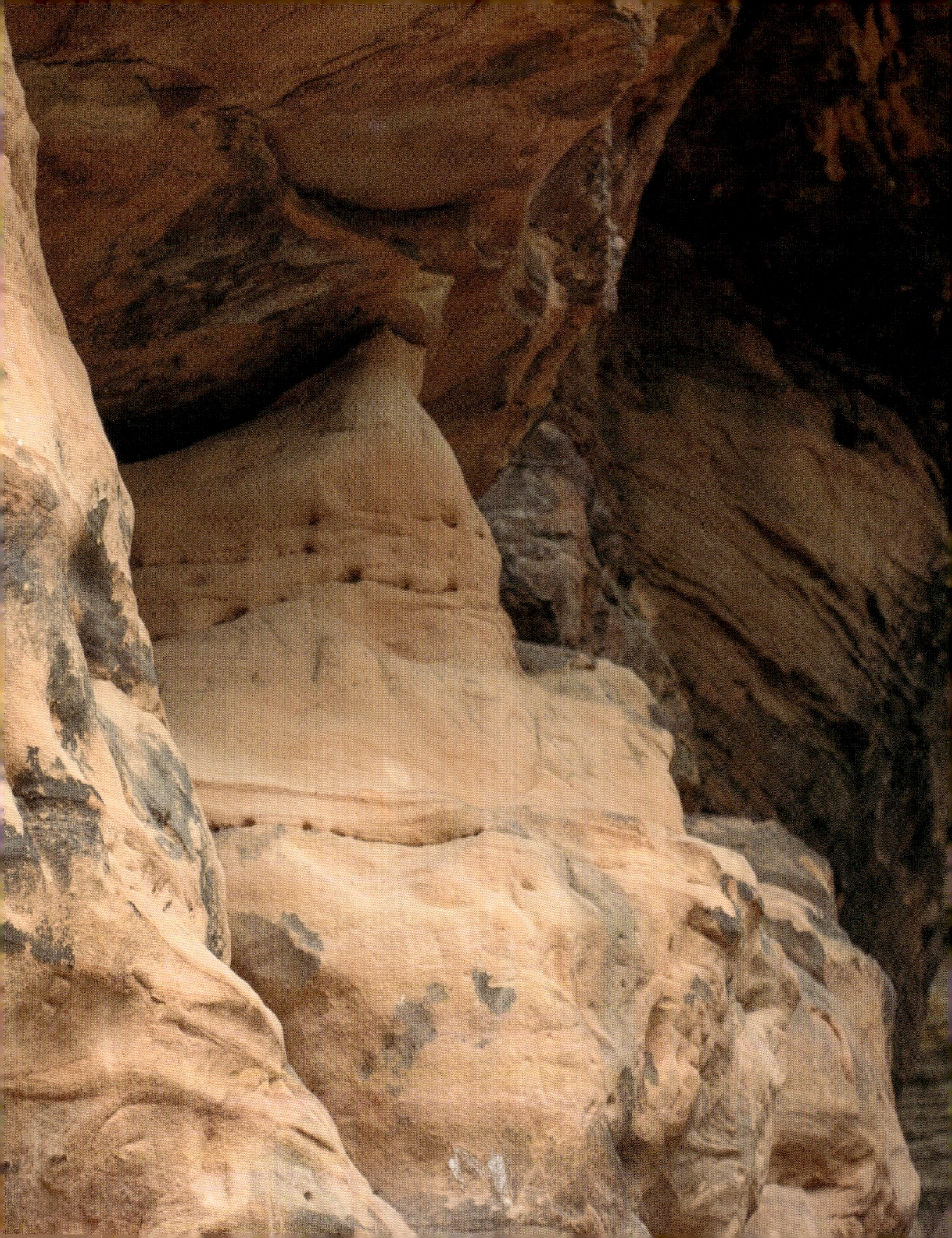

DIE KATZENSTEINE
Wind, Wasser, Frost haben die vor rund 220 Millionen Jahren entstandenen Felsformationen im Laufe der Jahrtausende geformt. Und auch der Mensch trägt zu ihrer Veränderung maßgeblich bei.

47 DER BUNTSANDSTEIN
Nichts ist für immer

Eindrucksvoll thront Burg Nideggen über dem Rurtal in der Eifel. Fast macht die rötliche Ruine die Felsformationen, auf und aus denen sie (be-)steht, vergessen. Die Felsen zeugen von der Zeit vor rund 220 Millionen Jahren, als sich die Meere auf dem Gebiet mehr und mehr zurückzogen, extrem trockene mit nassen Perioden abwechselten und sich in der heutigen Eifel mächtige, meist rot verfärbte Sanddünen ablagerten, überlagert wurden und sich zu Gesteinen verfestigten. Seit Jahrhunderten wieder Wind und Wetter ausgesetzt, verwittern die Sandsteine der Eifel zu spektakulären Formationen, die beinahe an die berühmten Felsen nahe der antiken jordanischen Nekropole Petra erinnern.

Die Rur hat sich tief in das Gestein der Eifel eingegraben und dabei die Schichten des Buntsandsteins freigelegt. Buntsandstein bezeichnet einerseits eine Gesteinsschichtfolge, die der Trias des Erdmittelalters zugeordnet wird. Andererseits ist Sandstein die Bezeichnung für ein Sedimentgestein, das durch andere Minerale als Quarzit eingefärbt ist. Grünsand etwa erhält seinen Grünschimmer durch Glaukonit, der rote Sandstein der Eifel wird durch Eisenoxide gefärbt.

ALS SEDIMENTGESTEIN GEHT SANDSTEIN aus älteren Gesteinen hervor. Ab dem Zeitpunkt ihrer Entstehung sind alle Gesteine der Welt der Zerstörung unterworfen, sobald sie an die Erdoberfläche dringen. Durch klimatische, physikalische oder chemische Einflüsse verwittern sie, werden mechanisch zerkleinert, zerrieben, in kleinere Minerale zerstoßen; oder sie werden chemisch gelöst und entstehen durch Fällung dieser gelösten Stoffe. Die Sedimente lassen sich entsprechend in mechanische und chemische unterscheiden. Zu ersteren zählt das Ausgangsmaterial für Sandstein, nämlich zerriebene Minerale, in der Regel Quarz, von höchstens zwei Millimetern Größe. Diese Sandkörner lagern sich ab und werden mit der Zeit durch andere Minerale wie Calcit, Kieselsäure oder Eisenoxide miteinander verkittet, sodass ein festes Sedimentgestein entsteht.

DER EIFELER BUNTSANDSTEIN ist dort allgegenwärtig: Neben dem Schiefer ist er das zweite wichtige Baugestein. Nicht nur die Burg, auch die Nideggener Kirche, das Dürener Tor, das Rathaus und ein Großteil der historischen Häuser sind aus dem farbigen Sedimentgestein errichtet. Und das gilt für viele Ortschaften entlang des Rurtals und weiter Richtung Mechernich, ein Gebiet, das zum sogenannten Mechernicher Triasdreieck gehört. Dort hatte sich der Boden aufgrund geologischer Prozesse abgesenkt, sodass der Sandstein länger erhalten blieb als in der weiteren Umgebung. Entlang der Rur kann man durchgängig – und in drei bequemen Tagesetappen – die Buntsandsteinroute erwandern und die Verwitterungsformen studieren. Die zeigen sich auch bei Mechernich an den Katzensteinen, wo schon in der Antike von den Römern Sandstein als Baumaterial gebrochen wurde. Auch lag hier ein steinzeitlicher Jagdplatz. Doch das Spannende sind die Verwitterungsformen in geschwungenen Schichten oder in sogenannten Tafoni, kleinen Aushöhlungen, die entfernt an Bienenwaben erinnern.

IN KÜRZE

LAGE
Eifel;
zwischen Nideggen und Mechernich

INFO
Burg Nideggen
Kirchgasse 10
52385 Nideggen

KATZENSTEINE

Wanderparkplatz an der L61, der von Mechernich kommend kurz hinter dem links abbiegenden Weg »Am Katzenstein« rechts auf einem Waldpfad liegt.

UNEINNEHMBARE FESTUNG BURG NIDEGGEN

Ab 1177 gebaut, galt Burg Nideggen auf den Sandsteinfelsen hoch über dem Rurtal lange Zeit als uneinnehmbar. Die Ruine zeugt davon, dass die Höhenburg wie die meisten Burgen ihrem Schicksal jedoch nicht entgehen konnte: 1542 wurde sie im Zuge des Dritten Geldrischen Erbfolgekrieges das erste Mal zerstört. Es sollte nicht bei diesem einen Mal bleiben. Noch immer aber lässt sich das Baumaterial der Burg gut erkennen, das einerseits aus den Buntsandsteinfelsen um Nideggen gewonnen wurde, andererseits aus dem Steinbruch der nahen Burg Berenstein. Deren gelblicheres Gestein lässt sich noch gut im oberen Teil des Burgfrieds erkennen.

>> Die mittelalterliche Burg Nideggen beeindruckt nicht nur durch ihre schönen Gemäuer aus Buntsandstein – es ist auch herrlich, in den noch erhaltenenn Sälen zu sitzen und sich die feinen Speisen des Burgrestaurants schmecken zu lassen.

46 NEANDERTHAL MUSEUM
Der Neandertaler in uns

Seit der Schädel eines Neandertalers im Jahr 1856 in einem Steinbruch in besagtem Tal gefunden wurde, streitet sich die Wissenschaft darüber, ob der Neandertaler ein Vorfahre des modernen Menschen sei, ob es kulturelle oder gar genetische Einflüsse zwischen den beiden Menschenspezies gab oder ob man dem Neandertaler generell eine fein entwickelte Kultur absprechen dürfe. Im Neanderthal Museum in Mettmann ist man nicht nur am Originalschauplatz der Neandertalergeschichte, hier werden auch die wichtigsten Fragen der menschlichen Familiengeschichte erzählt. Und man erfährt, dass in jedem Menschen noch heute ein bisschen Neandertaler steckt.

Lange schwarze Haare am ganzen Körper, eine affenähnliche Gestalt, in seinem ganzen Wesen und seiner ganzen Kultur ein Primitivling – so sah bis vor wenigen Jahrzehnten die Vorstellung vom Neandertaler aus. Heute stellen die Rekonstruktionen immer häufiger einen kräftig gebauten, modernen Menschen dar, der sich vom heutigen Menschen kaum unterscheidet. Im engen Düsseltal bei Mettmann, hier, am Originalschauplatz, an dem im Jahr 1856 bei Steinbrucharbeiten ein Schädel zutage gefördert wurde, der bald danach einer frühmenschlichen Art zugeordnet werden konnte, geht man im modernen Neanderthal Museum noch einen Schritt weiter: Man steckte die Rekonstruktion eines Neandertalers in moderne Kleidung und weist damit auch äußerlich auf die nahe Verwandtschaft zwischen Homo neanderthalensis und Homo sapiens. Denn heute ist gesichert, dass der Neandertaler zwar kein direkter Vorfahre des modernen Menschen ist, dass es aber sexuelle Kontakte zwischen den beiden Arten und dadurch eine genetische Vermischung untereinander gab. 1,5–2,1 Prozent der Gene eines Europäers gehen auf den frühgeschichtlichen Verwandten zurück; in anderen Erdteilen sind es bis zu vier Prozent.

DER WEG DER MENSCHWERDUNG ist eine spannende Geschichte und sie wird im Neanderthal Museum eindrucksvoll erzählt. Das gilt nicht nur für die Fundgeschichte im Düsseltal, in dessen Kleiner Feldhofer Grotte 40.000 Jahre lang die Knochen des Neandertalers verborgen lagen. Das gilt auch für die gesamte frühmenschliche Art, ihre Kultur, die sich in Werkzeugen und handwerklichen Technologien offenbart, die teilweise denen des modernen Menschen entsprechen, die aber rund 10.000 Jahre, bevor Homo sapiens Europa überhaupt betrat, gefertigt wurden. Und das gilt nicht zuletzt für die Kriterien, was den Menschen eigentlich zum Menschen macht. So sind beispielsweise auch der Spracherwerb und die biologischen Voraussetzungen für einen solchen Thema im Museum.

TEIL DES MUSEUMSRUNDGANGS ist darüber hinaus der Museumsgarten, das einstige Neandertal, dessen ursprüngliches Aussehen jedoch durch den Steinabbau zerstört wurde. Hier erinnern moderne Installationen an den Fundort und seine Geschichte, setzt sich ein Kunstweg mit dem Neandertaler auseinander und lässt sich im Wildgehege die Tierwelt – und damit die Nahrung – zur Zeit des Neandertalers bestaunen.

IN KÜRZE

LAGE
Düsseldorf;
Neanderthal Museum
Talstraße 300
40822 Mettmann

ÖFFNUNGSZEITEN
Di–So 10–18 Uhr

MITMACHEN

Für echte Neandertaler-Fans bietet das Museum Workshops an: In denen kann man lernen, wie man ohne Feuerzeug ein Feuer entfacht, Knochennadeln und Steinmesser herstellt und mit Pfeil und Bogen auf die Jagd geht.

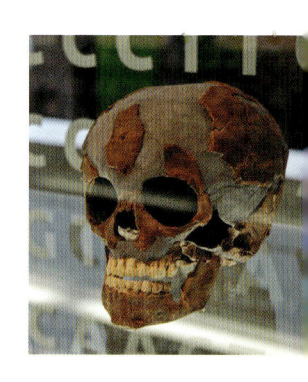

VOM PRIMITIVLING ZUM HOCH ENTWICKELTEN FRÜHMENSCHEN
In moderner Kleidung und mit einem anständigen Haarschnitt versehen ist der Neandertaler dem heutigen Menschen gar nicht so unähnlich (oben). Das zeigt das Neanderthal Museum in Mettmann und stützt sich dabei auf die wissenschaftliche Erkenntnis, dass jeder Mensch Neandertaler-DNA in sich trägt (rechte Seite). Spezielle Audioguides und Führungen machen auch Kindern die Urzeit schmackhaft (unten).

45 FELSENMEER HEMER

Schroffe Felsen, verwunschene Wälder

Sie liegen falsch, wenn Sie in Hemer Wasser erwarten. Das Felsenmeer ist kein von Felsen umstandenes Gewässer, es ist ein Meer aus Gestein, zerklüftet und zerfurcht und innerhalb eines fast mystischen Waldes gelegen. Aber es ist schon wahr, dass Wasser durchaus einen Anteil an seiner Entstehung hatte – neben einer Vielzahl von Zwergen, Riesen, dem Teufel und auch ein ganz klein wenig dem Menschen.

Es ist eine merkwürdige Mischung aus Geotop, Biotop und bergbaulichem Bodendenkmal, das man mit dem Felsenmeer Hemer betritt. Und man weiß noch immer nicht ganz sicher, wie es entstanden ist. Da liegt es nahe, erst einmal den Teufel vorzuschicken. Der soll, aus dem Münsterland kommend, mit einem Sack voll Steinen durch das Sauerland gestreift sein, ohne zu bemerken, dass der Sack ein Loch hatte. In Hemer riss der Sack und die Steine fielen heraus – das Hemer Felsenmeer war entstanden.

EIN KLEIN WENIG GLAUBWÜRDIGER sind da schon die Sagen von den Nibelungen und den Riesen. Die Nibelungen, ein Zwergenvolk, gruben unter Führung von Alberich in den Bergen bei Hemer nach Edelmetallen und Eisen. Als Riesen nach ihren Schätzen trachteten, lockten die Zwerge sie in die Felsenhallen unter Tage, Alberich sprach einen Zauberspruch und die Felsen stürzten über den Riesen zusammen und hinterließen eine zerklüftete Gesteinslandschaft. Zuvor aber hatte Alberich genau an dieser Stelle dem Helden Siegfried das Schmiedehandwerk beigebracht, sodass dieser aus dem feinen Eisen der Gegend sein Schwert schmieden konnte. Mit dem tötete er im Anschluss den Drachen auf dem Drachenfels (siehe Tour 77). Natürlich ist auch das eine Sage, aber die hat immerhin einen wahren Kern.

ZUMINDEST HAT AUCH DER frühe Bergbau ein wenig mit dem heutigen Aussehen des Felsenmeers zu tun. Entstanden ist das Gestein des markanten Geotops vor ungefähr 360 Millionen Jahren aus einem Korallenriff, in dem sich Sedimente ablagerten und verfestigten. Im Zuge der variskischen Gebirgsbildung faltete sich die Landschaft auf. Das Kalkgestein des Meeresbodens begann zu verwittern, zu verkarsten und im Untergrund Höhlen auszubilden (siehe Tour 44). Das ist etwa 23–30 Millionen Jahre her. Oberirdisch war das zunächst als Kegelkarstlandschaft sichtbar, dann wurde diese während der Eiszeiten von Lehmlöss überdeckt. Durch welche Vorgänge später ein Teil der Lössüberdeckung wieder abgetragen wurde, ist nicht ganz klar. Wahrscheinlich durch Auswaschung über die unterirdischen Karsthöhlen. Ab dem 7./8. Jahrhundert wurde um und am Felsenmeer Eisenerz abgebaut – soweit der wahre Kern der Zwergensage –, Stollen entstanden. Bis 1871 ging der Bergbau weiter, das Felsenmeer war unterirdisch durchhöhlt, immer wieder stürzten Stollen und natürliche Höhlen ein und prägten auf diese Weise sein heutiges Aussehen. Umgeben von alten Kalk-Buchenwäldern und überwuchert von Eschen-Ahorn-Schluchtwald ist das Felsenmeer sowohl Geotop als auch Biotop und zeugt zudem von dem regen Eisenerzbergbau der Region.

IN KÜRZE

LAGE
Sauerland; bei Hemer

GRÖSSE
12,9 Hektar

INFO
Felsenmeer Hemer
Felsenmeerstraße 32
58675 Hemer

ACHTUNG
Es ist lebensgefährlich, die Wege auf dem Gebiet des Felsenmeers zu verlassen. Tiefe Klüfte und Spalten durchziehen das Gebiet, sind aber von Zweigen und Laub verdeckt und entsprechend nicht zu erkennen.

LINKS Wo es keine Wege durch das Felsenmeer gibt, bleibt der Wald sich selbst überlassen. Es ist eine mystische Welt entstanden.

UNTEN An vielen Stellen führen durch und über das Felsenmeer Holzstege, von denen man das Geotop aus allen Perspektiven bestaunen und erleben kann.

>> Zwanzig Autominuten vom Hemer Felsenmeer entfernt findet sich in dem Örtchen Balve-Wocklum die Luisenhütte. Sie ist die älteste in Deutschland erhaltene Hochofenanlage. In dem anschaulichen Museum lernt man alles über den für das Sauerland so wichtigen Erzabbau, die Eisenverhüttung in früheren Tagen und die Weiterverarbeitung zu Eisenprodukten.

HÖHLENLEBEN

Es gibt in den Tiefen unserer Erde eine Vielzahl an Tieren, die bevorzugt in Höhlen leben – dauerhaft, sogenannte Troglobionten, oder nur zeitweise, die trogophilen, höhlenliebenden Lebewesen. Sie nutzen etwa Höhlen als Schlafplatz. Der junge Höhlenbär, dessen Skelett bei Ausgrabungsarbeiten gefunden wurde, wäre sicherlich Letzteren zugeordnet worden, wäre er nicht als Jungtier gestorben. Seit etwa 100 Jahren gibt es eine neue Spezies höhlenliebender Lebewesen: den Menschen.

Eine besondere Delikatesse: der Attakäse, im hervorragenden Klima der Attahöhle gereift. Außerhalb der Höhle hergestellt und zunächst vier Wochen in klimatisierten Räumen vorgereift, wird der Attakäse im Anschluss in die Hallen der Attahöhle gebracht, wo die milden Sorten weitere vier Wochen, die kräftigen noch einmal zehn Wochen reifen. Verkauft wird er in der Attahöhle.

Es ist eine sogenannte Karstlandschaft entstanden, die nicht nur in der Tiefe zu erkennen ist, sondern auch durch oberirdische Landschaftsformen (siehe Tour 45).

DIE FRAGILEN KRISTALLISIERTEN GEBILDE der sauerländischen Höhlen sind typische Phänomene solcher Karsthöhlen. Ihre häufigste Ausprägungsform sind die Tropfsteine. Solche Tropfsteine entstehen durch die Umkehrung des Verkarstungsprozesses, durch die sogenannte Versinterung, und werden entsprechend Höhlensinter genannt. Auch wenn die Höhlen nun oberirdisch und trocken liegen, rinnt Regenwasser aus den darüberliegenden Gesteinsschichten und trägt gelöste Bicarbonate mit sich. In Form von Tropfen hängt es an der Decke der Höhle, deren Kohlenstoffdioxidgehalt geringer ist als jeder der Wassertropfen. Dadurch gibt das Wasser Kohlenstoffdioxid ab, was zur Ausfällung und Kristallisierung von Kalk führt. Innerhalb Tausender von Jahren wachsen solche Kalkkristalle zu von der Decke herabhängenden Tropfsteinen, den Stalaktiten, heran. Doch es wird nicht aller Kalk sofort ausgefällt, auch der zum Boden fallende Tropfen enthält noch Kalk. Bei dessen Aufprall wird nochmals Kohlenstoffdioxid freigesetzt, wieder fällt Kalk aus, wächst vom Boden aus in Tausenden von Jahren in die Höhe und bildet so einen Stalagmiten. Treffen Stalaktit und Stalagmit aufeinander, verwachsen sie schließlich zu einer Tropfsteinsäule, dem Stalagnat.

IN DEM UNTERIRDISCHEN REICH VON DECHEN- UND ATTAHÖHLE werden diese langwierigen Prozesse sichtbar: in herrlichen Stalaktiten und Stalagmiten, in Sintervorhängen, die so großartig ausgeleuchtet sind, dass sie hauchzart durchscheinend werden. Kaskadierte Stalaktiten bedecken die Wände, feinste Sinterröhrchen, sogenannte Makkaronis, wachsen von den Decken. Es geht an flachen Teichen mit glasklarem Wasser vorbei. Dann wird es plötzlich dunkel: Alle Lichter wurden gelöscht, die Dunkelheit ist alles umfassend, auch die Stille, nichts ist zu hören, außer dem Atem des Nachbarn, der ihn, wie man selbst, mühsam zu unterdrücken versucht. Gerade aber, wenn man denkt, »Nun ist aber genug, ich hab Dunkelheit und Stille verstanden, mir ist es kalt, ich will weitergehen«, gerade dann ein Geräusch, das man sofort identifizieren kann: ein zu Boden fallender Wassertropfen. Und es wird klar, dass die Höhle noch gar nicht fertig ist, dass noch immer Regenwasser von der Oberfläche eindringt, Kalk gelöst und ausgefällt wird, dass man mitten in der Erdgeschichte angekommen ist.

BITTE NICHT BERÜHREN! Tropfsteine üben eine besondere Faszination auf uns aus. Jeder kennt den Impuls, die skurrilen Gebilde berühren zu wollen. Doch genau das ist eine große Gefahr für die Tropfsteine. Das wenige Fett, das die menschliche Haut bedeckt, legt sich als Film auf den Kalkstein. An dieser Stelle wird der Kalkstein nie wieder weiterwachsen. Wer die fragilen Gebilde berührt oder gar etwas von ihnen abbricht, zerstört Naturformationen, die für ein Wachstum von 50 Zentimetern zwischen 1000 und 10.000 Jahren benötigen. Bei Hunderttausenden von Besuchern jährlich hätte das für den Bestand der Höhlen katastrophale Auswirkungen.

44 DECHEN- UND ATTAHÖHLE
Schönheit aus Kalk

Es ist ein märchenhaftes Reich, in dem sich die zierlichen Gebilde in Tönen zwischen Weiß und Creme bis hin zu Aprikosenfarben und Altrosa formen. Würdevolle, kaskadierte Stalaktiten wechseln mit Kerzenstalagmiten, die aus dem Boden wachsen. Durchscheinend-zart wirkende Sintervorhänge fallen von den Decken, während sich weiße Höhlenperlen am Boden ausbilden. Diese fragilen kristallisierten Gebilde locken täglich Hunderte Besucher in den sauerländischen Untergrund. Entstanden sind die Höhlen vor mehr als 800.000 Jahren, nachdem sich das heutige Sauerland emporgehoben hatte und das Grundwasser abgesunken war. Dann konnte der Prozess der Verkarstung beginnen.

Wasser ist im sauerländischen Untergrund das alles formende Element. Wasser hat die Höhlen entstehen lassen, Wasser ist dafür verantwortlich, das filigrane Säulen, Spitzen und feine Schleier von den Decken und aus dem Boden wachsen. Ohne Wasser würde dieses jahrtausendealte Reich nicht existieren. Aber auch ohne den zweiten formbildenden Stoff nicht: den Kalk.

AUSGANGSPUNKT DER HÖHLEN war das flache, lichtdurchflutete tropische Schelfmeer, das sich über dem Gebiet des heutigen Sauerlandes ausbreitete. Das Meer war reich an Lebewesen wie Korallen, Schnecken, Kalkschwämmen, Brachiopoden und Kleinstlebewesen. Starben sie, sanken ihre Kalkgerüste, Schalen und Gehäuse auf den Grund ab, wurden von weiteren Kalkgehäusen überlagert. Das erhöhte über die Jahrtausende den Druck auf die unten liegenden Schichten, die zerdrückten Gehäuse verfestigten sich zu Kalkgestein. Dann faltete sich durch die Kollision der beiden Großkontinente Gondwana und Laurussia das Rheinische Schiefergebirge und als Teil von ihm das Sauerland auf, das Meer zog sich zurück und aus dem Untergrund tauchten mächtige Kalksteinfelsen auf.

INDEM DAS KALKGESTEIN nicht mehr von Wasser bedeckt war, war es dem Klima und damit der Erosion ausgesetzt. Risse bildeten sich. In sie drang Regenwasser ein, das mit dem Kohlenstoffdioxid der Luft und der aufliegenden Humusschicht reagierte, sodass Kohlensäure entstand. Die im Wasser enthaltene Kohlensäure wandelte die schwer löslichen Karbonate des Kalksteins in leicht lösliche Bikarbonate um. Dieser Prozess wird Korrosion genannt. Trafen in den Rissen im Gestein zwei solcher Karstgewässer mit unterschiedlichem Kalkgehalt aufeinander, so entstand zusätzliches Kohlenstoffdioxid und die Korrosion wurde beschleunigt. Der Kalkstein wurde aufgelöst, es bildeten sich zunächst kleine Hohlräume, die immer größer wurden und schließlich Höhlengänge formten. Da sie unter dem Grundwasserspiegel lagen, waren die Höhlen mit Wasser gefüllt. Doch der Prozess ging weiter: Das kohlensäurehaltige Wasser zersetzte das Kalkgestein in immer tieferen Schichten, das unterirdische Wasser suchte sich neue Wege. Die oberirdische Entwässerung wurde durch sie mehr und mehr in den Untergrund verlegt, wo das Wasser weiterhin Lösungsarbeit leistete, bis es einen Weg aus dem Gestein herausgefunden hatte.

IN KÜRZE

LAGE
Sauerland; bei Iserlohn und Attendorn

INFO
Dechenhöhle
58644 Iserlohn
www.dechenhoehle.de

Attahöhle
Finnentroper Straße 39
57439 Attendorn
www.atta-hoehle.de

Beide Höhlen können nur im Rahmen von Führungen begangen werden. In den Höhlen herrscht eine Temperatur von 9 bzw. 10 °C – sommers wie winters.

DAS HÖHLENMUSEUM
Der Dechenhöhle angeschlossen ist das Höhlenmuseum Iserlohn – für tiefere Einblicke in die Welt der Höhlen.

ZUM NACHLESEN

Gay, Jutta/Menkhoff, Inga: Untergrund. Einblicke in das Innere unserer Erde. Edition Fackelträger, 2015.

BEI DEN SPEKTAKULÄREN SOUND-AND-LIGHT-SHOWS erstrahlen die Felswände der Dechenhöhle in prächtigen Farben. Klanginstallationen erzeugen eine unvergessliche Atmosphäre.

43 DER GEOLOGISCHE GARTEN BOCHUM
Geschichtet und gefaltet

Mühelos spaziert man durch ein Bilderbuch der Erdgeschichte. Was manch teurer Fachliteratur nicht gelingt, erreicht der Geologische Garten Bochums mit Leichtigkeit: Er macht 300 Millionen Jahre erleb- und begehbar.

Nicht einmal zwei Hektar umfasst Bochums Geologischer Garten und doch führt er Stein für Stein durch die Entstehungsgeschichte des regionalen Steinkohle- und Deckgebirges. 300 Millionen Jahre werden im Stein sichtbar gemacht und mittels Informationstafeln näher erläutert. Doch eigentlich sprechen hier die Steine, denn selbst dem Laien offenbaren sich die Schichtungen der Gesteine, die geologischen Prozesse durch Auffaltungen und Überschiebungen.

DER GEOLOGISCHE GARTEN liegt auf dem Gebiet der ehemaligen Zeche Friederika. Hier wurde von 1750 bis ins frühe 20. Jahrhundert Fettkohle, also die im Ruhrgebiet am stärksten verbreitete Form der Steinkohle, sowie Eisenerz abgebaut. Als die rentablen Flöze erschöpft waren, übernahm die zecheneigene Ziegelei das Gebiet und nutzte es als Steinbruch, bis auch dieser 1959 aufgegeben, die Ziegelei abgerissen wurde. Übrig blieb ein kleines Tal, eingerahmt von Gesteinsformationen, die in die Zeit des Karbons, der Kreide und des Quartärs datieren. Die dazwischenliegenden Perioden von Perm, Trias und Jura sind dagegen nicht vertreten, wurden entweder nie abgelagert oder aber wieder abgetragen.

ES SIND AUSSCHLIESSLICH SEDIMENTGESTEINE, die im Bochumer Geologischen Garten aufgeschlossen sind, also ältere, mechanisch zerriebene, zerstoßene oder chemisch gelöste Gesteine, die sich in den flachen Küstenbereichen des immer wieder vom Meer überfluteten heutigen Ruhrgebiets ablagerten und beispielsweise durch hohen Druck wieder verfestigten (etwa Tone und Sandsteine). Auch die Kohle ist auf diese Weise entstanden, allerdings nicht durch mineralische Ablagerungen, sondern durch solche von organischen, biogenen Sedimenten, also durch Ablagerungen abgestorbener Pflanzenteile, die zum Beispiel durch Flüsse angeschwemmt und durch hohen Druck und Temperaturen zunächst in Braunkohle, dann in Steinkohle verwandelt wurden. Zeugen dieses Inkohlungsprozesses in Bochum ist nicht allein das offen liegende Kohleflöz Wasserfall, sondern auch der Steinkohlewald, Repliken von Baumstämmen aus dem Oberkarbon. In dieser Zeit begann durch die Entstehung des Rheinischen Schiefergebirges auch die Auffaltung und Überschiebung der Gesteinsschichten aus dem Karbon, die nun nicht mehr waagerecht zum Grund lagerten und später von den Gesteinen der Kreide, die wiederum die Schichten aus der späten Erdfrühzeit und dem frühen Erdmittelalter abtrugen, überlagert wurden. Auf diese Weise entstand im sichtbaren Gestein eine erdgeschichtliche Zeitlücke von rund 200 Millionen Jahren. Schließlich finden sich in Bochum auch Zeichen der jüngsten, noch immer andauernden erdgeschichtlichen Epoche, dem Quartär. Es begann vor rund 2,5 Millionen und zeigt sich in den riesigen Findlingen, die von den Eismassen der Eiszeiten in den heutigen Garten transportiert wurden.

IN KÜRZE

LAGE
Ruhrgebiet
Bochum-Altenbochum
Querenburger Straße 1

GRÖSSE
1,6 Hektar

INFO
Umwelt- und
Grünflächenamt
44777 Bochum
Telefon: 0234-9101486
amt67@bochum.de

NAHEBEI

Ein weiteres offenes Kohleflöz lässt sich hinter der Zeche Nachtigall in Witten bestaunen.

LINKS Durch Strömungen im flachen Meeresgebiet entstanden, ist die 45°-Neigung der in Bochum abgelagerten Gesteine auf die geologischen Prozesse späterer Erdzeitalter zurückzuführen.

RECHTS Auch die kleine Überschiebung entstand durch tektonische Prozesse, bei denen die beiden Gesteinskörper gegeneinanderbewegt wurden. Dort, wo die Gesteinspakete direkten Kontakt zueinander hatten, wurden die Gesteine völlig zerrieben. Diese sogenannte Ruschelzone ist als dunklere Schicht deutlich sichtbar.

LINKS Schichten, die mit wirtschaftlich wichtigen Rohstoffen, etwa Kohle, angereichert sind, werden als Flöze bezeichnet. Hier das offen liegende Flöz der Zeche Nachtigall in Witten, wo der Bergbau an der Ruhr seinen Anfang nahm.

42 RHEINISCHES BRAUNKOHLEREVIER
In einer surrealen Welt

Tief unter der Erde liegt das Gold. Die Rede ist von der Braunkohle. Hervorgegangen ist das Sedimentgestein vor rund 30 Millionen Jahren aus einer üppig grünen, subtropischen Landschaft auf dem Grund des heutigen Rheinlands. Um diese vergangene Pflanzenpracht wieder zutage zu fördern, werden heute blühende Landschaften in Mondlandschaften verwandelt. An den Aussichtspunkten des Rheinischen Braunkohlereviers blickt man in die Tiefen der Erdgeschichte – ein beeindruckender, wenngleich auch surrealer und bedrückender Anblick.

Tag und Nacht fressen sich die Bagger durch das Erdreich. 225 Meter lange, 95 Meter hohe und 13.000 Tonnen schwere Kolosse bewegen täglich etwa 240.000 Kubikmeter Abraum und Braunkohle, sie fräsen sich immer tiefer, immer weiter voran. Noch immer müssen in Nordrhein-Westfalen Dörfer der Braunkohle weichen, noch immer berichten Anwohner in braunkohlenahen Siedlungen von tiefen Rissen im Mauerwerk und in den Böden, die jetzt, wo es mit der Kohle bergab geht, nicht mehr so freiwillig von der RWE, die die Tagebauten betreibt, renoviert und beseitigt werden. Etwa 100 Millionen Tonnen Braunkohle werden aus den drei Abbaugebieten Hambach, Inden und Garzweiler II jährlich gefördert. Dafür mussten zahllose Dörfer geräumt, Tausende Menschen umgesiedelt werden, wurden Kirchen und Herrensitze zerstört und wurde – neben anderen Biotopen – der 5500 Hektar große Hambacher Forst bis auf einen kleinen Teil abgeholzt. Auch der klägliche Rest soll der Braunkohle zum Opfer fallen, obwohl in ihm noch zwölf streng geschützte Fledermausarten und allgemein 140 geschützte Arten leben.

STATTDESSEN IST NUN DORT, wo einst der Wald stand, eine riesige künstliche Abraumhalde zurückgeblieben, die Sophienhöhe, die leidlich begrünt wird und zu deren Füßen sich der Tagebau Hambach ausbreitet, mit einer Größe von 85 Quadratkilometern der größte der rheinischen Tagebauten. Eine Mondlandschaft, zerfräst und verdichtet, wenn die Bagger einmal abrücken sollten. Und das alles für einen verhältnismäßig billigen, aber auch eher mittelmäßigen Brennstoff.

MILLIONEN JAHRE ZUVOR IST die Braunkohle entstanden. Das frühe Tertiär hatte eine tropisch-subtropische Vegetation hervorgebracht. Geologische Prozesse ließen ein Senkungsbecken entstehen, gleichzeitig bildete sich das Rheinische Schiefergebirge. Flüsse sammelten sich in dem Becken, auch die Ur-Nordsee drang bisweilen bis hierher vor. Die brennbare Kohle entstand aus der darin versunkenen Pflanzenwelt. Sie zerfiel in Mooren zu Torf, wurde von Gestein bedeckt und zusammengepresst. Das Wasser floss ab, unter Luftabschluss verkohlte der Torf zu bis zu 100 Meter dicken Braunkohleflözen.

ES GIBT Aussichtspunkte, von denen aus man in die Tagebauten sehen kann. Nahe dem Tagebau Hambach ist das Restaurant des Forums TerraNova (Nordrandweg, 50189 Elsdorf) ein gutes Ziel nach einem Spaziergang.

IN KÜRZE

LAGE
Rheinland

AUSSICHTSPUNKTE
Eine Reihe von Aussichtspunkten geben Einblick in die rheinischen Tagebauten. Anfahrtspläne finden Sie über die Seite www.rwe.com oder sie geben einfach die GPS-Daten in Ihr Navigationssystem ein:

Tagebau Garzweiler:
GPS-Koordinaten
E 6.463681°
N 51.041812°

Tagebau Inden:
GPS-Koordinaten
E 6.3655797°
N 50.8611604°

Tagebau Hambach:
GPS-Koordinaten
E 6.548227°
N 50.931985°

》》 Die Großstadt Köln ist keine 40 Kilometer vom Tagebau Hambach entfernt und natürlich kann sich zumindest jeder über 30-Jährige an die Demonstrationen gegen Garzweiler II (unten) erinnern – aber einen realen Blick auf das Zerstörungswerk haben bislang nur wenige getan. Und wenn, dann sind es die Technikinteressierten, die große Maschinen wie die Schaufelradbagger (oben) sehen wollen. In der Tat sind die riesigen Maschinen angesichts ihrer Monumentalität im Verhältnis faszinierend (rechts). Das mit ihrer Hilfe angerichtete Zerstörungswerk ist allerdings eher bedrückend.

41 DIE SCHLADE
Ein Gang auf dem Meeresgrund

Tropisches Klima, seichtes Wasser, Korallenriffe und Lagunen – diese Bedingungen fänden Besucher der Bergisch Gladbacher Schlade vor, könnten sie eine Zeitreise von mehr als 360 Millionen Jahren in die Vergangenheit unternehmen. Heute, nach Jahrzehnten des Kalkstein- und Eisenerzabbaus, präsentiert sich das Geotop wie ein offenes Buch, das dank zahlreicher aufgestellter Informationstafeln von jedermann gelesen werden kann.

Wo einst ein mit Inseln durchsetztes Flachmeer den Boden bedeckte, sucht man in der Schlade heute vergebens nach einem oberirdischen Wasserlauf. Hier, in dem Trockental der sogenannten Paffrather Kalkmulde, bahnt sich das Wasser seinen Weg unterirdisch durch Kalkschichten Richtung Rhein, und doch gibt es in Gestalt zahlreicher Fossilien ausreichend Zeugnisse dafür, dass Wasser das landschaftsprägende Element war, bevor durch den industriellen Abbau von Kalksteinen und Eisenerzen auch der Mensch in das Aussehen der Landschaft eingriff.

VOR GUT 400 MILLIONEN Jahren kollidierten mehrere Kontinentalplatten miteinander und formten die große Landmasse Laurussia, die nach Süden hin durch den Rheischen Ozean vom Großkontinent Gondwana getrennt war. An der Südküste von Laurussia, umspült von einem tropischen Flachmeer, lag das heutige Bergisch Gladbach. Das klare, warme Gewässer des Urozeans bot ideale Lebensbedingungen für riffbildende Meerestiere wie Korallen und sogenannte Stromatoporen, eine am Ende der Kreidezeit ausgestorbene Tierart, die zu den Schwämmen gezählt wird. Im Laufe der Jahrmillionen entstanden lang gestreckte Saumriffe. Während sich im Brandungsbereich Riffbildner, Muscheln oder Seegurken ansiedelten, die der hohen Brandungsenergie im Flachwasser standhalten konnten, fanden in dem geschützten Lagunenbereich auch Fische, Krebse und Schnecken einen Lebensraum. Einige Bewohner dieses urzeitlichen Gewässers tragen sogar den Namen ihres Fundorts, wie die Korallenart Alveolitella schladensis oder der Panzerfisch Ctenurella gladbachensis.

DIE BEDEUTUNG DER SCHLADE als »nationales Geotop« liegt nicht zuletzt in dem Umstand begründet, dass die unterschiedlichen Lebensbereiche des ehemaligen Riffs bestens erschlossen sind. Grund ist der frühere Eingriff des Menschen in den Naturraum, um den qualitativ hochwertigen Kalkstein der Region abzubauen. In der Schlade waren die Kalkbrennereien bis in die 1930er-Jahre aktiv, der Abbau in den Steinbrüchen fand erst in den 1950er-Jahren sein Ende. Heute führt ein Geopfad entlang der künstlich geschaffenen Aufschlüsse – vorbei an der Brandungszone, in der vor Jahrmillionen die Wellen des tropischen Meeres gegen das Riff brandeten, über den Riffkern bis zum brandungsgeschützten Lagunenbereich am Steinbruch Alte Dombach. Der Geopfad führt durch lichten Laubmischwald und über naturbelassene Wiesen. Wer ab und zu den Weg verlässt und den Boden nicht aus den Augen lässt, wird sicherlich die ein oder andere urzeitliche Fossilie finden.

IN KÜRZE

LAGE
Bergisches Land;
Bergisch Gladbach

LÄNGE
Der Geopfad-Rundweg, der die Schlade erschließt, verläuft über eine Strecke von rund 7 Kilometern.

START UND ZIEL
Rathaus Bergisch Gladbach

INFO
www.geopfad.de

LINKS Seit 2012 ist der Geopfad Schlade mit insgesamt 17 Informationstafeln versehen, die Erklärungen zu dem geologisch bedeutsamen Gebiet liefern. Auch die alten Markierungen finden sich ab und zu noch am Wegesrand (rechte Seite).

UNTEN Ammonite zählen zum Inbegriff der Fossilien und dienen deshalb auch oft als Wegweiser in Geotopen. In der Schlade wurden im Zuge der geologischen Erschließung zahlreiche Neufunde ausgestorbener Tierarten gemacht, unter ihnen der Panzerfisch Ctenurella gladbachensis.

>> Wer möchte, kann vom Steinbruch Alte Dombach einen Abstecher zu Deutschlands größtem Papiermuseum Alte Dombach machen und damit einen weiteren Industriezweig der Region kennenlernen, der früher neben der Kalksteingewinnung eine große Rolle spielte.

WAS DIE ERDE ERZÄHLT
Erd- und Menschheitsgeschichte

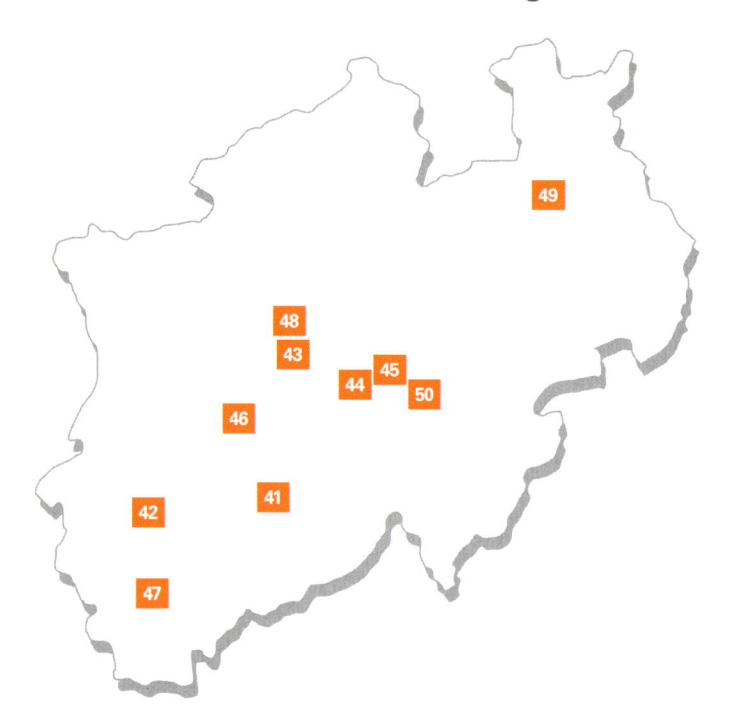

41 SEITE 104

Die Schlade
Ein Gang auf dem Meeresgrund

42 SEITE 106

Rheinisches Braunkohlerevier
In einer surrealen Welt

43 SEITE 108

Der Geologische Garten Bochum
Geschichtet und gefaltet

44 SEITE 110

Dechen- und Attahöhle
Schönheit aus Kalk

45 SEITE 114

Felsenmeer Hemer
Schroffe Felsen, verwunschene Wälder

46 SEITE 116

Neanderthal Museum
Der Neandertaler in uns

47 SEITE 118

Der Buntsandstein
Nichts ist für immer

48 SEITE 122

LWL-Museum für Archäologie
Ab in den Untergrund!

49 SEITE 126

Freilichtmuseum Oerlinghausen
Es war einmal der Mensch

50 SEITE 128

Mineralogisches Museum Bonn
Kristalline Wunderwelten

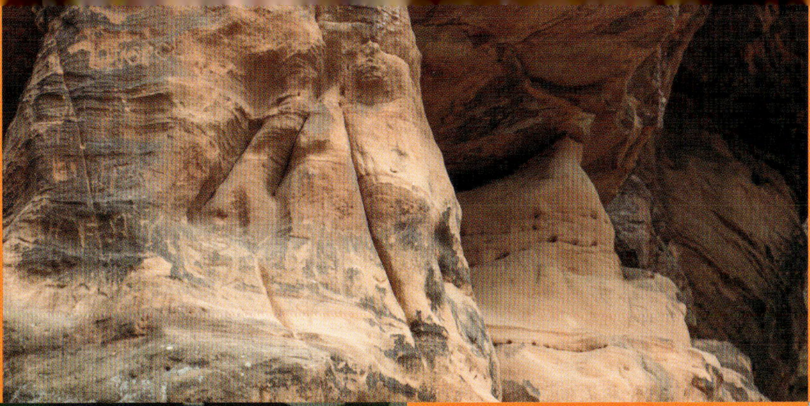

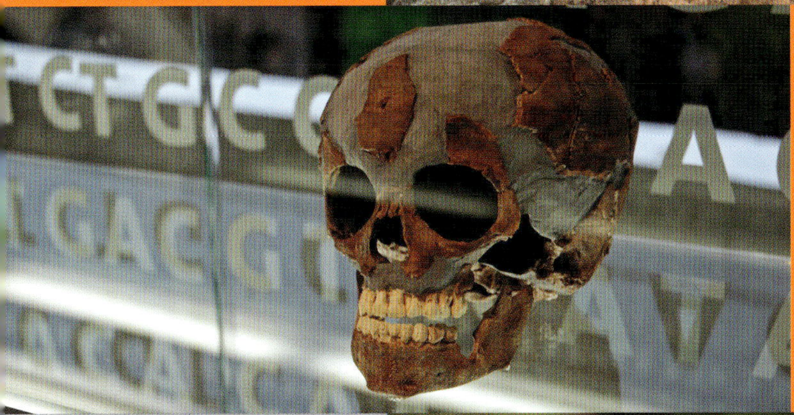

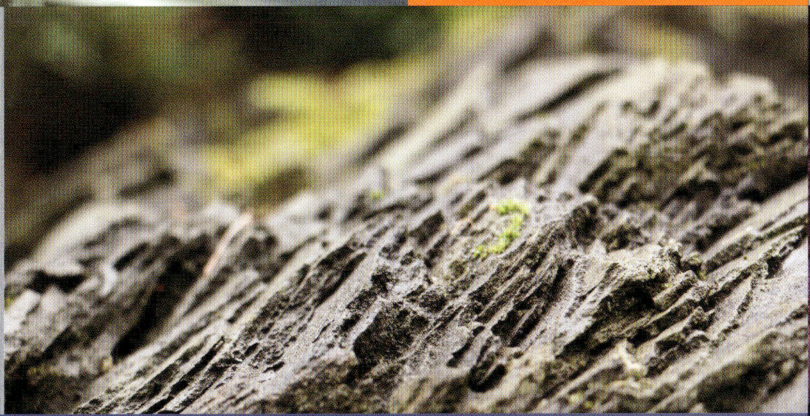

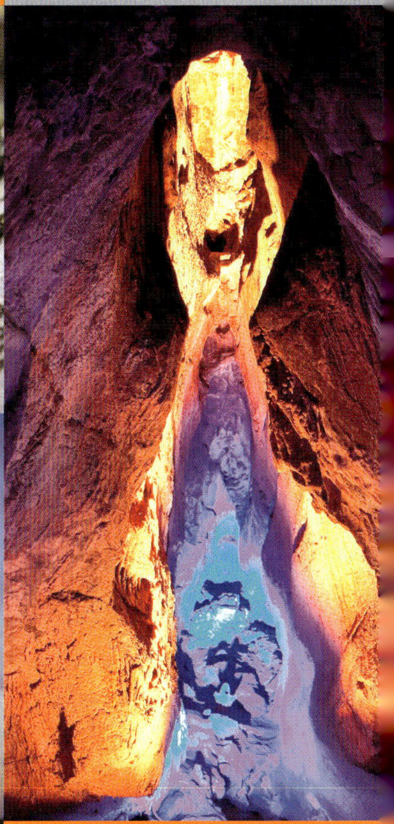

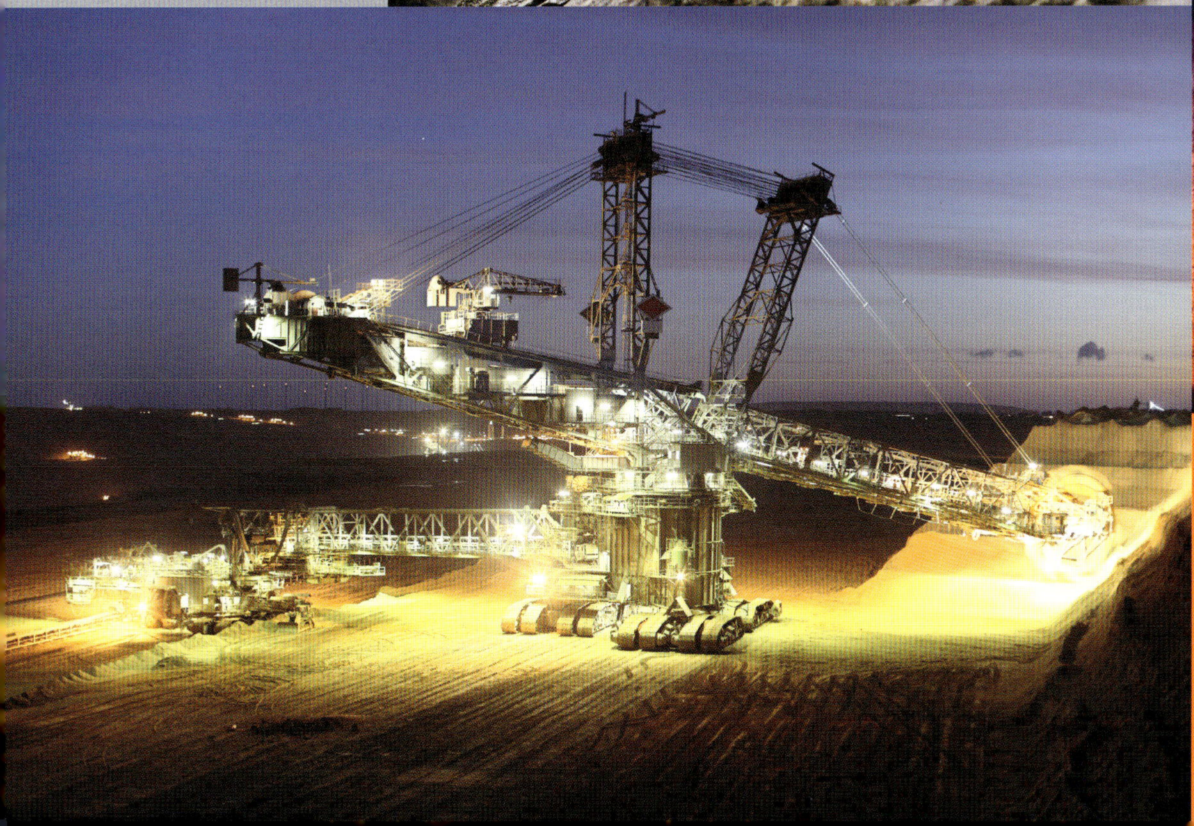

40 WUPPERTALER SCHWEBEBAHN
Zukunft von gestern – oder doch visionär?

Am 10. Januar 1863 eröffnete in London die Metropolitan Railway als weltweit erste gänzlich unterirdisch geführte Eisenbahn. In der Folgezeit wurden weltweit Tunnel in den Erdboden gegraben, Schienen verlegt und die Metros in den Untergrund geschickt. Wuppertal ging seinen eigenen Weg: Statt unter die Erde verlagerte es seine Stadtbahn sozusagen in den ersten Stock. Heute eine museale Ingenieurskunst oder doch die Verkehrstechnik eines Visionärs?

Die Technik ist nicht einzigartig in der Welt. Doch bei ihrer Eröffnung im Jahr 1901 war sie eine völlig neuartige Art des Personenverkehrs, erfunden von Eugen Langen, der als Erfinder und Zuckerfabrikant zunächst einmal nach einer sinnvollen Transportmöglichkeit für Waren und Menschen auf seinem Fabrikgelände suchte. 1892 entwickelte er daraus ein System mit freischwebend aufgehängten Personenwagen und stellte diese Technik mehreren Städten als Alternative zur Untergrundbahn vor, aber außer Barmen – heute ein Stadtteil Wuppertals, damals eine eigene Stadt – war niemand interessiert; die Erfindung wurde stattdessen in den »Berliner Lustigen Blättern« verspottet:
»Hangen, Langen, Bangen:
Die Schwebebahn liegt in der Luft,
wenn das Projekt nicht nur verpufft
und nicht zerrinnt der holde Wahn,
die hocherhabene Schwebebahn.«

ALS BARMEN IM JAHR 1897 mit dem Bau der Bahn begann, war ihr Erfinder schon zwei Jahre tot. Eine kleine Teststrecke wurde in Elberfeld errichtet, 50 Stundenkilometer machte die Bahn darauf, dann startete der Bau der mächtigen Pfeiler und Trasse, die die Wagen in etwa zwölf Meter Höhe durch das Tal der Wupper führen sollten. Trotz massiver Widerstände aus der Bevölkerung, die gegen die »fliegende Bahn« sogar vor Gericht zog, eröffnete der erste Teilabschnitt 1901. Kaiser Wilhelm II. ließ es sich nicht nehmen, bereits am 24. Oktober 1900 die Jungfernfahrt zu unternehmen, während sein Volk ab März 1901 in die schwebenden Waggons einsteigen durfte.

TROTZ IHRES SCHNELLEN Erfolgs in Wuppertal konnte sich die Verkehrsart, die offiziell als Hängebahn betitelt wird, von wenigen Ausnahmen abgesehen nicht so richtig durchsetzen. Doch die Zeiten ändern sich vielleicht: Der Verkehr am Boden stockt zunehmend, die Erde lässt sich nicht überall durchlöchern und händeringend wird nach alternativen Verkehrsmitteln gesucht. Längst sind fliegende Autos keine Visionen von Science-Fiction-Autoren, sondern stehen beinahe vor der Marktreife. Öffentliche Verkehrsmittel sehen Seilbahnen durch Städte vor oder Busse, die in ihrer Funktionsweise der Rohrpost ähneln – alles Visionen, die den Verkehr in den ersten oder zweiten Stock der Städte verschieben. Das ist auch eine Rehabilitation für Eugen Langen, der damit endgültig das Image des utopischen Spinners verliert und als Visionär modernster Verkehrstechnik gilt. Zumindest im Rahmen seiner Zeit, denn die durchschnittlich 27 und höchstens 60 Stundenkilometer der Schwebebahn sind noch ein wenig verbesserungswürdig.

IM JAHR 2015 konnte man sich seinen eigenen 24 Meter langen Schwebebahnwaggon aus den 1970er-Jahren kaufen – für nur 5000 Euro. Die 21 zum Verkauf stehenden Wagen wurden durch neue ersetzt. Täglich nutzen 85.000 Menschen die Schwebebahn. Hier die Station Ohligsmühle direkt über der Wupper.

IN KÜRZE

LAGE
Bergisches Land; Wuppertal

LÄNGE
13,3 Kilometer

START UND ZIEL
Vohwinkel bis Oberbarmen

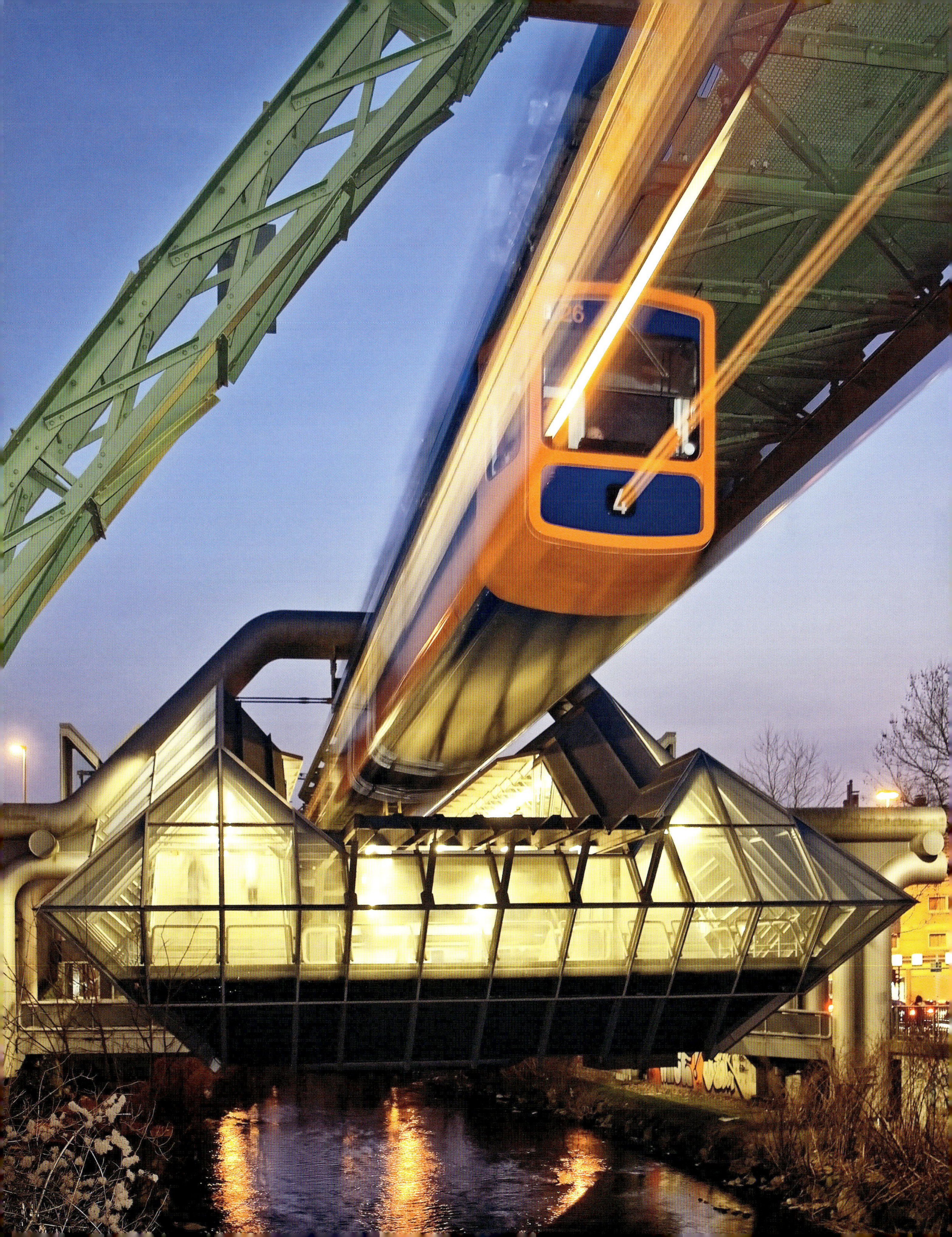
4

39 SCHIFFSHEBEWERK HENRICHENBURG
Erster Stock, bitte!

Das Ruhrgebiet liegt nicht am Meer. Das war im 19. Jahrhundert ein Problem, weil durch die fortschreitende Technisierung und Industrialisierung Eisenerz in großen Mengen ins und fertiger Stahl aus dem Ruhrgebiet transportiert werden musste. Die Ruhr reichte dafür bei Weitem nicht mehr aus, zumal Städte wie Dortmund als aufstrebendes Stahlverarbeitungszentrum noch nicht einmal an der Ruhr lagen. Ein Kanal war die Lösung, der Dortmund-Ems-Kanal. Doch Kanäle sind in der Regel stehende Gewässer, und um Höhenunterschiede im Gelände auszugleichen, braucht es Staustufen, über die wiederum den Schiffen mittels bestimmter Vorrichtungen hinweggeholfen werden muss.

Der Dortmund-Ems-Kanal überwindet auf einer Länge von 225 Kilometern einen Höhenunterschied von 70 Metern. Allein der am Schiffshebewerk in Waltrop beträgt 13,5 Meter. Das ist für ein schwer mit Eisenerz beladenes Stahlschiff eine gewaltige Höhe. Natürlich gab es im 19. Jahrhundert bereits Schleusen, eine viel erprobte und im Bau verhältnismäßig günstige Technik, die aber ein paar Nachteile hat. Zum einen funktioniert sie recht langsam und Zeit war auch im ausgehenden 19. Jahrhundert bekanntlich schon Geld. Zum anderen verliert die obere Haltung, also der höher liegende gestaute Bereich – in dem Fall die Dortmunder Haltung –, durch Schleusen sehr viel Wasser, das wieder über Pumpen mangels eines natürlichen Zuflusses aus der unteren Haltung heraufgepumpt werden muss. Aus diesem Grund wurde an der Einfahrt vom Kanal zum Dortmunder Hafen ein Schiffshebewerk eingerichtet. Das war in Bau und Betrieb ein wenig aufwendiger, dafür sparte es aber viel Zeit.

PRINZIPIELL IST DIE TECHNIK dieses Schiffsaufzugs gar nicht so kompliziert: Ein wassergefüllter Trog, in den das Schiff einfährt, ruht auf fünf Hohlkörpern, die in wassergefüllten Brunnen lagern. Ihr Auftrieb entspricht dem Gesamtgewicht Trog, Trogwasser und Schiff. Indem lediglich die Wassermenge im Trog erhöht oder verringert wird, senkt beziehungsweise hebt sich der Trog. Durch die reine Wasserregulierung konnte das Schiff nach der Einfahrt rund 14 Meter gehoben oder gesenkt werden, und zwar bis zu einem Gewicht von 600 Tonnen.

1899 WURDE DAS SCHIFFSHEBEWERK aus Stahl und Stein, das eher dem Tor zu einem Schlosspark als einem technischen Hilfsmittel gleicht, in Anwesenheit von Kaiser Wilhelm II. eröffnet. Heute ist es stillgelegt, andere Bauten haben seine Funktion übernommen, das alte Hebewerk ist zum Museum für Binnenschifffahrt umgebaut worden. Doch der Mechanismus des alten Hebewerks lässt sich am neuen Hebewerk von 1962 nachvollziehen. Darüber hinaus wurden die beiden Hebewerke durch zwei Schleusen ergänzt. So kann der Besucher nebeneinander vier technische Bauwerke besichtigen, die dazu dienen, Flüsse und Kanäle schiffbar zu machen und die in Waltrop alle zusammen beinahe ein Jahrhundert Binnenschifffahrtstechnik repräsentieren.

IN KÜRZE

LAGE
Ruhrgebiet; Waltrop

INFO
Schiffshebewerk Henrichenburg
Am Hebewerk 26
45732 Waltrop
www.lwl-industriemuseum.de

LWL-MUSEUM IM SCHIFFSHEBEWERK

Im ehemaligen Kessel- und Maschinenhaus des historischen Schiffshebewerks, dessen steinerne Türme übrigens begehbar sind, ist ein Museum eingerichtet, das sich dem Thema Binnenschifffahrt widmet. Es ist insofern spannend, weil es nicht nur das Hebewerk erläutert, sondern auch beispielsweise etwas zum Leben auf den Binnenschiffen. Außerdem werden in einem Teil des Museums historische Schiffe repariert.

>> Auf einem Rundweg kann man die gesamte Anlage rund um die beiden Schiffshebewerke, die zwei Schiffsschleusen und die Schifffahrtswege, die hier aufeinandertreffen, erkunden. Ohne den Besuch des Museums sollte man für die knapp dreieinhalb Kilometer lange Tour etwa eine Stunde einrechnen.

38 INDUSTRIENATUR
Die Eroberung der Brache

Was passiert, wenn der Mensch sich zurückzieht, die Natur sich selbst überlassen bleibt? Sie erobert das Terrain zurück, reckt ihre Wurzeln in Ruinen, Schlacken und ausgelaugte und hochgiftige Böden, grünt, wächst und kreiert neue Lebensräume für Pflanzen, Tiere und sogar für den Menschen. Im Ruhrgebiet kann man Tag für Tag miterleben, wie sich die Natur ihr angestammtes Refugium zurückerobert, etwa auf der Halde Blechstraße, genannt auch Halde Tetraeder.

Der Himmel war immer grau. Niemand wäre auf die Idee gekommen, seine Wäsche an der frischen Luft zu trocknen, denn die gab es gar nicht. Bis in die 1980er-Jahre galt das Ruhrgebiet als die dreckigste und belastetste Region der Bundesrepublik, verpestet mit Staub, Ruß, Schwefeldioxid und Asche. Flüsse und Böden waren mit Schwermetallen, mit Quecksilber, Benzolen, Phosphor vergiftet. Niemand hatte damit gerechnet, dass diese Welt sich je erholen könnte. Doch man hatte die Umweltschutzbewegung ab den 1970er-Jahren, die Direktiven und Brüssel, vor allem aber die Natur selbst unterschätzt: Die Luft im Ruhrgebiet ist wieder frisch und deutlich weniger belastet, die Flüsse werden renaturiert und mithilfe der Natur wird das Wasser wieder sauberer und sogar lange nicht gesehene Fische kehren in die Gewässer rund um die Ruhr zurück.

DIE BÖDEN ABER SIND NACH WIE VOR SCHWERSTBELASTET und werden es für sehr lange Zeit auch bleiben. Und dennoch übernimmt überall dort, wo der Mensch der Industrie den Rücken gekehrt hat und die Brachen sich selbst überlässt, die Natur die Regie: Auf Fenstersimsen, zwischen geborstenen Scheiben wachsen junge Birken hoch auf dem Mauerwerk alter Fabriken, Schienen und Rammböcke sind von Wildkräutern überwuchert. Ein paar schmackhafte Sorten sind dabei, aber essen sollte man sie dennoch nicht: Manche Pflanzenarten kommen mit den hohen Konzentrationen an Umweltgiften vielleicht zurecht – der Mensch käme es nicht. Mancherorts sprießen die Lupinen aus dem vermeintlich toten Boden und bekunden die Regenerationsfähigkeit der Natur.

VIELE DER BRACHEN werden sich selbst überlassen. Beispielsweise wird ein Teil des Weltkulturerbes Zeche und Kokerei Zollverein nicht explizit gepflegt. Doch auch die vom Menschen aufgeforsteten Areale, die vielen Halden etwa, weisen eine neue Artenvielfalt auf.

DIE HALDE TETRAEDER IN BOTTROP ist ein Beispiel dafür: Pionierpflanzen wie Birken, Weiden und Lupinen eroberten das Brachland zuerst, schadstofftolerante Arten folgten, auch gebietsfremde Pflanzenarten, die mit den kargen, dunklen Schlacke- und Abraumböden zurechtkommen, siedelten sich an. Dann wurde die Halde, die von einem begehbaren Tetraeder bekrönt wird, aufgeforstet. In Serpentinen schlängeln sich Wege und Treppen durch die noch lichten (Ur-)Wäldchen. Erst oben, auf der Kuppe, zeigt sich die Halde noch in ihrem ursprünglichen Dasein: Sie wurde bewusst nicht renaturiert, um den Tetraeder freizuhalten. Von dessen Spitze bietet sich ein großartiger Rundblick.

IN KÜRZE

LAGE
Ruhrgebiet, zum Beispiel Bottrop

INFO
Halde Beckmannstraße (auch Halde Tetraeder genannte)

AUF DEM TETRAEDER

Der stählerne Koloss ist über eine steile, frei schwebende Stahltreppe zugänglich. 387 Stufen führen auf den Aussichtsturm. Der Lohn der Anstrengung? Ein herrlicher Blick über den Pott. Besonders beliebt ist der Tetraeder mittlerweile am Abend, wenn nicht nur er selbst, sondern das ganze Ruhrgebiet in einem einzigen Lichterglanz erstrahlt.

DIE VEGETATION IST ZURÜCK

Unter den chemischen, klimatischen und physikalischen Einflüssen im Ruhrgebiet sind auch die künstlichen Gesteine und Metalle der Industriebrachen ständig der Verwitterung ausgesetzt. Das liefert Schad-, aber für Pflanzen auch durchaus wertvolle Nährstoffe.

OBEN Der Skulpturenpark an der Emscher setzt auf Kunst und Natur.

MITTE Die Ruhr ist wieder so sauber, dass man in ihr sogar baden kann.

UNTEN Auch Neozoen wie die Kanadagans haben das Ruhrgebiet für sich entdeckt.

37 TEXTILFABRIK CROMFORD
Deutschlands erste Fabrik live erleben

Die erste Fabrik auf deutschem Boden verdankt ihre Existenz der Industriespionage. Johann Gottfried Brügelmann sah in England die erste wasserkraftbetriebene Spinnmaschine. Er brachte die gestohlene Technik ins Rheinland, errichtete am Angerbach in Ratingen seine Fabrik und läutete damit die industrielle Revolution ein. Und er machte aus dieser Spionage keinen Hehl. Seine Baumwollspinnerei benannte er einfach nach dem Ort des Verbrechens: Cromford, gelegen in Derbyshire im Herzen Englands.

Es sind revolutionäre Maschinen, deren Technik Brügelmann in England geklaut hat. Und sie sind in Ratingen noch heute zu besichtigen. In Betrieb! In der ehemaligen Fabrik kann man die erste mechanische Baumwollspinnerei auf dem europäischen Festland erleben. Die sogenannten Waterframe-Maschinen wurden originalgetreu wiederaufgebaut, noch immer treibt zu jeder vollen Stunde das große Wassermühlrad die Technik an und zeigt dem Museumsbesucher, wie aus losen Baumwollfasern Garn entsteht. Doch der Reihe nach.

JOHANN GOTTFRIED BRÜGELMANN wurde 1750 als Sohn einer Elberfelder Kaufmannsfamilie geboren. Diese war Mitglied der Garnnahrung, einer Art Kartell zur Herstellung und Verarbeitung von Garnen. Die rasante Entwicklung der Textilindustrie in England beeindruckte Brügelmann, er hörte von der Waterframe, der ersten wasserkraftbetriebenen Spinnmaschine, die Richard Arkwright erfunden hatte. Mit ihr konnte man eine weitaus größere Menge an Garn spinnen als bislang möglich – Brügelmann musste sie haben. Doch es gab Hindernisse: Zum einen hatte der Brite Arkwright, der im mittelenglischen Cromford die erste voll mechanisierte Baumwollspinnerei der Welt errichtet hatte, seine Maschine durch ein Patent geschützt. Zum anderen war es unter Androhung der Todesstrafe verboten, Pläne oder Teile der Maschinen außer Landes zu bringen oder Teile des Waterframe-Geheimnisses zu verraten.

DER OFFIZIELLEN ÜBERLIEFERUNG zufolge soll ein loyaler Freund Brügelmanns die Baupläne und einige komplizierte Einzelteile in England gestohlen haben. So jedenfalls schrieb es Brügelmann an Kurfürst Karl Theodor, der ihm das Privileg gewährte, für die nächsten zwölf Jahre als Einziger im Rheinland eine mechanische Spinnerei aufbauen zu dürfen. Die Brügelmann'sche Familienlegende erzählt die Geschichte der Werksspionage etwas anders: Ihr zufolge ist Johann Gottfried selbst nach Cromford gefahren, hat sich als Spinner in der Fabrik Arkwrights anwerben lassen und dort so lange gearbeitet, bis er in der Lage war, die Maschine nachzubauen. Einzelne kleine Ersatzteile soll er als Anschauungsmaterial gestohlen und mit ins Rheinland gebracht haben. Dort erwarb er eine stillgelegte Ölmühle samt Mühlenrechten, errichtete 1783/84 seine fünfstöckige Fabrik und benannte sie – selbstbewusst und ein wenig höhnisch – nach dem Ursprung seiner Missetat »Textilfabrik Cromford«.

IN KÜRZE

LAGE
Bergisches Land; Ratingen

INFO
Textilfabrik Cromford
LVR-Industriemuseum
Cromforder Allee 24
40878 Ratingen
www.industrie
museum.lvr.de

NEBENAN GELEGEN

Welchen Reichtum der Unternehmer Brügelmann erlangte, lässt sich an seinem nebenan gelegenen Herrenhaus gut ablesen. Es ist im Stil eines französischen Lustschlosses errichtet und gibt Einblick in das Leben der Familie.

DIE WATERFRAMES konnten für eine beliebige Menge an Spindeln konstruiert werden. Für ihre Bedienung reichte ein einziger Arbeiter, der lediglich leere Spindeln austauschen und gerissene Fäden wieder einfügen musste. Viele Spinnereien versuchten, Baupläne von diesen Maschinen zu bekommen, doch Brügelmann, obwohl selbst der Werksspionage schuldig, ließ seine Konkurrenten scharf beobachten und gegebenenfalls unnachgiebig verfolgen.

36 LANDSCHAFTSPARK DUISBURG-NORD
Ein zweites Leben

Es gibt ein Leben nach Kohle und Stahl. Das zeigt sich im Ruhrgebiet allerorten, aber nirgendwo so eindrucksvoll wie im Landschaftspark Duisburg-Nord, wo das stillgelegte Eisenhüttenwerk als Naherholungsgebiet, Sportzentrum und Eventlocation eine Wiedergeburt erlebt.

Was tun mit einem Eisenhüttenwerk, das seine Funktion verloren hat? Abreißen, brachliegen lassen, umwidmen? Die Eisenhütte in Duisburg sollte abgerissen werden, aber die Bürger der Region wehrten sich. Als sich dann die internationale Bauausstellung Emscher Park von 1990 bis 1999 mit dem Thema Strukturwandel im Ruhrgebiet befasste, wurde schnell klar, dass das gut 200 Hektar große Gebiet des Hüttenwerks Teil des Emscher Landschaftsparks zwischen Duisburg und Dortmund werden würde, mit dem die Natur ins Ruhrgebiet zurückkehren würde, ohne die Geschichte des Potts als Ort der Montanindustrie auszulöschen.

DAS WAR VIEL ARBEIT: Der ehemalige Gebläsehallenkomplex, die Kraftzentrale und die Gießhalle von Hochofen 1, in denen vier Gebläse den Hochofenwind erzeugten, wurden zu Veranstaltungssälen umgebaut. Jetzt werden in der ehemaligen Gebläsehalle, in Pumpenhalle und Kompressorenraum Opern inszeniert, Bankette und Kongresse abgehalten, auch mal Theater gespielt. Die riesige Kraftzentrale ist sogar für Sportveranstaltungen wie Fechtturniere geeignet. Wo einst glühendes Roheisen weiterverarbeitet wurde, gibt's Theater, davor wird das Sommerkino veranstaltet.

ABER WAS IST AUS DEM GEBIET um Hochofen 2 geworden? In und um dessen Gießhalle 2 wurde ein, im wahrsten Sinne des Wortes, atemberaubender Höhenkletterparcours errichtet. Schwankende Seile und Brücken, eine senkrechte Autoreifenkletterwand, Seilzüge um die riesigen Schlote herum – auf dem Kletterparcour braucht man Kraft, Mut und Nerven so dick wie die Stahlseile, über die man läuft. In der Erzbunkeranlage hat der Deutsche Alpenverein einen alpinen Klettergarten installiert, mit 400 Touren von Schwierigkeitsgrad 2 bis 9.

HOCHOFEN 5 KANN BEGANGEN WERDEN, und zwar bis hinauf zu seiner Spitze. Zu seinen Füßen: der Landschaftspark und fast das ganze Ruhrgebiet – ein traumhafter Ausblick. Eines der Highlights des Landschaftsparks ist der Gasometer. Auf seinem Boden wurde ein künstliches Riff mit Schiffs- und Flugzeugwracks und diversen anderen Objekten installiert, dann wurde der Gasometer gefüllt, aber nicht wie früher mit Gichtgas, dem Abfallprodukt bei der Eisenverhüttung, sondern mit Wasser. Die künstliche Unterwasserwelt kann man als Taucher genießen. Mit 21 Millionen Litern Wasser gefüllt und 13 Metern Tiefe ist der riesige Stahlbehälter selbst noch für erfahrene Taucher ein Eldorado. Für Tauchunerfahrene gibt es Schnupperkurse.

DER PARK ist stets zugänglich. Fast am schönsten ist es hier im Dunkeln, wenn eine Lichtinstallation die frühere Eisenhütte in herrliche Lichter einpackt.

IN KÜRZE

LAGE
Ruhrgebiet;
Duisburg

INFO
Landschaftspark
Duisburg-Nord
Emscherstraße 71
47137 Duisburg

Im Zuge einer Fackelführung oder einer Stirnlampenführung können Besucher die Hütte auch nachts kennenlernen. Ein Hüttenwerker führt über das Gelände. Bei der Führung müssen zudem Taschenlampen mitgeführt werden.

OBEN Schutzhelme werden in den Hochöfen der alten Hütte nicht mehr gebraucht.

MITTE Bei jeder Wanderung und Radtour lässt sich der Park neu entdecken. Plötzlich steht man inmitten des Grüns beispielsweise vor einer Dampfwalze.

UNTEN Der britische Künstler Jonathan Park hat die Lichtinstallation des Landschaftsparks kreiert.

35 MÜNGSTENER BRÜCKE
Filigraner Gigant

Sie ist die erste Brücke weltweit, die im freien Vorbau errichtet wurde. Ein Meisterwerk der Ingenieurskunst, als höchste Eisenbahnbrücke Deutschlands ein Meilenstein der Industriekultur und darüber hinaus eine der schönsten Brücken des Landes.

Sie ist nicht so elegant wie die großen eisernen Fachwerkbogenbrücken Théophile Seyrigs in Porto oder gar wie das Garabit-Viadukt Gustave Eiffels in der Auvergne, das mit seinem schmiedeeisernen Sichelbogen als das Meisterwerk der Structural Arts gilt. Aber die Müngstener Brücke über die Wupper steht in deren direkter Nachfolge und kann zwei technisch wesentliche Neuerungen für sich verbuchen: Als Baumaterial verwendeten der Ingenieur Anton von Rieppel und das ausführende MAN Werk Gustavsburg Stahl statt Schmiedeeisen. Und der stählerne Bogen der Brücke wurde – weltweit als erster – im freien Vorbau errichtet, ohne stützendes Lehrgerüst oder Abspannungen, die den Bogen halten könnten. Das bedeutete eine deutlich kürzere Bauzeit, denn viele Brückenteile konnten am Boden liegend vorgefertigt werden, um im Anschluss direkt vor Ort zusammengefügt zu werden. Die bereits montierten Bogenteile dienten dabei quasi als Kran für die weiteren Teile.

ENTSTANDEN IST EINE STÄHLERNE FACHWERKBOGENBRÜCKE, deren Bogen am Scheitel deutlich schlanker ist als an den Auflagern. Auf diesem Scheitel aufliegend verläuft ein horizontaler Gitterträger, der die Brückenfahrbahn mit den aufliegenden Schienen trägt. Vertikale Gitterträger zwischen Bogen und Fahrbahn beziehungsweise zwischen Fahrbahn und Flussböschung stützen die Konstruktion, die eine Gesamtlänge von 465 Metern und eine Höhe von 107 Metern aufweist. Die größte Spannweite beträgt 170 Meter. Insgesamt wurden 5000 Tonnen Stahlprofile und etwa 950.000 Niete verbaut. Einer davon soll aus purem Gold bestehen. Immer wieder untersuchen Schatzsucher das eiserne Gerüst, ob der eine goldene Niet nicht doch zu finden sei. Ohne Erfolg, zumal die Brücke etliche Male neu gestrichen wurde und so auch der goldene Niet kaum noch sichtbar sein kann.

UNTERHALB DER BRÜCKE, IM SCHÖNEN TAL DER WUPPER, wurde – um die Brücke weiterhin attraktiv zu machen und Besucher anzulocken – der Müngstener Brückenpark eingerichtet. Liegestühle auf saftigen Uferwiesen laden dazu ein, die Brücke genauer zu betrachten, Wanderwege führen durch ein teils offenes, teils bewaldetes Gebiet. Immer wieder ergeben sich daraus spannende Blicke auf die Brücke. Über eine Schwebefähre, die ähnlich einer Draisine funktioniert, gelangt man von einem Ufer der Wupper zum anderen. Zum Park gehört auch das Haus Müngsten, das Besucherzentrum und Gastrobetrieb in einem ist. Mit seiner Fassade aus rostigem, wetterfestem Baustahl passt es sich perfekt in seine Kulisse aus Wäldern, Wupperwiesen und dem Industriedenkmal Müngstener Brücke ein. Und durch große Fensterfronten und Terrassen ist die Brücke auch während des Essens gegenwärtig.

VON UNTEN BETRACHTET verschmelzen die einzelnen Stahlprofile der Brücke zu einem dichten Geflecht. Erst mit einem gewissen Abstand lassen sich die ganze Grazie und Größe der Brücke erkennen.

IN KÜRZE

LAGE
Bergisches Land;
bei Solingen

INFO
Müngstener Brücke
und Brückenpark
Müngstener Brückenweg 71
42659 Solingen

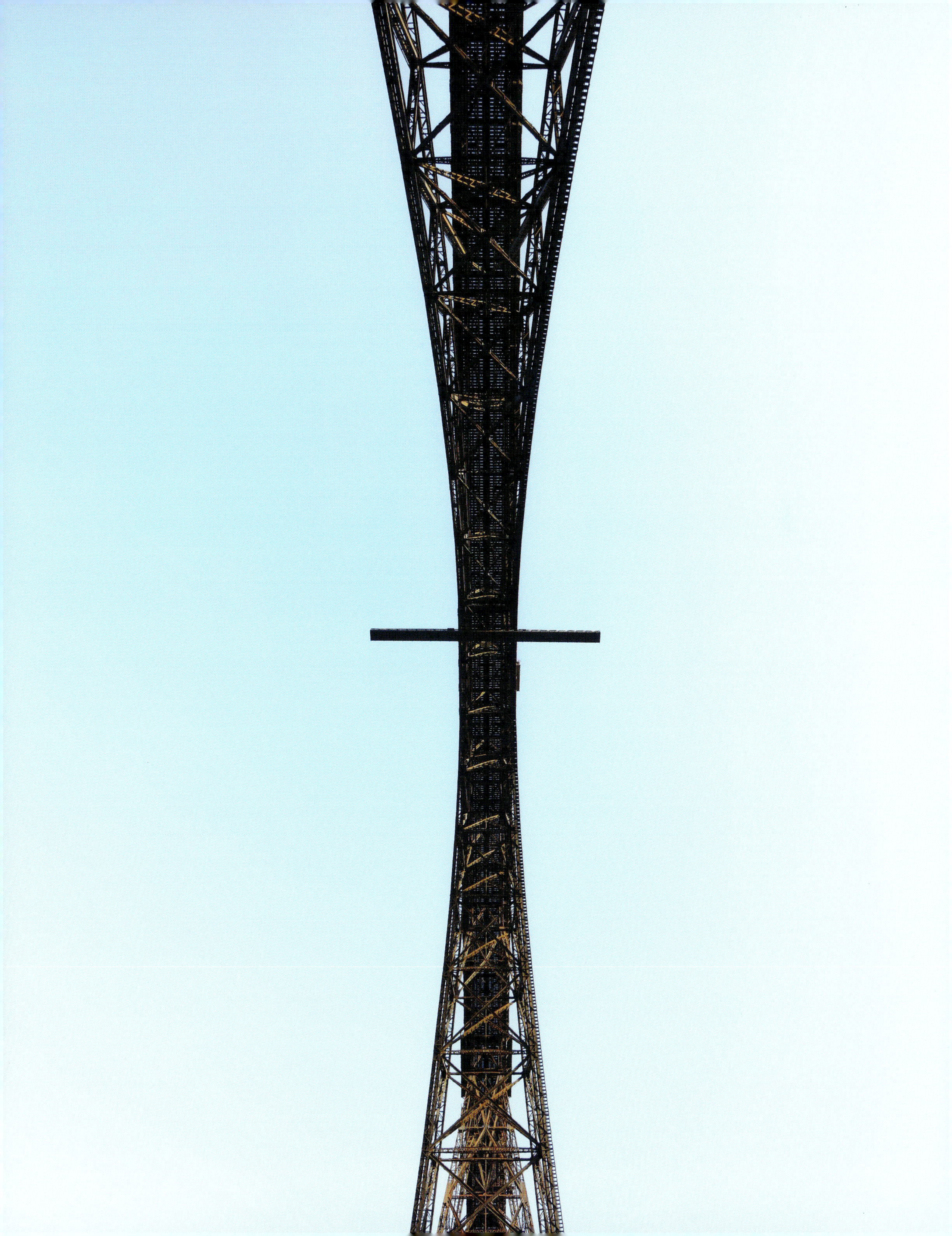

34 GASOMETER OBERHAUSEN
Kathedrale der Industriekultur

Ein gigantischer Zylinder aus Stahl, 117 Meter hoch und 67,6 Meter im Durchmesser, gefüllt mit – Luft. Ein solches Objekt lässt sprichwörtlich Raum für künstlerische Entfaltung, und so kann es kaum verwundern, dass der Gasometer Oberhausen mit seinen aufsehenerregenden Ausstellungen heute als eines der gelungensten Beispiele für die Neunutzung von Industriebrachen gilt.

Der Koloss aus Blech fasste 347.000 Kubikmeter Gas und war damit der größte Gasometer auf dem europäischen Kontinent. Dennoch rang die Stadt Oberhausen ganze vier Jahre mit der Frage, ob der einstige Gasspeicherbehälter, der 1988 ausgedient hatte, erhalten oder abgerissen werden sollte. Dem Abriss standen mehrere Nutzungskonzepte gegenüber: Regallager, Indoor-Golfanlage, Hochgarage und nicht zuletzt die Umgestaltung zu einer riesigen Coca-Cola-Dose als prestigeträchtige Werbemaßnahme des Getränkeherstellers. Schlussendlich stimmte man mit nur einer Stimme Mehrheit für die kulturelle Nutzung des Industriedenkmals – eine Entscheidung, die seither mit über fünf Millionen begeisterten Ausstellungsbesuchern belohnt worden ist.

VOR DEM NIEDERGANG der Montanindustrie fielen in den Kokereien und Eisenhütten des Ruhrgebiets Unmengen von Hochofengas an, das in Ermangelung eines Speichergebäudes direkt verfeuert werden musste. Ein Speicherbehälter sollte Abhilfe schaffen, der 1927 auf dem Gelände der Gutehoffnungshütte in unmittelbarer Nähe zum Rhein-Herne-Kanal errichtet wurde. Noch heute kann man sehen, nach welchem Prinzip die Speicherung der gasförmigen Energiequelle funktionierte: Eine Gasdruckscheibe, die mittels Betongewichten auf über 1200 Tonnen erschwert wurde, verdichtete von oben das eingefüllte Gas, wobei sie je nach Füllhöhe an den Wänden auf und ab glitt. Für die sichere Abdichtung und eine geschmeidige Bewegung der Scheibe sorgte Teeröl, das an den Seitenwänden des Gasometers in einem Recyclingkreislauf hinablief. Während die Gasdruckscheibe bei maximaler Füllmenge einst auf knapp 100 Metern Höhe schwamm, liegt sie heute nur wenige Meter über Bodenniveau und trennt damit die untere Ausstellungsfläche von dem oberen Bereich ab. Wer sich auf die Scheibe begibt, kann angesichts der sparsamen Beleuchtung die Dimensionen des Industriedenkmals meist nicht gleich erahnen. Doch erste akustische Eindrücke in Form eines siebenfachen Echos, das von den scheinbar ins Unendliche ragenden Stahlwänden zurückgeworfen wird, lassen das Majestätische dieses Industriedenkmals erahnen, ein Eindruck, der – hat das Auge die Formen und Strukturen in vollem Umfang erfasst – auch auf visueller Ebene bestätigt wird.

EINEN PERSPEKTIVENWECHSEL ermöglichen zwei Panoramaaufzüge, die innen wie außen auf das Dach des Gasometers führen. Hier wird ein Rundumblick gewährt, der allein einen Besuch wert ist. Doch damit nicht genug: Spektakuläre Ausstellungen zementieren den Ruf des Gasometers als Mekka für Kulturbegeisterte, eines Industriedenkmals, an dem man sich – da sind sich Besucher einig – niemals sattsehen kann.

IN KÜRZE

LAGE
Ruhrgebiet; Oberhausen

INFO
Arenastraße 11
46047 Oberhausen
www.gasometer.de, Öffnungszeiten: Di–So 10–18 Uhr; in den NRW-Ferien auch montags geöffnet. Über die wechselnden Ausstellungen informiert die Homepage.

HINWEIS

In der kalten Jahreszeit empfiehlt sich für den Besuch ausreichend warme Kleidung, denn das Industriedenkmal kann nicht beheizt werden.

OBEN Im Rahmen der Ausstellung »Der schöne Schein« von 2015 setzte die Künstlergruppe URBANSCREEN mit ihrer Installation »320° Licht« ein weiteres Highlight in der langen Reihe aufsehenerregender Ausstellungen im Gasometer. Während des 20-minütigen Lichtspektakels wurden die Wände des Gasometers zu einer 20.000 Quadratmeter großen Projektionsfläche für spektakuläre Lichteffekte, die die Wahrnehmung der Besucher auf die Probe stellten, indem sie bestehende Strukturen und damit die Grenze zwischen realem und virtuellem Raum aufzulösen schienen.

UNTEN 90 Meter ragte die Innenraumskulptur aus Gewebestoff empor, die Christo im Jahr 2013 im Gasometer installierte. Das filigrane und zugleich sakral anmutende Kunstwerk kam ohne Seitenverankerungen aus, sondern wurde nur durch Gebläse aufrecht gehalten.

33 DEUTSCHES BERGBAUMUSEUM
Glück auf!

Er ist der Gruß der Bergleute, »Glück auf!«. In dem Gruß finden zwei Wünsche gleichzeitig Ausdruck: Der eine gilt dem Wunsch, neue Erzvorkommen aufzutun, was die Arbeit der Bergleute für Monate bis Jahre sichern könnte, der andere drückt die Hoffnung aus, dass die einfahrenden Kumpel auch wieder aus dem Berg zurückkehren, dass kein Unglück sie verschütten wird. Das Deutsche Bergbau-Museum ist ein Ort, an dem man viel über den Bergbau lernen kann, und es ist auch ein Museum, in dem man der schwierigen Arbeitsbedingungen und der Gefahren der Bergleute nachdrücklich gewahr wird.

Einmal Bergmann, immer Bergmann. Das gilt nicht nur für Einzelpersonen, sondern oft für ganze Familien, in denen vom Urgroßvater bis zum Urenkel alle männlichen Nachkommen Kumpel wurden – bis die Zechen nach und nach schlossen und die Arbeit im Bergbau knapp wurde. Aber selbst wenn Helm und Bergmannskluft an den Nagel gehängt und man selbst in feinen Zwirn eingepackt war – denn die Kumpel waren nicht nur relativ wohlhabend geworden, sie legten auch über Tage Wert auf ein gepflegtes Äußeres –, waren die alten Abraumhalden und Schlackeberge und die Gelände ihrer stillgelegten Zeche Ziel ihrer Gedanken und Spaziergänge.

DAS LÄSST SICH ALLES SCHWERLICH NACHVOLLZIEHEN, auch wenn man sich noch so viele Geschichten vom Großvater angehört hat. Warum sollte man dieser anstrengenden, schmutzigen Arbeit, im Dunkeln, unter Tage, immer in Gefahr, verschüttet zu werden, ohne Sonnenlicht und frische Luft nachtrauern? Im Deutschen Bergbau-Museum Bochum lernt man ein ganz klein wenig verstehen. Unter Tage kann man nur überleben – physisch und psychisch – wenn man nicht allein ist, wenn man den Kumpeln, die mit einem eingefahren sind, vertrauen kann und sich mit ihnen wohlfühlt. Die Kumpel werden unweigerlich zu einer zweiten Familie.

GERADE MAL 20 METER GEHT es im Anschauungsbergwerk hinab, doch die Fahrt mit dem – sehr modernen – Seilfahrtsimulator lässt die Herzen einiger Museumsbesucher höher schlagen. Wer Platzangst hat, ist hier fehl am Platz, auch wenn die Erschütterungen, die Geschwindigkeit, die Geräusche nichts als Illusion und Simulation sind. Im Untergrund dann ein bisschen zu viel Sauberkeit, so hat Opa das nicht erzählt. Dennoch: Sobald man sich bewusst macht, dass solche Stollen Arbeitsplätze waren – und in Teilen Deutschlands und der Welt noch sind –, wird die Tiefe bedrückend, scheint der bislang ausreichend erscheinende Sauerstoff knapper zu werden. Und wohl jeder ist nach der Führung froh, wieder den Himmel zu sehen.

AUCH ÜBER TAGE wartet noch viel Überraschendes: Dort wird nicht nur der Bergbau anschaulich erklärt und der Besucher erhält einen guten Einblick in die unterirdische Welt der Rohstoffe, der Gesteine und Metalle. Das Bergbaumuseum besitzt darüber hinaus auch eine eigene Schatzkammer, in der Kunstwerke mit bergbaulichem Hintergrund gezeigt werden.

IN KÜRZE

LAGE
Ruhrgebiet;
Bochum

INFO
Deutsches Bergbau-Museum Bochum
Am Bergbaumuseum 28
44791 Bochum

WO DIE SONNE VERSTAUBT WAR

»Du bist keine Schönheit/Vor Arbeit ganz grau« sang Herbert Grönemeyer 1984. Das stimmt heute so nicht mehr: Die Sonne ist hier längst nicht mehr durch die Kohle »verstaubt«, niemand trifft mehr auf schwarz verschmierte Kumpel und der Bergbau ist für die Stadt nicht mehr bestimmend – außer vielleicht durch die knapp 370.000 Besucher, die jährlich ins Bergbau-Museum kommen.

32 ZECHE ZOLLVEREIN
Kunst statt Kohle

Sie galt lange als das fortschrittlichste und größte Steinkohlebergwerk der Welt: die Zeche Zollverein. Rund 12.000 Tonnen Steinkohle gewannen die Kumpel täglich. Heute wird in Schacht XII unter dem berühmten Doppelbock keine Kohle mehr gefördert, sondern Kunst und Kultur.

Als die beiden Industriearchitekten Fritz Schupp und Martin Kremmer Ende der 1920er-Jahre den Auftrag für Schacht XII, einen Erweiterungsbau der Zeche Zollverein, erhielten, sollten sie in erster Linie einen leistungsfähigen Industriebau erstellen. Mit der Steinkohle ging es schon damals bergab, längst war die Zeche Zollverein, seit 1851 in Betrieb, ein riesiges Bergwerk, dessen Rentabilität immer mehr abnahm. Rationalisierung war deshalb das vorrangige Ziel beim Bau von Schacht XII: Überall dort, wo Maschinenkraft die der Kumpel ersetzen konnte, wurden in dem neuen Schacht, der nun alle anderen Schächte ersetzte, auch Maschinen eingesetzt.

DOCH DAS ALLEIN REICHTE DEN ARCHITEKTEN NICHT: Sie glaubten, dass der Mensch generell eine Aversion gegen rauchende Schlote und Industrie hat, weil bei deren Bau immer nur die Zweckmäßigkeit im Vordergrund steht, nie die Schönheit. Schupp und Kremmer machten es sich deshalb zur Aufgabe, einen zweckmäßigen UND ästhetischen Bau zu errichten, der kein Störbild mehr für Mensch und Stadt sein würde, sondern ein Monument der Arbeit, dem sich die Menschen wie einem Kunstwerk nähern würden. Das ist den beiden Architekten voll und ganz gelungen: Keine 70 Jahre nach Eröffnung der Schachtanlage XII 1932 und nur 15 Jahre nach ihrer Schließung 1986 wird die Zeche Zollverein zum UNESCO-Weltkulturerbe ernannt. Und nicht nur den Kumpeln, auch den Anwohnern und Besuchern aus aller Welt gilt die Anlage rund um Schacht XII als die schönste Zeche der Welt.

WAS MACHT DIESE SCHÖNHEIT AUS? Es sind vor allem die Klarheit und die perfekte Harmonie der an der Neuen Sachlichkeit orientierten Gebäude. Der 55 Meter hohe A-förmige Förderturm mit den vier Rädern bildet das Zentrum des Ensembles. Darum herum gruppieren sich streng kubische Hallen, die roten Backsteinfassaden werden von schmalen Stahlfachwerkstreben gehalten. Gigantische Diagonalen, die Kohlenwäsche, kreuzen diese strenge Geometrie und machen damals wie heute den langen Weg der Steinkohle aus den Tiefen der Erde deutlich. Zwischen den Gebäuden: Sichtachsen, Schienen, stählerne Treppen, Rampen. Das alles sollte dazu dienen, die Bürger der Stadt so stolz auf die Zeche zu machen, dass sie sie Fremden zeigen wie etwa einen Dom oder das Rathaus, so der Wunsch Fritz Schupps. Auch dieser Wunsch ist in Erfüllung gegangen: Die alten Hallen wurden neuen Zwecken zugeführt. Die Kesselhalle beherbergt das »Red Dot Design Museum« (siehe Tour 13), die Lesehalle, in der Gesteinsbrocken aus der Kohle herausgelesen wurde, wurde zum Konzertsaal umgewidmet und in der einstigen Kompressorenhalle ist das großartige Restaurant Casino Zollverein untergebracht.

IN KÜRZE

LAGE
Ruhrgebiet; Essen
www.zollverein.de

KULTUREINRICHTUNGEN
Kohlenwäsche: RuhrMuseum und Portal der Industriekultur
Kesselhalle: Red Dot Design Museum
Schacht 3/7/10: Phänomania Erfahrungsfeld
Kokerei: The Palace of Projects

SPORT IN DER ZECHE

Im Sommer werden Radfahren, SoccerGolf und vor allem Schwimmen im Werksbad angeboten, im Winter gibt es eine Eisbahn an der Kokerei.

LINKS Bei der Nacht der Industriekultur, der »Extraschicht«, ist die Kohlenwäsche eine der Hauptattraktionen.

RECHTS Auch die von Architekt Fritz Schupp geplante, benachbarte Kokerei ist Teil der Kulturmeile und wurde zusammen mit der Zeche zum Weltkulturerbe ernannt.

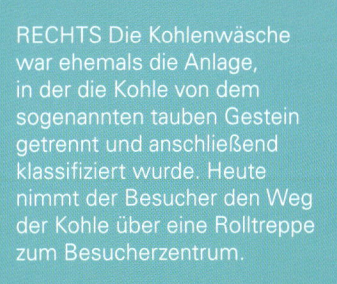

RECHTS Die Kohlenwäsche war ehemals die Anlage, in der die Kohle von dem sogenannten tauben Gestein getrennt und anschließend klassifiziert wurde. Heute nimmt der Besucher den Weg der Kohle über eine Rolltreppe zum Besucherzentrum.

UNTEN Wahrzeichen der Zeche wie des Ruhrpotts: der Doppelbock des Förderturms. Seine Räder standen bis zur Schließung der Zeche im Dezember 1986 nie still.

>> SPITZENGASTRONOMIE ZWISCHEN KOMPRESSOREN
Noch immer riecht es hier ein bisschen nach Maschinenöl, überall zeigen sich Relikte der einstigen Kompressorenhalle. Das Casino Zollverein vereint eine ungewöhnliche und spannende Restaurantkulisse mit gehobenen kulinarischen Genüssen. Der wohl beste Abschluss eines Besuchs auf Zollverein.
www.casino-zollverein.de

31 AQUARIUS WASSERMUSEUM
Die Spur des Wassers

Allgegenwärtig und doch kaum beachtet. Wie passt das zusammen? Das Aquarius Wassermuseum im Mülheim an der Ruhr beschäftigt sich mit dem Element, das von den meisten Mitteleuropäern als etwas ganz Selbstverständliches hingenommen und damit verschwendet, verschmutzt und vergiftet wird und ohne das doch kein Leben möglich ist.

Schon mal einen Wasserturm von innen gesehen? Allein diese Möglichkeit macht den Besuch des Aquarius Wassermuseums lohnenswert. 500.000 Liter fasst der einstige Wassertank des 1892/93 im Auftrag von August Thyssen erbauten Turms, mit dem zunächst die Styrumer Röhren- und Walzwerke und ab 1912 die ortsansässige Bevölkerung versorgt wurde und den man mit einem gläsernen Aufzug durchfahren kann. Oben auf einer Plattform kann man einen kleinen Einblick von der Füllkapazität des Behälters erhalten: Noch immer lagern 50.000 Liter Wasser in dem Behälter und sind durch die Stahlgitter der Besucherplattform zu sehen. Dort wird auch erklärt, wie so ein Wasserturm überhaupt funktioniert. Darüber, in etwa 40 Meter Höhe, gibt eine gläserne Galerie den Blick frei über die Ruhr, das Styrumer Schloss genannte Herrenhaus, den Ortsteil Styrum und weite Teile des »Potts«.

DOCH BEVOR ES IN DIE WASSERTURMSPITZE hinaufgeht, ist ein Gang durch das Wassermuseum so spannend wie lehrreich. Auf 14 Ebenen und an über 25 Multimediastationen klärt es über alle Belange rund ums Wasser auf: Der Besucher erfährt beispielsweise, dass jeder Bundesbürger im Schnitt 4000 Liter Wasser pro Tag verbraucht. Etwa 122 Liter davon sind sichtbar, werden etwa beim Trinken, Kochen, Duschen, durch Toilettenspülungen, Waschen oder Putzen verbraucht. Doch wie viele Liter wurden darüber hinaus benötigt, um den Weizen für das tägliche Brot, für das Steak am Abend zu produzieren oder auch um unser Smartphone herzustellen? Solches virtuelle Wasser lässt den täglichen Wasserverbrauch um ein Vielfaches in die Höhe schnellen.

ANDERE BEREICHE DES MUSEUMS erklären den natürlichen Wasserkreislauf und die Entstehung, Bedeutung, Förderung, Nutzung und Verschmutzung von Grundwasser, informieren über Trinkwasser und Abwasser – in Europa und in anderen Teilen der Welt – und beschäftigen sich mit der regionalen Geschichte und Bedeutung der Ruhr. Am Ende des Besuchs sieht man Wasser mit anderen Augen. Man erkennt es als das knappe lebensnotwendige Gut, das selbst in Mitteleuropa nicht mehr in scheinbar unbegrenzten Mengen zur Verfügung steht, in anderen Teilen der Welt aber so rar ist, dass es im Hinblick auf seine Nutzung und seine Verschwendung sogar zu Konflikten und Kriegen kommt.

UM DIE EINDRÜCKE AUS DEM MUSEUM im Anschluss zu vertiefen, lohnt ein Spaziergang hinab zu den Ufern der Ruhr, die unmittelbar vor der Museumstür fließt und die hier das abwechslungsreiche Bild von naturnahem Flussbett und Schiffskanal, Aue und Industriestandort bietet.

IN KÜRZE

ADRESSE
Ruhrgebiet, Aquarius Wassermuseum
Burgstraße 70
45476 Mülheim
an der Ruhr
www.aquarius-wassermuseum.de

SCHLOSS STYRUM

Direkt neben dem Wassermuseum liegt Schloss Styrum, ein hübsches Herrenhaus, das auf einen Gutshof aus dem 11. Jahrhundert zurückgeht. Es beherbergt heute Künstlerateliers, eine Altentagesstätte, Vereine und ein Café mit einer hübschen Außenterrasse im Sommer, wo man nach dem Museumsbesuch Kaffee und Kuchen bekommen kann.

OBEN Von dem modernen Treppenturm und der gläsernen Aussichtsgalerie einmal abgesehen steht der Styrumer Wasserturm mit seinen Mauerwerksbändern, den schießschachtartigen Fenstern und dem gestuften Kranzgesims noch ganz in der Tradition der frühen Backsteinindustriearchitektur.

RECHTS Im Innern des vielfach ausgezeichneten Museums vermischt sich Industriedenkmal mit modernem multimedialen Museum zu einem architektonisch wie inhaltlich lohnenden Bauwerk.

LAUT UND SCHMUTZIG? LÄNGST NICHT MEHR!
Auf der Route der Industrie

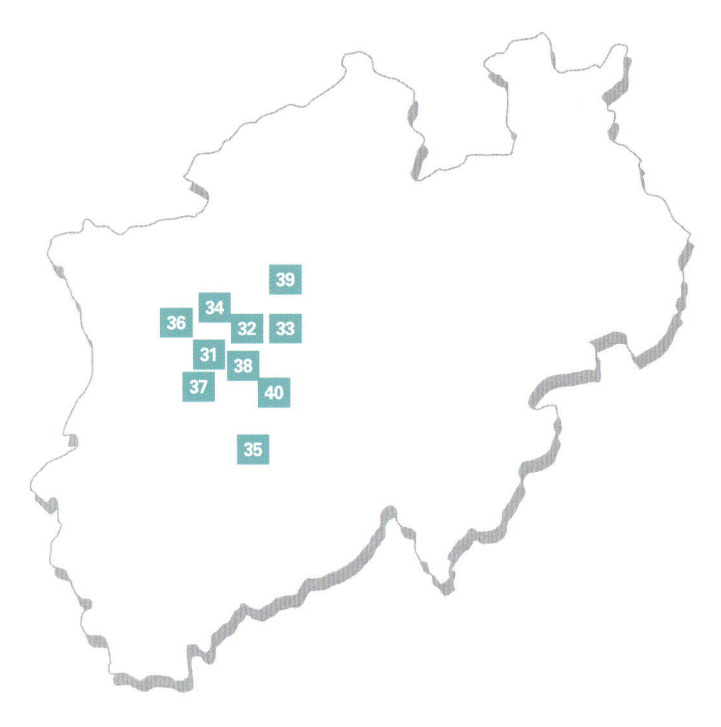

31 SEITE 82

Aquarius Wassermuseum
Die Spur des Wassers

32 SEITE 84

Zeche Zollverein
Kunst statt Kohle

33 SEITE 86

Deutsches Bergbaumuseum
Glück auf!

34 SEITE 88

Gasometer Oberhausen
Kathedrale der Industriekultur

35 SEITE 90

Müngstener Brücke
Filigraner Gigant

36 SEITE 92

Landschaftspark Duisburg-Nord
Ein zweites Leben

37 SEITE 94

Textilfabrik Cromford
Deutschlands erste Fabrik live erleben

38 SEITE 96

Industrienatur
Die Eroberung der Brache

39 SEITE 98

Schiffshebewerk Henrichenburg
Erster Stock, bitte!

40 SEITE 100

Wuppertaler Schwebebahn
Zukunft von gestern – oder doch visionär?

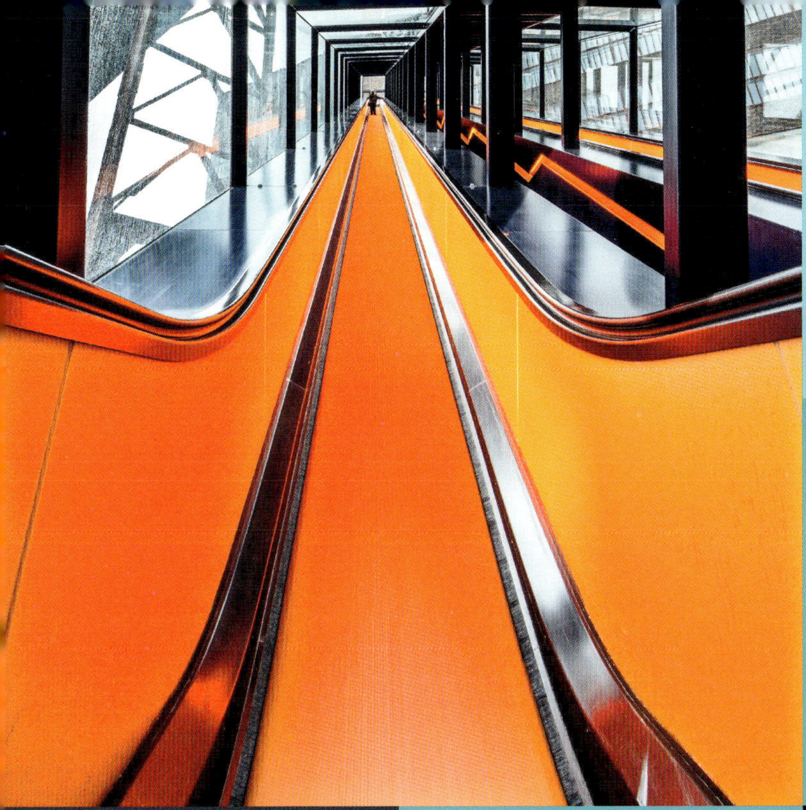
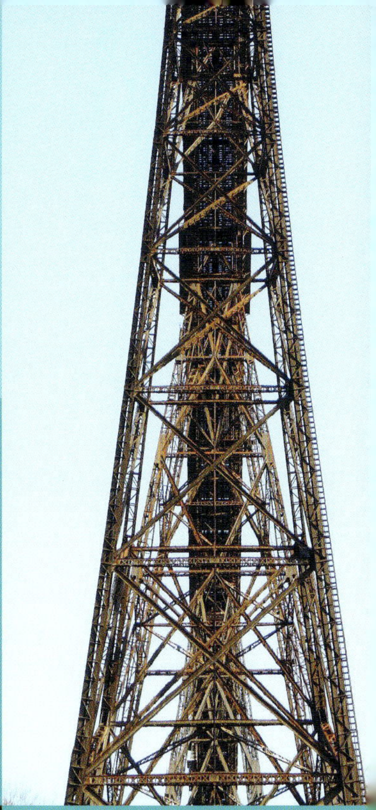
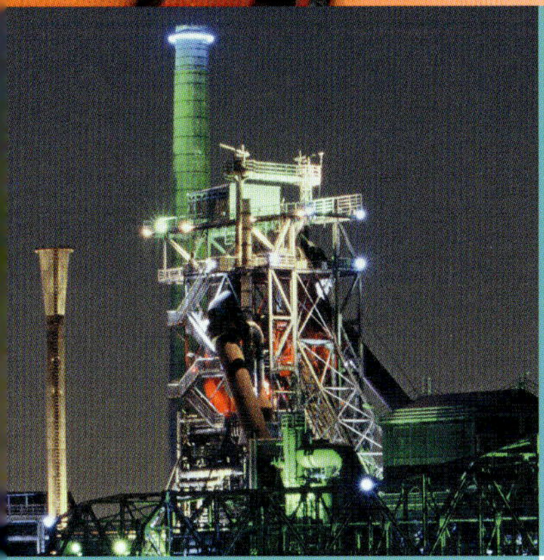
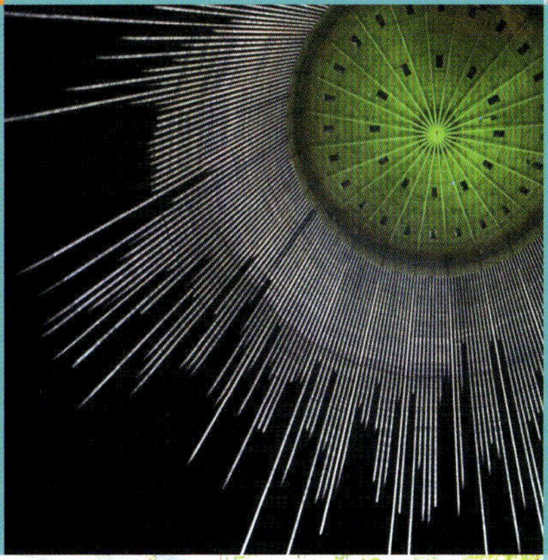
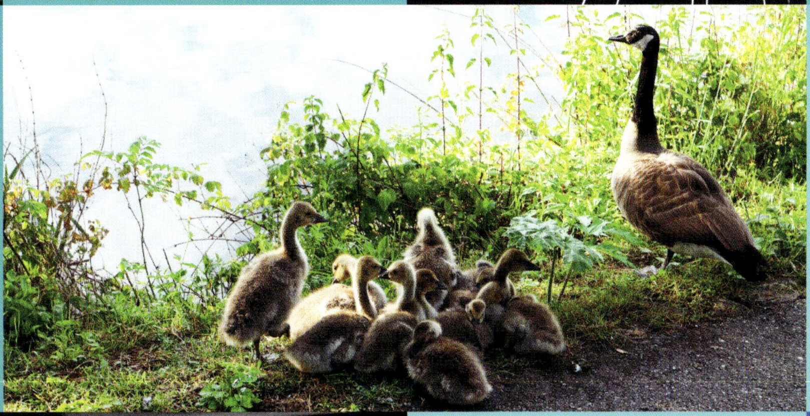
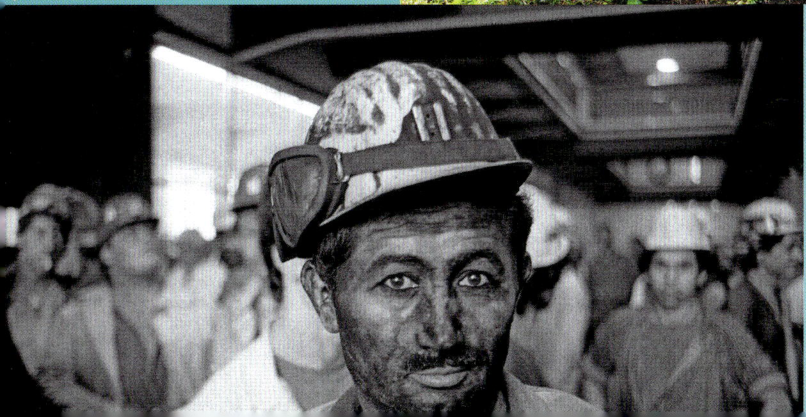
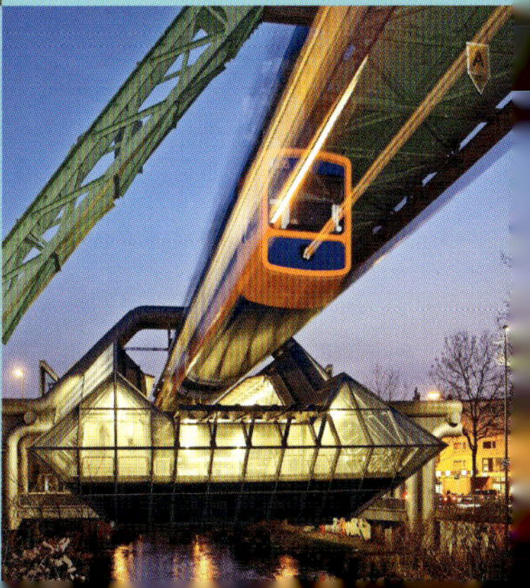

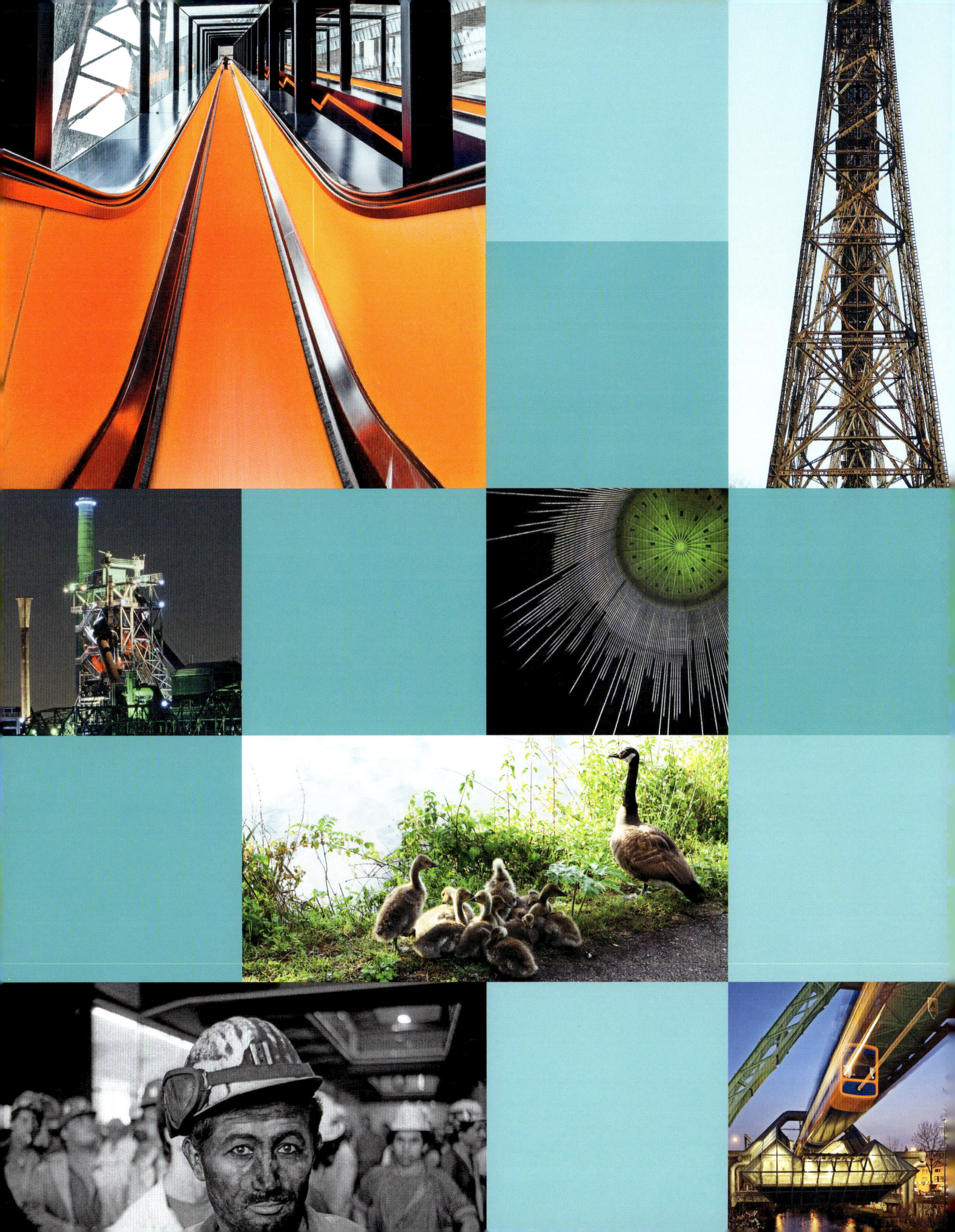

30 PFERDERENNEN
Frisch gestriegelt zum Galopp

Mit dem Royal Ascott können die nordrhein-westfälischen Galopprennbahnen nicht mithalten, denn hierzulande werden die menschlichen Eitelkeiten nicht in derselben Intensität gepflegt wie auf dem traditionellen britischen Racecourse – jedenfalls nicht beim Pferderennen. Dafür verströmen sie eher ein bisschen Volksfestatmosphäre. Aber diesseits wie jenseits des Kanals gilt: Um die besten Reiter und die schnellsten Pferde geht es hier wie dort meistens nicht.

Picknickdecken statt wagenradgroßer Hüte und schmucker, aufwendig dekorierter Fascinators, Kölsch, Alt und Pils statt Champagner, Schnuckertüten statt Canapés – so sehen die Renntage auf den Galopprennbahnen in Nordrhein-Westfalen aus. So ein Pferderennen ist hierzulande eher ein Familienfest als ein gesellschaftliches Ereignis; es geht nicht darum, gesehen zu werden, sich darzustellen, sondern um einen abwechslungsreichen Tag in fröhlich-entspannter Atmosphäre. Das bedeutet natürlich nicht, dass nicht gewettet wird – das wird es natürlich ausgiebig. Und es gibt sogar den ein oder anderen in der Menge, der ausschließlich der Rennen und des Wettens wegen hierhergekommen ist, aber das ist nicht der Durchschnittsbesucher.

DER BESORGT SICH ALS ERSTES eine Rennzeitung, einen Stapel mit Rennzetteln und ein Bier und arbeitet auf der Picknickdecke ausgestreckt akribisch die Rennzeitung durch: auf der Suche nach den schönsten Pferdenamen und den hübschesten Jockeyfarben und -mustern. Das neu erworbene Wissen kann am Führring noch etwas vertieft werden, an dem man die Pferdchen vor dem Rennen begutachten kann. Doch bei allen glänzt das Fell, sind Mähne und Schweif gestriegelt und geflochten. Manchmal sind sogar Muster ins Fell gebürstet, das kann die getroffene Wettentscheidung noch einmal über den Haufen werfen. Aber dann muss gewettet werden; die Mutigen setzen auf Sieg, die weniger Mutigen auf Platz und schon muss man zur Rennstrecke, um sich eine gute Sicht zu ergattern. Die Startbox springt auf, Nachtigall hat den besten Start, dicht gefolgt von Bella. Tango und Safari im Mittelfeld, Tango holt auf, zieht an Bella vorbei, Nachtigall und Tango an der Spitze, Tango zieht vorbei. Hurra: Tango hat gewonnen ... Das wiederholt sich ein ums andere Mal und bald ist ein Nachmittag auf höchst abwechslungsreiche, spannende und fröhliche Weise vorbeigegangen. Ein paar Euro hat man sogar gewonnen; damit sind Eintritt und Bier abgedeckt. Die Freunde hatten ein weniger gutes Händchen? Macht nichts, für eine letzte Runde Bier reicht der Gewinn noch, dann kann's zufrieden heimgehen.

IN NRW GIBT ES EINE GANZE REIHE von Galopprennbahnen, u. a. in Dortmund, Neuss, Krefeld, Köln und Düsseldorf. Köln kann gleich mit zwei bedeutenden Gruppe-I-Rennen aufwarten, dem Rheinland-Pokal und dem Preis von Europa. Auch Deutschlands ältestes Rennen, das Oppenheim-Union-Rennen, wird hier jedes Jahr im Juni ausgetragen. Düsseldorf ist mit dem Preis der Diana ebenfalls in der Gruppe I vertreten.

IN KÜRZE

LAGE
Rheinland; Niederrhein, Ruhrgebiet

INFO
Kölner Rennbahn:
Scheibenstraße
50737 Köln
www.koeln-galopp.de

Düsseldorfer Rennbahn:
Rennbahnstraße 20
40629 Düsseldorf
www.duesseldorf-galopp.de

Krefelder Rennbahn:
An der Rennbahn 4
47800 Krefeld
www.krefelder-rennbahn.de

Dortmunder Rennbahn:
Rennweg 70
44143 Dortmund
www.galopp-in-dortmund.de/

Neusser Rennbahn
Am Rennbahnpark 1
41460 Neuss
www.neuss-galopp.de

Allgemeine Infos:
www.german-racing.com

HOCHDAHLER **DRUCKEREI**

Telefon 02104. 4904-0
post@hdg-service.de
www.hdg-service.de

Medi – Sport
Fr. Thielp

Mitglieds

>> Wie Menschen gehen auch nicht alle Rennpferde gern zur Arbeit oder sind davor nervös. Manche Pferde lassen sich ruhig und gefasst in die Startbox führen und stehen dort gelassen auf den Start wartend, andere dagegen müssen mit aller Kraft an ihren Arbeitsplatz geschoben und gezogen werden.

29 BIERE IN NRW
Wer die Wahl hat ...

Kein deutsches Bundesland hat – man mag es kaum glauben – einen so hohen Bierausstoß wie NRW. 19,4 Millionen Hektoliter waren es im Jahr 2014, Bayern, an zweiter Stelle gelegen, hat eine ganze Million Hektoliter weniger produziert. Und auch beim Bierkonsum steht NRW an der Spitze Deutschlands. Kein Wunder, denn in keinem anderen Bundesland gibt es wiederum so viele verschiedene Biersorten. Also: Soll es ein Alt, Kölsch, Pils, Weizen, Export, ein Eifeler Landbier oder doch vielleicht ein Craft Beer sein?

In manchen Gegenden Nordrhein-Westfalens wird es dem Biertrinker recht leicht gemacht – zumindest in den traditionellen Gasthäusern: In Köln und der näheren Umgebung bis nach Bonn trinkt man Kölsch (das in Bonn teils als regionales Bönnsch angeboten wird), in Düsseldorf und am Niederrhein dagegen Alt. Am Niederrhein kommen aber bereits Ruhrgebiets- und Münsterländer Einflüsse hinzu, dort wird fast immer auch Pils mit angeboten. Und dann gibt es die ganzen Spezialitäten großer und kleiner Brauereien, im Bergischen Land, in der Eifel, im Sauerland oder Teutoburger Wald, die ihre eigenen Biere brauen, Helles und Dunkles, Weizen, ober- und untergärig. Immer stärker heben die Landschaften ihre regionalen Leckereien hervor und immer stärker gehen die Großstädte Köln und Düsseldorf dazu über, auch die Biere des jeweils anderen zu schätzen. Doch was sind die Unterschiede?

KÖLSCH ist die einzige Biersorte des Landes, die von der EU (und nur dort gültig) in die Liste der geschützten regionalen Spezialitäten aufgenommen wurde. Kölsch ist ein helles, obergäriges Vollbier. Das heißt, es werden Bierhefen verwendet, die im Gärprozess Zellverbände bilden, in denen sich wiederum Gärgase sammeln, sodass die Hefe nach der Fermentation als sogenannter Gest auf der Oberfläche schwimmt. Die Stammwürze liegt bei 11,3 Prozent und einem Alkoholgehalt von etwa 4,8 Prozent. Serviert wird das Kölsch in der zylindrischen Kölschstange.

AUCH ALT ist ein obergäriges Vollbier, allerdings dunkel und deutlich malziger als Kölsch, aber ähnlich in Stammwürze und Alkoholgehalt. Es wird im Becher gezapft.

PILS ist ein untergäriges Vollbier. Hier werden Bierhefen verwendet, die nach der Fermentation auf den Boden des Gärgefäßes absinken. Pils wird vornehmlich im nördlichen NRW gebraut, wobei das Ruhrgebiet lange als die Metropole der Pilsbrauerei galt. Wer nicht nur probieren, sondern auch etwas über das uralte Brauerhandwerk wissen möchte, sollte das Dortmunder Brauereimuseum besuchen.

LANDBIER ist keine Sorte, sondern steht für eine Reihe regionaler Biersorten, die nach alter Tradition gebraut werden. Sie sind rustikal, gern ungefiltert und gelten als Vorläufer des neuen In-Getränks »Craft Beer«. Denn Craft bedeutet nichts anderes als »Handwerk« und soll meinen: in kleiner Brauerei gebraut. NRW ist also voll von »Craft«-Bieren und es ist ein Genuss (und beinahe unmöglich), sie alle zu probieren.

IN KÜRZE

LAGE
Ruhrgebiet, aufgrund des Brauereimuseums in Dortmund und der Funktion der Stadt als einstige »Bierhauptstadt« des Landes; das Bier fließt natürlich in ganz NRW

INFO
www.nrw-tourismus.de/biergenuss-in-nrw
Wer genau planen möchte, was er verkostet, kann sich mithilfe des Portals eine individuelle Bierroute zusammenstellen. Ansonsten heißt es einfach: Immer und überall die regionalen Spezialitäten probieren und von den üblichen Biersorten die Finger lassen!

Brauerei Museum Dortmund
Steigerstraße 16
44145 Dortmund
www.brauereierlebnis-dortmund.de

LINKS Bei Temperaturen von 15 bis 20 °C steigt die Bierhefe an die Oberfläche des Jungbieres. Auf diese Weise entstehen Kölsch und Alt.

UNTEN LINKS Das »Dortmunder U«, Wahrzeichen der Stadt und ehemals der Gär- und Lagerkeller der Dortmunder Union Brauerei. Heute beherbergt das Hochhaus ein Zentrum für Kunst und Kreativität.

UNTEN RECHTS Die Filteranlage der Krombacher Brauerei in Kreuztal. Das Bier wird hier von Heferesten befreit.

28 KOHLENMEILER WALPERTSDORF
Vom Holz zur Kohle

Sie sind in Deutschland eine vom Aussterben bedrohte Art, die auf keiner roten Liste steht: Köhler. Die Holzkohlenherstellung wird nicht mehr von vielen Menschen gepflegt; dabei ist die Köhlerei eines der ältesten Handwerke der Menschheitsgeschichte. Im Siegerland kann man den Bau eines Köhlermeilers, seine Entzündung und die Ernte der Kohle miterleben; vorausgesetzt, man hat viel Zeit.

Wer edle und nichtedle Metalle verhütten und anschließend verarbeiten möchte, benötigt Hitze. Ein normales Holzfeuer reicht nicht aus. Es musste also bereits in der Urgeschichte erste Verhüttungsöfen geben, um die Erze zu schmelzen, aus ihnen entsprechende Metalle gewinnen zu können und diese anschließend zu verarbeiten. Dabei sind die Holzkohle und die durch sie erreichbaren sehr hohen Temperaturen wohl zufällig entdeckt worden. Spätestens ab der Kupferzeit, etwa um 4000 vor Christus, sind Verhüttungsöfen und Holzkohle nachweisbar. Sie diente den frühen und späteren Metallurgen, aber auch Glasbläsern als Heizmaterial. Köhlermeiler, in denen Holz zu Holzkohle verschwelt wird, sind dabei seit dem Altertum bekannt und wurden durchgängig bis ins 18. Jahrhundert hinein betrieben; dann wurde die Holzkohle allmählich von der Steinkohle verdrängt und mit ihr ein jahrtausendealtes Handwerk.

ABER ES IST EIN HANDWERK, das in Deutschland nur vom Aussterben bedroht, nicht bereits ausgestorben ist. In vielen Bundesländern wird vereinzelt das historische Kulturgut bewahrt, in Nordrhein-Westfalen beispielsweise in einem Kohlenmeiler im Siegerland, bei Netphen. Regelmäßig wird dort, genauer in Walpertsdorf, ein Kohlenmeiler aufgebaut, entzündet und schwelt anschließend so lange vor sich hin beziehungsweise unter der ständigen Kontrolle des Köhlers – denn der Meiler darf weder ausgehen noch darf er richtig zu brennen anfangen – bis die Holzkohle gar ist.

WIE SIEHT DIE ARBEIT GENAU AUS? Eine kreisrunde Bodenfläche, die Kohlplatte, muss eingeebnet werden und in ihrer Mitte mehrere Pfähle eingerammt werden, die mittels Querhölzern in Form gehalten werden. Sie werden später einen kaminartigen Schacht, den sogenannten Quandel, freilassen, über den der Meiler entzündet wird. Kegelförmig werden in mehreren Lagen nun Holzscheite (von meist einem Meter Länge), und zwar ausschließlich Holz von Laubbäumen, um die Pfähle geschichtet, bis die gewünschte Höhe erreicht ist. Dieser Holzkegel muss zunächst mit einer frischen Schicht Fichten- oder Tannenreisig und schließlich mit Erde beziehungsweise Grassoden rundum abgedichtet werden. Über den Schacht wird der Meiler nun entzündet, darf aber nicht brennen, sondern nur im Innern schwelen. Damit der Kohlenmeiler weder verlöscht noch brennt, bohrt der Köhler Luftlöcher in den Meiler und verschließt diese bei Bedarf wieder. Immer im Rauch, ist das eine anstrengende Arbeit, die darüber hinaus je nach Größe des Meilers mehrere Wochen dauern kann. Das bedeutet, dass man den gesamten Prozess nur dann miterleben kann, wenn man regelmäßig vorbeischaut.

IN KÜRZE

LAGE
Siegerland; Netphen-Walpertsdorf

ADRESSE
Wittgensteiner Straße
57250 Netphen

INFO
Der Meilerplatz ist jederzeit zugänglich (wenn jedoch nicht gekohlt wird, ist vom Meiler nichts zu sehen). Erfahren Sie mehr beim Heimatverein Walpertsdorf e.V.
Telefon: 02737-5215.

WANDERN AUF DEM KÖHLERPFAD

Der Köhlerpfad verbindet den Kohlenmeiler mit einer kleinen, knapp 5 Kilometer langen Wanderung. Start und Ziel ist der Wanderparkplatz Köhlerplatz. Unterwegs lernt man allerhand über das Köhlereihandwerk und das Köhlerquiz sorgt dafür, dass keine Langeweile aufkommt.

FERTIG IST der Kohlenmeiler. Wenn das Holz verschwelt ist, hat es enorm an Gewicht verloren. Um eine Tonne Holzkohle zu gewinnen, müssen vier Tonnen Holz – etwa von Buche oder Birke – im Schwelfeuer des Kohlenmeilers »gegart« werden.

27 MAXIMILIANPARK HAMM
Kinderspiel und Blumenpracht

Im Hammer Maximilianpark gilt, was in anderen Parks nur behauptet wird: Hier finden Kinder und Erwachsene gleichermaßen Vergnügungen – und manchmal sind das sogar dieselben. Wahrzeichen des Parks: der riesige Glaselefant, der im Jahr 1984 bei der Landesgartenschau erstmals Furore machte. Seitdem ist der Park immer schöner geworden.

Fast sieben Jahrzehnte lang lag das Gelände der Maximilianzeche in Hamm brach. Wegen Unrentabilität war sie 1924 stillgelegt worden und alle Versuche, sie wieder in Betrieb zu nehmen, und doch noch Kohle aus ihren Schächten zutage zu fördern, scheiterten. Und während all dieser Zeit, in der Pläne geschmiedet und wieder fallen gelassen wurden, zogen auf dem Gelände rund um die Zechengebäude seltene, in Deutschland längst gefährdete Tier- und Pflanzenarten ein, fanden eine Nische, ein Rückzugsgebiet in der alten Brache. Bäume reckten vom Menschen ungehindert ihre Kronen in den Himmel – ein Urwald war entstanden, der die alten Gebäude langsam überwucherte. Ideale Voraussetzungen für eine Landesgartenschau, für die einiges erhalten bleiben sollte, darunter vor allem die riesigen Laubbäume und Teile der Sträucher. Aber auch die alten Werks- und Verwaltungsgebäude, die mittlerweile teils unter Denkmalschutz stehen. Sie wurden restauriert und umgewidmet.

AUS DEM STÄHLERNEN GRUNDGERÜST der ehemaligen Kohlenwäsche entstand der Glaselefant, eine 40 Meter hohe, begehbare Glasskulptur des Künstlers und Architekten Horst Rellecke. Per Aufzug, der sich im gläsernen Elefantenrüssel befindet, gelangt man in den Kopf des Elefantengartens mit einem Palmengarten und kinetischen Objekten Relleckes, wie dem »Palmenputzer«, der die Palmen sauber hält, oder dem »durstigen Huhn«, das nicht trinkt, sondern den Pflanzen Wasser spendet – wenn es von den Besuchern per Knopfdruck dazu gebracht wird.

DIE HIGHLIGHTS FÜR KIDS: Rund um den Elefanten und in schöner Parkanlage mit See (in dem sogar ein Wal taucht) gibt's ein Heckenlabyrinth und Spielplätze mit Kletternetzen, Wasserspielen, Türmen, der Alten Mine, dem Riesenkraken und dem Piratenschiff. Dazwischen dann das Schmetterlingshaus, ein 450 Quadratmeter großes Tropenhaus, in dem exotische Schmetterlingsarten aus Süd- und Mittelamerika frei kreuzen und beobachtet werden können.

DAS HIGHLIGHT FÜR ERWACHSENE: die Stauden- und Gräserpflanzung Piet Oudolfs. Der niederländische Landschaftsgärtner, der so renommierte Parks wie den Highline Park und Battery Park in New York und den Dream Park nahe Stockholm (mit-)gestaltete, hat auch im Maximilianpark einen tief beeindruckenden Garten geschaffen. Oudolfs Maxime lautet, dass ein Garten nie isoliert von seiner Umgebung betrachtet werden dürfe. Und so orientierte sich der Gartenarchitekt einerseits an der Kulisse des Zechengeländes, andererseits an der ursprünglichen Landschaft des Ruhrgebiet mit seiner vielfältigen Natur.

IN KÜRZE

LAGE
Ruhrgebiet;
Ostwennemarstraße 100
59071 Hamm
www.maximilianpark.de

GRÖSSE
22 Hektar

KLETTERGERÜSTE ZWISCHEN KUNSTOBJEKTEN

Die Kunst kommt im Hammer Maximilianpark nicht zu kurz: Immer wieder trifft man zwischen Gärten, Alter Mine und Heckenlabyrinth auf einzelne Kunstobjekte. Unter ihnen sind der begehbare Glaselefant (links) und die Walfluke (unten) die wohl bekanntesten.

>> Ein besonderes Highlight des Maximilianparks stellt das Schmetterlingshaus dar: 80 verschiedene tropische Falterarten lassen sich dort im Freiflug bestaunen.

26 SENFMÜHLE MONSCHAU
Altes Handwerk neu interpretiert

Natürlich gibt es in Monschau auch den klassischen Senf. Der ist scharf, wie es sich gehört, hat aber einen eigenen Geschmack. Das ist man nicht mehr so richtig gewohnt. Aber lecker ist der Ur-Senf schon. Die eigentliche Innovation der Historischen Senfmühle Monschau aber ist die Vielfalt der Sorten: Der Apfel-Meerrettich-Senf ist ein Erlebnis, ebenso wie der Senfgeist.

In Monschau schlägt man zwei Fliegen mit einer Klappe: Man lernt vieles über Senf und die traditionelle Senfherstellung und man kann das Gewürz in allen Varianten probieren und natürlich kaufen.

DAS WISSEN UM DAS GEWÜRZ, seine Ausgangsprodukte und das Geheimnis seiner Herstellung, wird in Monschau von Generation zu Generation weitergegeben. Die Senfmühle ist eine der ältesten Deutschlands, die sich noch in Familienbesitz befindet. Die Senfherstellung ist kein einfacher Beruf: Ohne betriebswirtschaftliches Wissen geht es heute auch in einem traditionellen Handwerksbetrieb nicht mehr. Hinzu kommen die Probleme des Handwerks selbst, dem Zulieferer und Spezialisten für Werkzeug und Geräte ausgehen. Senfsaat ist noch einigermaßen leicht zu bekommen, aber wer kann heute noch einen Mühlstein anfertigen und nachschärfen? Das ist die Aufgabe eines Mühlenbauers – ebenfalls ein aussterbender Handwerksberuf.

DIE SENFHERSTELLUNG dagegen ist die traditionelle Tätigkeit der Familie Breuer: Guido Emil Breuer führt die historische Senfmühle in der dritten Generation zusammen mit seiner Tochter und der Enkel wird gerade angelernt. Es sieht also so aus, als würde uns die Mühle noch eine ganze Weile erhalten bleiben. Bei einer geführten Besichtigung durch den Betrieb kann man erleben, wie Senf hergestellt wird: Die Senfsaat muss zunächst eingemaischt werden, das heißt, sie wird mit Essig, Salz und einer geheimen Würzmischung im Maischbottich vermischt und darf anschließend ruhen. Danach wird die Maische zwischen Basaltlavasteinen gemahlen, bis die gewünschte Konsistenz – grob oder fein – erreicht ist. Zuletzt kann der Senf noch mit weiteren Zutaten verfeinert werden – womit wir bei den Spezialitäten der Senfmühle angelangt sind. Die kann man im angeschlossenen Senfladen verkosten und kaufen. Die Entscheidung zwischen Tomaten und Feige, Grünem Pfeffer, Honig-Mohn, Orange oder einer anderen der rund 20 Senfsorten fällt schwer. Sie alle sind lecker und passen zu ganz unterschiedlichen Speisen. Zum Glück hält sich der Senf mindestens ein Jahr, so dass man ruhigen Gewissens mehr als ein Steinzeug-Fässchen erwerben kann.

NEBEN REINEM SENF finden sich im Laden weitere Spezialitäten aus Senfsaat, zum Beispiel das reine Senfmehl, das zum Kochen oder als Heilmittel, etwa für ein Fußbad, das gegen Erkältungen, bei Kopfschmerzen, bei Muskelschmerzen und gegen Arthrose hilft, verwendet werden kann. Das Angebot reicht von aromatisiertem Salz über Monschauer Senfgeist und Kaffee-Senf-Sahnelikör bis hin zur Senfpraline. Außerdem werden verschiedene Eifeler Spezialitäten angeboten.

IN KÜRZE

LAGE
Eifel;
Monschau

INFO
Historische Senfmühle
Monschau
Laufenstraße 118
52156 Monschau
www.senfmuehle.de

OBEN Kostproben zu allen hergestellten Senfsorten stehen in der Historischen Senfmühle Monschau bereit.

UNTEN Vor dem Maischen werden die Senfkörner gesiebt und sortiert.

25 DIE JAPANISCHE GEMEINDE DÜSSELDORFS
Zu Gast in Fernost

Klein-Tokio wird das Düsseldorfer Innenstadtquartier rund um die Immermannstraße im Volksmund bisweilen genannt: Japanische Lebensmittelläden, Hotels, Karaoke-Bars, Buchläden und sogar ein Mangakissa, eine Mischung aus Caféhaus und Manga-Buchladen, reihen sich hier aneinander. Düsseldorf ist Japans »Hauptstadt« am Rhein, in der sich die reiche Kultur des Landes auch dem Nicht-Japaner erschließt.

Nach London und Paris ist Düsseldorf die drittgrößte japanische Gemeinde Europas. Von den knapp 35.000 in Deutschland ansässigen Japanern lebt etwa ein Viertel in Düsseldorf. Erste Handelsbeziehungen zwischen der Stadt und Japan bestehen seit dem 19. Jahrhundert, doch es ist die Nachkriegszeit, die Suche von Stahl- und Chemielieferanten und die Notwendigkeit, die japanische Wirtschaft anzukurbeln, die in den 1950er-Jahren japanische Unternehmen in die Rheinmetropole zieht. Die Nähe zum Ruhrgebiet mit seinen Rohstoffen und zu Leverkusen als Chemiestandort macht Düsseldorf zu einem idealen Standort, zum »japanischen Schreibtisch am Rhein«. Rund 360 japanische Firmen haben heute eine Niederlassung in der Landeshauptstadt, etwa 21.000 Menschen finden in ihnen eine Arbeit. Um diese gute Zusammenarbeit weiter zu stärken, wurde 1978 das Deutsch-Japanische Center in der Immermannstraße errichtet.

VON DER JAPANISCHEN COMMUNITY profitiert die gesamte Stadt. Nicht nur durch die Restaurants, durch die Karaoke-Box im Keller des Nikko-Hotels oder durch einige Dōjōs, also die Trainingshallen für japanische Kampfkünste, sondern auch durch den Japanischen Garten im Nordpark, der 1975 von der japanischen Gemeinde Düsseldorfs zum Dank für die deutsche Gastfreundschaft angelegt wurde und seither von speziell geschulten Gärtnern gepflegt wird, sowie durch den Japanischen Club und das EKO-Haus. Ersterer wurde 1964 gegründet, um japanischen Geschäftsleuten, die einige Jahre in Düsseldorf wohnen und arbeiten würden, und deren Ehefrauen im Alltag zur Seite zu stehen. Doch das Angebot hat sich erweitert: Interessierte Nicht-Japaner können im Club nun ihr Wissen zur japanischen Kultur vertiefen, japanische Volkslieder lernen, einen Kimono richtig binden und sich im Ikebana und Origami üben. Das EKO-Haus im Düsseldorfer Stadtteil Niederkassel ermöglicht es einerseits Japanern, ihre Kultur zu leben – so steht dort der einzige von Japanern erbaute buddhistische Tempel in Europa –, andererseits können dort auch Nicht-Japaner an Veranstaltungen wie einer japanischen Teezeremonie teilnehmen.

DAS HIGHLIGHT eines jeden Jahres ist der Japantag in der Rheinmetropole. Dann befindet sich die Stadt im Ausnahmezustand: In traditionellen Kimonos, in Manga-Kostümen wie dem von Sailormoon oder ganz ohne Kostümierung feiert Düsseldorf die japanische Gemeinde mit verschiedenen Veranstaltungen. Den Abschluss bildet das abendliche Feuerwerk durch japanische Pyrotechniker an der Rheinpromenade. Eine Million Zuschauer finden sich jährlich dazu ein.

IN KÜRZE

LAGE
Düsseldorf; in der Nähe des Hauptbahnhofs, rund um die Immermannstraße

NOCH MEHR JAPAN IN NRW

Neben dem Japanischen Garten im Düsseldorfer Nordpark und jenem am EKO-Haus hat auch Leverkusen (Kaiser-Wilhelm-Allee, 51373 Leverkusen) einen traumhaften japanischen Garten zu bieten.
In Köln ist es das Museum für Ostasiatische Kunst (Universitätsstraße 100, 50674 Köln), das mit seiner herausragenden japanischen Sammlung lockt. Außergewöhnlich sind allein schon die Lackarbeiten, die das Museum zeigt.

FEUERWERK UND JAPANKULT

Er ist eines der größten Volksfeste in Nordrhein-Westfalen, der Japantag in Düsseldorf. Den ganzen Tag tummeln sich als Mangafiguren und Geishas verkleidete Menschen zwischen Essensbuden und Arealen, in denen japanische Kampfkünste vorgeführt werden. Highlight ist das großartige Feuerwerk am Abend, das den ganzen Rhein entlang der Altstadtpromenade erstrahlen lässt.

RECHTS Er ist der einzige im traditionellen japanischen Stil errichtete Tempel des Jōdo-Shinshū, des Shin-Buddhismus, in Europa: der Tempel im EKO-Haus.

LINKS Am Japantag haben auch die jüngsten Mitglieder der japanischen Gemeinde einmal die Möglichkeit, den traditionellen Kimono anzulegen.

24 DAS WUNDERLAND KALKAR
Kettenkarussell im Kühlturm

Während die ganze Nation noch darüber diskutiert, wann und wie der Ausstieg aus der Atomkraft nun vonstattengehen soll, zeigt Kalkar längst, wie sich ein ungenutzter Atommeiler umnutzen lässt. Mit einem außergewöhnlichen Freizeitpark im einstigen Atommeiler.

Kein Wasserdampf trat je aus dem Kühlturm des Kernkraftwerks Kalkar, auch als Schneller Brüter Kalkar bekannt, am Niederrhein, denn das riesige Werk wurde niemals richtig in Betrieb genommen. Stattdessen drehen heute Karussells in dem einstigen Atommeiler ihre Runden, treiben Achterbahn, Wildwasserbahn und Kletterparcours den Besuchern das Adrenalin in die Blutbahn. Zwischen 1973 und 1985 errichtet und allein beim Bau sieben Milliarden D-Mark verschlingend, waren es weder die Bau- noch die jährlichen Betriebskosten von 105 Millionen Mark, sondern der Protest der nordrhein-westfälischen und insbesondere der niederländischen Bürger sowie die offensichtlichen Sicherheitsrisiken, die die Betreibergesellschaft zwangen, den Bau bereits 1992 stillzulegen. Damit stand der ehedem als größtes Kernkraftwerk Europas geplante Komplex leer und galt als die größte Investitionsruine des Landes.

ZUMINDEST BIS ZUM JAHR 2005, als ein niederländischer Investor das Areal auf eine Zeitungsanzeige hin für den Spottpreis von knapp drei Millionen Euro erstand, um darauf nun statt 327 Megawatt Strom viel Spiel und Spaß zu erzeugen. Etwa 40 Attraktionen helfen die Zeit zu vertreiben, sechs Hotels mit Tagungsräumen stehen zur Verfügung, zahlreiche Restaurants und eine Kneipenstraße sorgen für das leibliche Wohl. Das alles ist auch all-inclusive buchbar.

Die spektakulärsten Attraktionen des Parks, die in der flachen Landschaft des Niederrheins allenthalben sichtbar sind, sind die am und im Kühlturm des einstigen Kernkraftwerks.

46 METER IST DER KÜHLTURM HOCH, seine mit einer Alpenlandschaft bemalte Außenwand dient als attraktiver Klettersteig. Doch das wahrhaft Außergewöhnliche findet sich im Innern des Kühlturms, ein Kettenkarussell, 13 Meter höher als der Turm, sodass man zunächst dicht an der Wand des Turms, dann über seinen Rand hinweg beinahe in den Rhein fliegt, der direkt an den Freizeitpark angrenzt. Es ist ein so beängstigendes wie berauschendes Gefühl, in der luftigen Höhe über den Fluss, den Niederrhein und bis zum Städtchen Kalkar im Süden des Parks zu blicken.

DAS BESCHAULICH-RUHIGE STÄDTCHEN KALKAR bietet einen schönen Kontrast zum rummeligen Freizeitpark. 1230 gegründet, genoss Kalkar ab 1242 Stadtrechte und bald blühte in der Stadt das Wollhandwerk, begünstigt durch die idealen Bedingungen am Niederrhein zur Schafzucht. Das schlägt sich auch in den Gebäuden nieder: Schöne mittelalterliche Treppengiebel wechseln mit geschwungen barocken. Noch immer bestimmt die Gerichtslinde das Bild des Marktplatzes, die Windmühle ist die größte am Niederrhein und St. Nicolai beeindruckt durch eine Vielzahl an Altären.

IN KÜRZE

LAGE
Niederrhein; Kalkar

INFO
Wunderland Kalkar
Griether Straße 110–120
47546 Kalkar
Telefon 02824-9100
www.wunderlandkalkar.eu/de

LINKS Die aufgemalte Gebirgslandschaft auf der Außenseite des einstigen Kühlturms können Wagemutige erklimmen. Doch die eigentliche Attraktion des »Wunderlandes Kalkar« birgt sein Inneres: das riesige Kettenkarussell.

MITTE Am Boden gleicht das Kettenkarussell von Kalkar noch denen auf einer normalen Kirmes.

UNTEN Doch ein Blick nach oben belehrt den Zuschauer bald eines Besseren. Nicht jedermann bleibt nach diesem Anblick in der Warteschlange stehen und traut sich, später über den Rand des Turms zu fliegen.

samtkonzept integrierte. Das sieht auch den Bau des Eurogate vor, eines sichelförmigen, elf Stockwerke umfassenden Baus direkt am Wasser, der mit diesem über eine riesige Freitreppe verbunden ist. Die Uferpromenade mit Freitreppe ist mittlerweile fertig, das zierliche Gebäude selbst wartet noch auf einen Investor.

AUCH Düsseldorf konnte für die teilweise Umgestaltung des innenstadtnahen Hafens einen großen Namen gewinnen: Frank Gehry entwarf für den Übergang zwischen den noch erhaltenen historischen Industriebauten, die sorgfältig saniert und modernisiert wurden, und den in den 1980er-Jahren entstandenen Gebäuden des Landtags und dem Fernsehturm ein Ensemble aus drei dekonstruktivistischen Gebäuden mit gekrümmten und gewellten Fassaden. Im Hafen sollten ursprünglich Medienunternehmen ansässig werden, daher der Name MedienHafen, doch es wurde viel mehr. Schicke Cafés und Restaurants, ein paar Läden und die Killepitsch-Fabrik, in der der großartige Düsseldorfer Kräuterlikör hergestellt wird, liegen im MedienHafen. Auch hier ist es eine schöne Mischung aus Arbeit und Freizeit, die im Düsseldorfer Hafen entstanden ist.

ALS LETZTER DER DREI STANDORTE entschloss sich auch Köln, seinen Hafen umzugestalten. Nachdem der Hafen erst 2001 stillgelegt wurde, begann ab 2002 die Bebauung. Deutlich mehr als in Duisburg und Düsseldorf sind hier Wohnungen entstanden, die trotz ihrer enormen Preise in rasender Geschwindigkeit verkauft waren. Markanteste Neubauten sind die drei sogenannten Kranhäuser nach den Entwürfen der Architekten Hadi Teherani und Alfons Linster. Die Häuser verweisen auf die ehemalige Funktion des Gebietes, dessen auskragender »Kranarm« bis über den Rhein reicht. Sie sind eine Mischung aus Büro- und Wohnhaus. Ihr historisches Pendant, echte Lastkräne aus der Zeit des Industriehafens, wurden – wie auch im Duisburger und Düsseldorfer Hafen – restauriert und erhalten.

MIT DEM KÖLNER RHEINAUHAFEN wurde die Rheinpromenade, obwohl entlang einer vierspurigen Straße verlaufend, verlängert und lebendiger. Mit Schokoladenmuseum und Deutschem Sport & Olympia Museum beginnt die Meile, die am Wochenende von Touristen wimmelt und deren Märkte übers Jahr eine Menge Menschen anziehen.

Allen drei Häfen ist gemeinsam, dass sie auch als Marina genutzt werden können. Die Yachten liegen hier meist das ganze Jahr vor Anker und bei schönem Wetter herrscht nicht nur am, sondern auch auf dem Wasser Trubel.

23 NEUE HÄFEN
Vom Industrie- zum Inviertel

Jahrzehntelang standen sie leer, verfielen und wurden mutwillig zerstört, die ungenutzten Häfen am Rhein. Erste Arbeiten am Düsseldorfer Hafen begannen in den 1970er-Jahren, doch hier mussten zunächst die historischen Gebäude zugunsten des Fernsehturms und des Landtags weichen. Im Jahr 1990 begann die Stadt Duisburg jedoch damit, die alten Speicher, Kontore, Hafenämter, Lagerhallen ihres Innenhafens in Geschäfts- und Wohnhäuser umzubauen. Dann zogen in den 1990er-Jahren Düsseldorf und schließlich zu Beginn des 21. Jahrhunderts Köln nach. Entstanden sind neue Stadtviertel am Rhein, die vor allem am Wochenende die hippen Flaniermeilen der drei Städte darstellen.

IN KÜRZE
LAGE
Ruhrgebiet, Duisburg; Düsseldorf; Köln

Am Duisburger Innenhafen zeigt sich der wirtschaftliche Wandel des Ruhrgebiets. Von rußverschmierten Bergleuten und ölverschmierten Hafenarbeitern ist hier nichts mehr zu sehen; die neuen Hafenarbeiter tragen High Heels oder Schlips und Anzug. Knapp 100 Jahre wurde im Duisburger Innenhafen ausschließlich geschuftet – und zwar in erster Linie körperlich –, nun ist er einerseits der geistigen Arbeit gewidmet, andererseits aber der puren Unterhaltung. Am Wochenende wird er zum Ausgehviertel, an sonnigen Sonntagnachmittagen zur Flaniermeile; am Montagmorgen kehrt dann zwar eigentlich der Alltag ein, aber auch hier promeniert man in der Mittagspause und lässt sich in den Cafés nieder. Darüber hinaus ziehen das Museum Küppersmühle, das Stadtarchiv und das Kultur- und Stadthistorische Museum in der einstigen Getreidemühle Kulturinteressierte an. Letzteres zeigt in einer umfangreichen Sammlung die gesamte Bandbreite der Duisburger Stadtgeschichte – von dem Wirken Gerhard Mercators in der Stadt bis hin zu Schimanskis Jacke.

GEPLANT WURDE DAS GESAMTE Gelände von niemand Geringerem als dem Architektenbüro Sir Norman Fosters, das die alten Speicher und Kontore wirkungsvoll modernisierte und in das Ge-

LINKS Der Duisburger Innenhafen, ...

RECHTS ... der Düsseldorfer Medienhafen und ...

GANZ RECHTS ... der Kölner Rheinauhafen nächtlich beleuchtet.

22 OUTLETDORF BAD MÜNSTEREIFEL
Einkaufsspaß im Fachwerk

Outlet-Center erfreuen sich immer größerer Beliebtheit. Die Bündelung von Markenfirmen, die ihre Artikel zu vergünstigten Preisen anbieten, hat allerdings meist zur Folge, dass diese Einkaufszentren auf der grünen Wiese angesiedelt und ohne jedes Flair sind. Die Investoren des Outlets in Bad Münstereifel beschritten einen anderen Weg: Sie integrierten die Shops in den historischen Stadtkern des Kurstädtchens und gaben den Besuchern damit die Möglichkeit, ihre Einkäufe nicht in einem künstlich geschaffenen Dorf, sondern inmitten gewachsener, jahrhundertealter Architektur zu unternehmen.

Vier Tore führen in den historischen Stadtkern von Bad Münstereifel. Zusammen mit den 18 Wehrtürmen und einem massiven Mauerring bilden sie die alte Stadtbefestigung, von der die Altstadt auf 1,6 Kilometern Länge umschlossen ist. Sie wurde – ebenso wie die dazugehörige Burganlage – seit dem Ende des 13. Jahrhunderts errichtet und verfügt über einen Wehrgang, der heute wieder zu begehen ist und einen wunderbaren Blick über die Stadt ermöglicht. Weiter unten, inmitten des historischen Stadtkerns, bahnt sich die Erft ihren Weg, verläuft mitunter parallel zur Fußgängerzone, in der sich reizende Fachwerkensembles aneinanderreihen, die durch die mutige Umgestaltung zu neuem Leben erweckt worden sind und vor allem an Samstagen oder verkaufsoffenen Sonntagen dank Tausender Besucher die Aufmerksamkeit erfahren, die ihnen gebührt.

DER UMGESTALTUNG Bad Münstereifels zu einem Outletdorf gingen in erster Linie viel unternehmerischer Mut und Überzeugungsarbeit voraus. Im Herbst 2011, als Investoren erstmals ihre kühnen Pläne vorstellten, hielten sich bei der Stadtverwaltung und den Bürgern Hoffnung und Bedenken die Waage. Die kleine Kurstadt Bad Münstereifel befand sich zu dieser Zeit im Umbruch. Jahrzehntelang hatten Kurgäste, die sich meist für einen längeren Zeitraum in dem bekannten Kneipp-Heilbad einfanden, für einen florierenden Gesundheitstourismus gesorgt. Doch mit dem Sparkurs der Krankenkassen kam die Krise. Die Anzahl der Kurgäste ging zurück, Geschäfte mussten schließen, immer mehr Häuser standen zum Verkauf – ein Schicksal, das Bad Münstereifel mit manch anderem Eifeldorf teilte.

IN SCHÖNHEIT STERBEN oder die Chance zur Umgestaltung ergreifen? – Nicht allen fiel die Beantwortung dieser Frage gleichermaßen leicht, doch unter dem Druck leerer Stadtkassen und einer kontinuierlichen Abwärtsspirale entschied man sich am Ende für die Umgestaltung des Kurorts, die mit dem Erwerb von 30 Häusern durch die Investorengruppe seinen Anfang nahm. Was Outlets auf der »grünen Wiese« kaum oder gar nicht gelingt, war in Bad Münstereifel von Anfang an gegeben: Authentizität und Flair. In einer Atmosphäre, in der auf Schritt und Tritt die jahrhundertealte Geschichte der Stadt spürbar ist, kann und soll das Erlebnis des Einkaufens mitunter zugunsten eines Staunens über die beeindruckende Architektur zurücktreten, die Bad Münstereifel in ganz besonderer Weise auszeichnet.

IN KÜRZE

LAGE
Eifel;
Bad Münstereifel

INFO
Über die Öffnungszeiten der Outletshops informiert www.cityoutletbadmuenstereifel.com. Die städtische Homepage www.bad-muenstereifel.de verweist zudem auf Märkte, Feste etc.

OBEN Zu beiden Seiten der Erft schmiegen sich in Bad Münstereifel zahlreiche historische Fachwerkhäuser aneinander. Seit der Umgestaltung zu einem Outletdorf beherbergen diese nicht nur alteingesessene Einzelhandelsgeschäfte, sondern auch zahlreiche neue Markenfirmen.

UNTEN Ohne jeden Zweifel hat die Einrichtung des Outlets zur Belebung Bad Münstereifels beigetragen. Laut Angaben des Investors konnten innerhalb des ersten Jahres eine Million zusätzliche Besucher verbucht werden.

21 WELLNESSOASEN
Luxus für einen Tag

Wellnessoasen und Spas, so nennt man Thermal- und Heilbäder heute. Das klingt nach Entspannung und Wohlbefinden und auch ein bisschen nach Luxus. Dafür muss man keine weiten Reisen auf sich nehmen, diese kleine Auszeit kann man sich auch zuhause gönnen. Zum Beispiel in einem der herrlichen Badetempel, mit denen Nordrhein-Westfalen wirklich gesegnet ist.

Das Angebot an Spas ist groß, doch aufgrund der Vielfalt und Dichte der Saunalandschaften sind Köln und Bergisch Gladbach besonders zu empfehlen. Schon auf dem Parkplatz empfängt den Besucher meist ein kräuteriger Duft, ein für alle Saunalandschaften dieses Landes charakteristisches Aroma. Es ist nicht der Duft einer einzigen Sauna, die unterscheiden sich ja bekanntlich merklich. Aber die Komposition dieser Düfte, die hat einen unverkennbaren Geruch und der leitet vom Parkplatz zur Rezeption, von da weiter zu den Umkleidekabinen. Die Tasche schnell in einem Fach abgelegt, dann wird endlich in die erste Sauna »gespinkst«.

EINE DER SPEKTAKULÄRSTEN ANLAGEN ist ohne Frage das Mediterana in Bergisch Gladbach: Eingeteilt in einen spanisch-maurischen und einen indisch-arabischen Teil hat man die Qual der Wahl unter großartigen Saunen, Bädern, Aufgüssen und Anwendungen und Restaurants. Einzigartig ist beispielsweise der Himalaya-Salzstollen, der der Inhalation ebenso dient wie der seelischen Regeneration. Das Gelände ist weitläufig, Gärten, Terrassen, Höfe stehen zum Ausruhen bereit, ausgestattet mit bequemen Liegen, Sitzgruppen und Sofas.

GANZ IN DER NÄHE, in Köln, finden sich zwei weitere Wellnessoasen, die diesen Namen verdienen: Die Claudius Therme und das Neptunbad. Erstere punktet vor allem mit einem herrlichen Garten im historischen Rheinpark (mit Blick auf den Dom), der natürlich vom öffentlichen Bereich abgetrennt ist, und mit einer exzellenten Auswahl an Saunen, darunter eine echte russische Banja. Außerdem ist das Serailbad ein Erlebnis, eine Mischung aus Heilschlammpackung und Dampfbad.

AUF MEHR ALS EINHUNDERT JAHRE Geschichte blickt das Kölner Neptunbad zurück, das 1912 als öffentliche Badeanstalt seine Pforten öffnete. Heute birgt der schöne Jugendstilbau, der in den 1960er-Jahren dem Abriss entging, einen noblen Sportclub mit Fitnessräumen, Gastronomie und zwei unterschiedlichen Saunabereichen. Neben der historischen Sauna im Stil der Gründungszeit des Bades gibt es eine weitere Saunalandschaft, in der man sich der wunderbaren japanischen Badetradition verschrieben hat. Ein Ruhepol inmitten der Stadt: der Zen-Garten.

ES IST WIE EIN KLEINER URLAUB, so ein Tag in einer der vielen Saunalandschaften, Thermen oder Spas in NRW: Der Tag geht entspannt, aber doch auch aktiv vonstatten: saunieren, schwimmen, ein kleines Nickerchen zwischendurch, lesen, ein weiterer Saunagang, Mittagessen, ein Sonnenbad im Garten. Und immer so fort ...

IN KÜRZE

LAGE
ganz NRW

INFO
Mediterana
Saaler Mühle 1
51429 Bergisch Gladbach
www.mediterana.de

Claudius Therme
Sachsenbergstraße 1
50679 Köln
www.claudius-therme.de

Neptunbad
Neptunplatz 1
50823 Köln
www.neptunbad.de

LINKS Nicht nur Saunalandschaften, auch natürliche Höhlen wie der Abela-Heilstollen dienen mit ihrem speziellen Klima der Entspannung und Gesundheit.

RECHTS Als die Sauna noch Schwitzbad hieß: Im Neptunbad in Köln lockt eine originalgetreu rekonstruierte Sauna aus der Jugendstilzeit.

LINKS Die Römer brachten die Badekultur nach Nordrhein-Westfalen. Welch großartige Thermen sie errichtet haben, zeigt ein Modell im Archäologischen Park Xanten.

DAS BRINGT SPASS
Zwischen Entspannung und Abenteuer

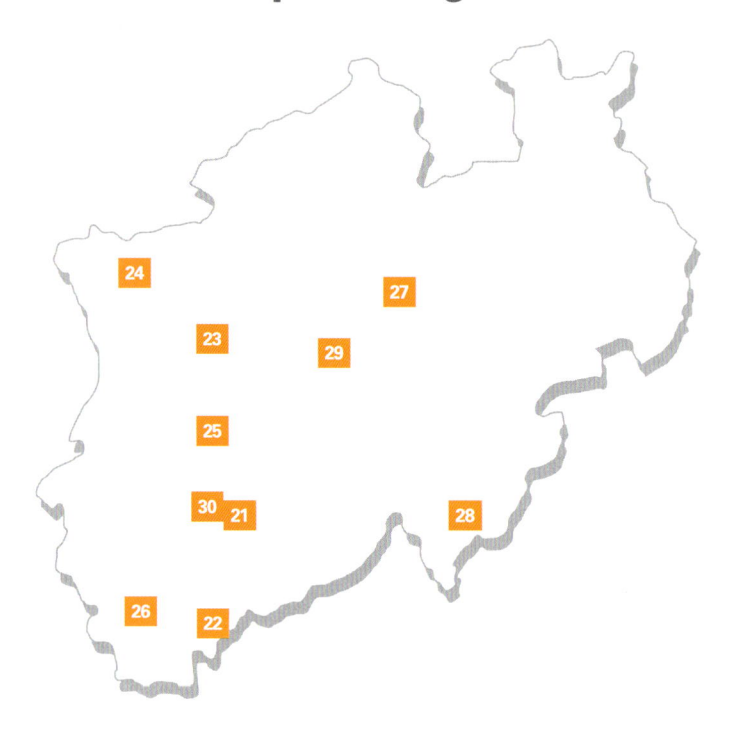

21 SEITE 60
Wellnessoasen
Luxus für einen Tag

22 SEITE 62
Outletdorf Bad Münstereifel
Einkaufsspaß im Fachwerk

23 SEITE 64
Neue Häfen
Vom Industrie- zum
Inviertel

24 SEITE 66
Das Wunderland Kalkar
Kettenkarussell im Kühlturm

25 SEITE 68
Die Japanische Gemeinde
Düsseldorfs
Zu Gast in Fernost

26 SEITE 70
Senfmühle Monschau
Altes Handwerk neu
interpretiert

27 SEITE 72
Maximilianpark Hamm
Kinderspiel und Blumenpracht

28 SEITE 74
Kohlenmeiler Walpertsdorf
Vom Holz zur Kohle

29 SEITE 76
Biere in NRW
Wer die Wahl hat ...

30 SEITE 78
Pferderennen
Frisch gestriegelt zum Galopp

Schwitz-
Bädern

BEDRÜCKENDES ZEUGNIS DER NS-ZEIT

Wirklich begreifen, was die Gefangenen hier ertragen mussten, kann man beim Abstieg ins ehemalige Hausgefängnis der Kölner Gestapo nicht. Dazu wird niemand in der Lage sein, der es nicht selbst erlebt hat. Das bedeutet aber nicht, dass man in den großteils im Original erhaltenen Zellen nicht versteht, was in diesem Keller vor sich gegangen ist, dass man das Grauen nicht im Ansatz spürt, bedrückt wird von der Enge, die Angst macht, und Trauer empfindet über das Elend, das hier in den Jahren 1935 bis 1945 Tausende Menschen erleiden mussten.

Hinrichtungsstätte fungierte, und vor allem mit den 1800 Gefangeneninschriften, die an den Wänden der Häftlingszellen vom Alltag im Gestapogefängnis, von den Nöten und Ängsten der Inhaftierten, ihrem Grauen, aber auch von ihren Hoffnungen und Erinnerungen zeugen.

SIE BERICHTEN VON DER CHRONISCHEN ÜBERBELEGUNG DER ZELLEN, die von der Gestapo selbst dokumentiert und mit dem bis zu Zehnfachen angegeben wurde. Für die Zelle 6, im Jahr 1943 von ursprünglich neun Quadratmeter um fast drei Quadratmeter für die Dunkelzelle verkleinert, beweist eine Inschrift, dass die Gestapo es schaffte, »bis zu 33 Menschen auf einmal einzupferchen« (in den Putz geritzte französische Inschrift eines französischen Gefangenen in Zelle 8). Eine französische Gefangene berichtet von dem Stück Brot zum Frühstück und der Wassersuppe am Nachmittag und bemerkt lakonisch: »Deshalb braucht man uns nicht zu fragen, ob wir die Figur halten!« Der russische Gefangene Askold Kurov wiederum, der durch einige glückliche Umstände als Einziger aus dem EL-DE-Haus fliehen konnte, schrieb in Zelle 1 (in Russisch): »Heute ist der 3.2.45. Vierzig Leute wurden gehängt. Wir haben schon 43 Tage gesessen, das Verhör geht zu Ende, jetzt sind wir mit dem Galgen an der Reihe. Ich bitte diejenigen, die uns kennen, unseren Kameraden auszurichten, dass auch wir in diesen Folterkammern umgekommen sind.« Zelle 1 grenzte an den Weg zum Innenhof, in dem seit 1944 der mobile Galgen aufgestellt war. Kurov und seine Mitgefangenen mussten mit anhören, wie die Gefangenen namentlich aufgerufen wurden und aus dem Innenhof nicht zurückkehrten. Daneben Aufrufe, tapfer zu sein: »Mädels, unterwerft euch denen nicht!! Den Hurensöhnen ...«, die stille Hoffnung, dass das Leid einmal ein Ende habe: »Alles ist vergänglich / Auch lebenslänglich«, und das Wissen, dass dieses Leid nicht mehr vergehen kann: »Wer hier nicht war, der kommt noch, und wer hier war, der wird es nicht vergessen.« Von den etwa 1800 Inschriften sind ca. 1400 so gut lesbar, dass man ihre Bedeutung nachvollziehen kann. Keine ist jünger als 1943, als der Keller renoviert werden musste und die Wände gestrichen wurden. Sie wurden restauriert, konserviert und können besichtigt werden.

DIE RETTUNG DES EL-DE-HAUSES UND SEINE UMWIDMUNG Dass die Inschriften und das gesamte Gebäude in dieser Form erhalten geblieben sind, ist nicht etwa der Einsicht der Stadtverwaltung nach Ende des Naziterrors zu verdanken, sondern Überlebenden und hartnäckigen Bürgern. Zunächst war es der Kölner Vergolder Sammy Maedge in den 1960er-Jahren, der darauf aufmerksam machte, dass in der unzerstörten ehemaligen Gestapozentrale neue Verwaltungsorgane arbeiteten, dass in den einstigen Gefängniszellen, in denen Menschen schrecklich gelitten hatten, achtlos Akten gestapelt wurden, dass einstige im EL-DE-Haus Inhaftierte an die Stätte von Folter und Leid zurückkehren mussten, wollten sie als Kölner Bürger beispielsweise heiraten. Nach und nach wurde die Unterstützung für Maedge größer. Als im Jahr 1980 der Prozess gegen den Gestapo-Chef Kurt Lischka im Justizgebäude gegenüber mit dessen Verurteilung endete und sich zudem der Fotograf Kurt Holl heimlich nachts im Keller einschließen ließ und die Inschriften fotografierte, wurde das EL-DE-Haus endlich zur Gedenkstätte und zum Dokumentationszentrum ausgebaut.

20 EL-DE-HAUS
Der Keller der Gestapo

16 Jahre war Hans Weinsheimer alt, als er 1944 von der Gestapo verhaftet und zum Verhör ins EL-DE-Haus verbracht wurde. Jeden Abend, zwischen neun und zehn Uhr, kam seine Mutter zum Appellhofplatz und redete mit ihm durch das Fenster, das in die Außenwand der Zelle eingelassen war. Obwohl man ihm das Verteilen hitlerfeindlicher Flugblätter, für das er verhaftet worden war, nicht nachweisen konnte, wurde der Junge nach den mehrwöchigen Verhören im EL-DE-Haus ins Zuchthaus Butzbach überstellt, wo er blieb, bis die amerikanischen Truppen ihn befreiten.

HANS WEINSHEIMER WURDE über mehrere Wochen hinweg im Hausgefängnis der Kölner Gestapo-Zentrale gefangen gehalten. Der 16-Jährige sollte in den Verhören der Gestapo durch Schläge dazu gebracht werden, seinen Vater zu verraten, der regimekritische Flugblätter druckte. Es gelang der Gestapo nicht. Entlassen wurde er dennoch nicht, aber er überlebte die Gestapo-Folter und den Krieg.

Das EL-DE-Haus, benannt nach den Initialen seines Erbauers Leopold Dahmen und als Geschäfts- und Wohnhaus des Uhren- und Goldgroßhändlers geplant, war noch nicht fertiggebaut, als die Gestapo es 1935 beschlagnahmte und zu ihrem Kölner Hauptquartier umgestaltete. Für die Zwecke der Gestapo war die Lage am Appellhofplatz Ecke Elisenstraße ideal: Einerseits lag das Justizgebäude genau gegenüber. In ihm tagten seit der Machtübernahme der Nationalsozialisten auch die »Sondergerichte«, die mit ihren schnellen, politisch motivierten und selbst der damaligen Rechtspflege kaum genügenden Urteilen Standgerichten gleichkamen. Auch war das städtische Gefängnis, der Klingelpütz, nicht weit entfernt. Andererseits aber war die Gestapo durch ihre Zentrale in der Innenstadt allgegenwärtig, konnte ihre Macht und ihren Terror jederzeit und überall demonstrieren – was sie auch tat. Zeitzeugen berichten, dass die Angst, die Not, die Schreie der von der Gestapo Verfolgten bis auf den Appellhofplatz zu hören waren – auf den Platz, wo mit dem Rheinischen Appellationsgerichtshof 1819 ein Meilenstein der Gerichtsbarkeit entstanden war.

UNMITTELBAR MIT IHREM EINZUG INS EL-DE-HAUS ließ die Gestapo im Souterrain das Hausgefängnis errichten, zehn Zellen mit einer Größe zwischen 4,6 und 9,3 Quadratmetern. Eine Toilette, wenige Waschstellen und Wachräume ergänzten den Gefängniskeller. Bereits mit dem Hausbau wurde in einem Tiefkeller ein Bunker eingerichtet. Als 1943 wegen eines schweren Bombenschadens renoviert werden musste, wurde in Zelle 6 ein 2,6 Quadratmeter großer Raum eingerichtet, die »Dunkelzelle«, in der auch die widerständigsten Häftlinge gebrochen werden sollten. In den vier eigentlichen Geschossen des Hauses, die vor 1935 im Erdgeschoss mit Geschäftsräumen, in den drei Stockwerken mit insgesamt zwölf Dreizimmerwohnungen ausgestattet werden sollten, brachte die Gestapo ihre Büros unter. Vor hier aus verwaltete sie das, was in Köln und Umgebung und insbesondere in den beiden Kellern des EL-DE-Hauses in den nächsten zehn Jahren von ihr an Terror verbreitet werden sollte.

WAS IN DIESEN KELLERN IM EINZELNEN vor sich ging, das ist nur eines der vielen Themen, die das heutige NS-Dokumentationszentrum im EL-DE-Haus dokumentiert – in Augenzeugenberichten, in Akten und amtlichen Dokumenten, in Fotografien, in dem bedrückenden erhaltenen Gebäude mit seinen schrecklichen Kellern und dem Innenhof, der als

IN KÜRZE

LAGE
Köln

INFO
NS-Dokumentationszentrum der Stadt Köln
Appellhofplatz 23–25
50667 Köln
www.museenkoeln.de/ns-dokumentationszentrum

ZUM NACHLESEN

Die Zelleninschriften wurden in dem großartigen Bildband »Wände, die sprechen/Walls that talk« von Werner Jung, Direktor des NS-Dokumentationszentrums, dokumentiert und kommentiert. Erschienen ist es im Emons Verlag.

WENN KEINER
AN dich denkt
deine Mutter
denkt an dich

HANS WEINSHEIME

1944

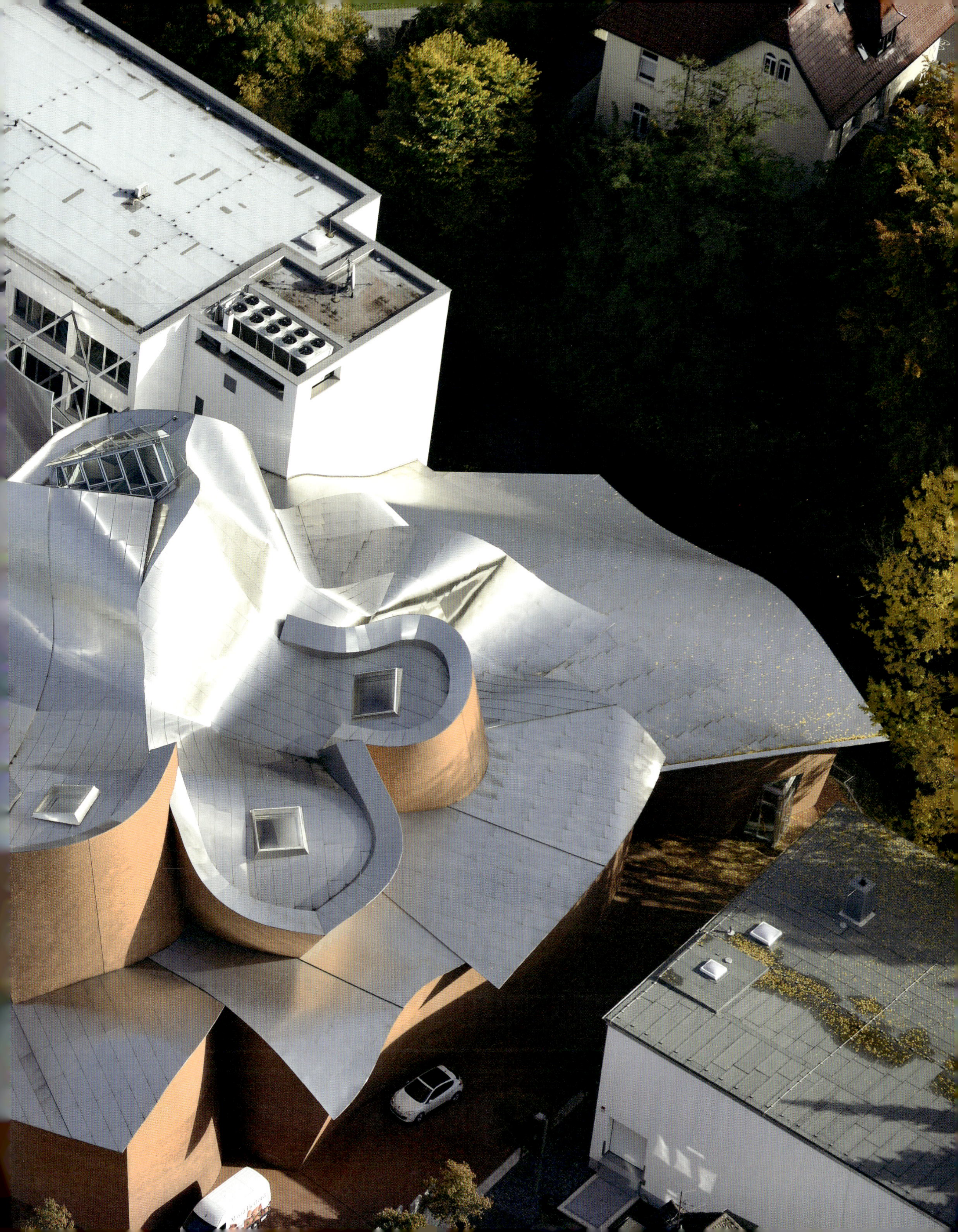

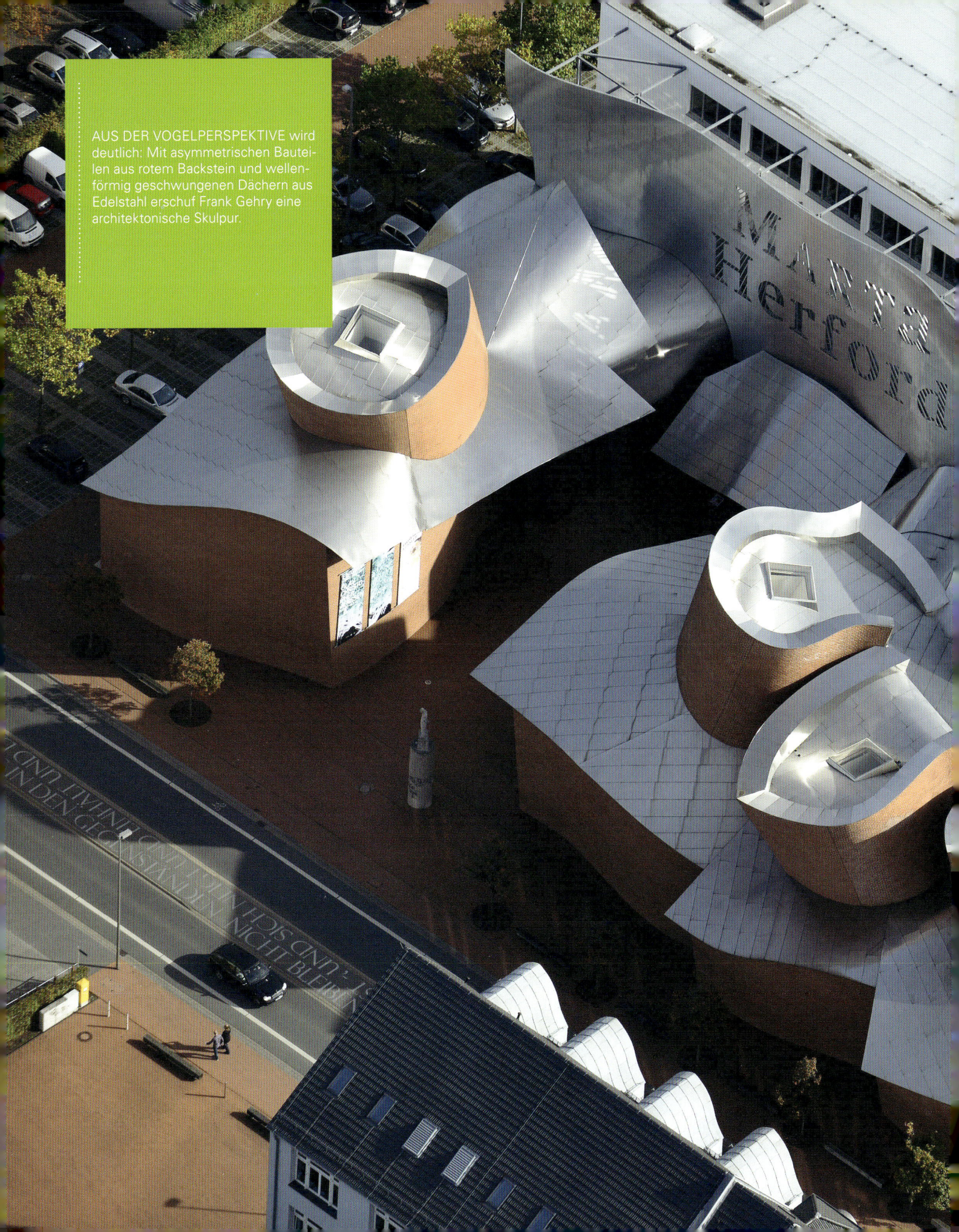

AUS DER VOGELPERSPEKTIVE wird deutlich: Mit asymmetrischen Bauteilen aus rotem Backstein und wellenförmig geschwungenen Dächern aus Edelstahl erschuf Frank Gehry eine architektonische Skulpur.

rer Auswahl dem Selbstanspruch des MARTa, Design, Kunst und Architektur zu vereinen, durchaus gerecht werden und zeitgenössische Künstler ebenso berücksichtigen wie Designer oder Architekten, die bereits vor Jahrzehnten mit ihren Arbeiten Aufsehen erregten und zum Wegbereiter neuer Formen, Strukturen und Bautechniken wurden. Beispielhaft hierfür sind die Ausstellungen, die sich dem Œuvre von Christopher Dresser oder Max Bill – beides Pioniere des modernen Designs – oder den Arbeiten der Architekten Richard Neutra und Buckminster Fuller widmeten.

WÄHREND DIESE NAMEN längst zum Kanon der Design- und Architekturgeschichte zählen und die Werke nicht mehr um die Gunst und Anerkennung des Publikums buhlen müssen, wirft die zeitgenössische Kunst oft Fragen auf und lässt Besucher mitunter etwas ratlos zurück. Das MARTa weiß um diese Problematik und begegnet ihr mit Ausstellungen wie »Fragen wagen«. Indem Fragen wie »Wirklich ernst gemeint?«, »Ist das Bild kaputt?« oder »Ist das schon richtig aufgebaut?«, die den Besuchern bei manchen Exponaten womöglich auf der Zunge liegen, aufgegriffen, artikuliert und durch eine kluge Präsentation aufgelöst werden, ist ein spielerischer, unverkrampfter Umgang mit der zeitgenössischen Kunst möglich, können Skepsis, Berührungsängste oder vorurteilsbehaftete Ablehnung gegenüber Werken der Gegenwartskunst abgebaut werden. Für viele Besucher ist dies der erste Schritt zu einem neuen, unerwarteten Kunsterlebnis.

VON BEGINN AN sollte das Herforder MARTa mehr sein als nur ein Museum. Das Haus bietet deshalb neben einem Café und Museumsshop auch Seminarräume und ein Forum, in dem interdisziplinäre Dialoge und Konferenzen stattfinden können, sowie eine mit Ahorn verkleidete Lobby, die einen besonderen Rahmen für Präsentationen und Events liefert.

MEHR ALS ZEHN JAHRE nach der Eröffnung dürfen Initiatoren, Förderer und Museumsleitung eine positive Bilanz ziehen. Innovative, zukunftsweisende Konzepte und Ausstellungen, die dank Frank Gehry in einem angemessenen Rahmen präsentiert werden, haben das MARTa Herford längst zu einem Museum gemacht, das über die Ländergrenzen hinaus bekannt ist.

RECHTS Helles Holz und viel Licht bestimmen das Foyer des Museums.

19 MARTA HERFORD
Spiel mit Form und Material

Als das MARTa Herford 2014 zum Museum des Jahres gekürt wurde, sahen sich Stadt, Museumsleitung und Förderer in ihrem Engagement bestätigt, die westfälische Stadt Herford um ein Museum zu bereichern, dessen Modernität sich nicht nur in der eigenwilligen Architektur, sondern auch in der Auswahl der Ausstellungen niederschlägt, die jährlich rund 60.000 Besucher anziehen.

IN KÜRZE

LAGE
Ostwestfalen; Herford

INFO
MARTa Herford
Goebenstraße 2–10
32052 Herford
www.marta-herford.de

Der Name »MARTa« verrät bereits das Konzept, das hinter dem 2005 eröffneten Museum steht: M für Möbel, ART für (zeitgenössische) Kunst und a für Ambiente – ein Museum also, das Design, Architektur und Kunst gleichermaßen würdigt. Schnell war klar, dass ein Kulturtempel, der diesen Ansprüchen genügen möchte, nur schwerlich in einem Allerweltsgebäude untergebracht werden kann. Mit der Entscheidung für den Architekten und Pritzker-Preisträger Frank Gehry wurden deshalb schon im Vorfeld Maßstäbe gesetzt. Gehry, der sich zu diesem Zeitpunkt bereits mit dem Vitra Design Museum in Weil am Rhein, dem Guggenheim Museum in Bilbao oder dem Düsseldorfer Zollhof in die Architekturgeschichte eingeschrieben hatte, blieb auch beim MARTa Herford seinem Stil treu. Mit asymmetrischen Bauteilen aus rotem Backstein, die mal zur einen, mal zur anderen Seite zu kippen scheinen, und einem wellenförmig geschwungenen Dach aus Edelstahl schuf Gehry einen skulpturalen Neubau, der selbst zum Kunstobjekt gerät. Aus dem Dach ragen riesige Lichtschächte empor, die die straßenseitig fensterlosen Ausstellungsräume mit Licht versorgen. Eine meterhohe Skulptur des italienischen Konzeptkünstlers Paolo Chiasera und die in das leuchtende Edelstahldach eingestanzten Buchstaben »MARTa Herford« markieren den Eingang des Museums, in dessen Innenräumen sich das Spiel mit Formen und Materialien fortsetzt.

INDIVIDUELL GESTALTETE, höhlenartigen Säle, der höchste von ihnen misst 22 Meter, bieten Raum für die wechselnden Ausstellungen, die in ih-

LINKS UND RECHTS
Star-Architekt Frank Gehry zeichnet für den futuristisch anmutenden Bau des MARTa Herford verantwortlich. Scheinbar kippende Formen und Strukturen aus Backstein und Edelstahl kennzeichnen den Museumsbau.

18 GRADIERWERK BAD SALZUFLEN
Die Kräfte des Salzes

Feinster Nebel ist nahe der Wand zu spüren, und wer die Zunge herausstreckt, merkt, dass er salzig ist. Es ist die Heilkraft dieses Salzwassers, der die imposanten Gradierwerke ihr Überleben verdanken. Die Gründe für ihre Entstehung muss man allerdings woanders suchen: bei der Eignung des Salzes als Würz- und Konservierungsmittel.

Salzluft ist gesund. Die Atemwege werden befeuchtet, Sekret löst sich. Menschen mit Atemwegserkrankungen sollen daher Urlaub an der See machen – oder einen Kuraufenthalt in einem Kurort mit Gradierwerk. Drei Stück dieser bis zu zehn Meter hohen, reisiggefüllten Holzgerüste, die wie frühzeitliche Verteidigungsanlagen aussehen, stehen mitten im Zentrum von Bad Salzuflen. Ständig rinnt Wasser über das Reisig, feiner Nebel steigt auf, es riecht nach Meer und hat auch fast dieselbe Wirkung: Der Nebel lässt die Passanten freier atmen. Die flanieren hier entlang, um zu gesunden oder gar nicht erst krank zu werden. Und dabei denkt kaum jemand daran, dass die Gradierwerke nicht für den Kurbetrieb erfunden wurden, sondern der Salzgewinnung dienten und damit maßgeblich an der zweiten Salzblüte der Stadt beteiligt waren.

BEREITS DIE ERSTE BLÜTEZEIT der Stadt war dem Salz geschuldet: Eine Salzquelle – heute sind es neun mit unterschiedlicher Salzkonzentration – sprudelte auf dem Salzhof. Die Quellen werden aus unterirdischen Überbleibseln urgeschichtlicher Meere gespeist. Um aber aus der Sole, also dem salzhaltigen Wasser, Speisesalz zu gewinnen, das nicht nur als Würz-, sondern auch als Konservierungsmittel im Mittelalter von erheblicher Bedeutung war, musste das Wasser verdunstet werden. Eine fünfprozentige Sole zu Speisesalz einzusieden, verbrauchte Unmengen an Holz. Zum Vergleich: Um aus einer 28-prozentigen Sole ein Kilo Salz zu gewinnen, braucht es heute noch 120 Kilo Koks – der einen wesentlich höheren Brennwert als Holzkohle hat. Die Salzsiederei lohnte im Mittelalter dennoch, wurde das weiße doch tatsächlich mit gelbem Gold aufgewogen.

DOCH DIE IM 16. JAHRHUNDERT AUFKOMMENDE Gradiertechnik machte die Salzgewinnung um einiges effizienter. Die Technik ist so simpel wie effektiv: Durch natürliche Verdunstung soll die Konzentration der Sole so weit wie möglich erhöht werden, um die zum Sieden benötigte Energie zu minimieren. Gradierwerke erfüllen diesen Zweck. Die riesigen Holzgerüste waren zunächst mit Stroh-, wegen dessen Faulungsanfälligkeit aber bald mit dicht gepackten Reisigbündeln gefüllt. Mittels Pumpen wird die Sole nun auf dieses Gerüst geleitet und rinnt anschließend langsam an dem Reisig herab. Sonne und Wind und leichter Frost lassen einen Teil des Wassers verdunsten, die Konzentration des Salzes wird durch mehrmaliges Gradieren bis zu 28 Prozent erreichen. Doch das Werk hat einen weiteren Vorteil: Die in der Sole enthaltenen Verunreinigungen werden vom Reisig ausgefiltert, bleiben daran haften, verkrusten und sorgen dafür, dass die Sole reiner wird und das aus ihr gewonnene Speisesalz von großer Güte ist.

IN KÜRZE

LAGE
Ostwestfalen-Lippe; Bad Salzuflen

IN DER STADT

Das Salz hat der Stadt Reichtum beschert. Ihre erste Blüte zeigt sich in den herrlichen Fachwerkhäusern, die teils der Weserrenaissance (siehe Tour 84) zugeordnet werden können, die zweite in den prächtigen Stadtpalais und Villen. Auch der heutige Kurbetrieb ist der Stadt recht zuträglich.

SCHLEHDORNWÄNDE

Das dornige Reisig des Schlehdorns oder auch Schwarzdorns ist das ideale Füllmaterial für die Gradierwerke. An ihm rinnt die Sole nicht nur entlang, um zu verdunsten, die Zweige bringen sie auch mit Sauerstoff in Verbindung. Auf diese Weise können Fremdsalze wie Magnesium und Calcium mit dem Sauerstoff beispielsweise zu Gips, Kalkstein und Bitterspat reagieren. Auch Eisen reagiert mit dem Sauerstoff. Die Resultate lagern sich als Verkrustungen auf dem Reisig ab, Gips, Kalkstein und Bitterspat als gräulich weiße, Eisenverbindungen als rote oder braune Krusten. Etwa alle 60 Jahre müssen daher die Reisigbündel der Gradierwerke ausgetauscht werden, nicht weil durch die Krusten der Konzentrations- und Reinigungsprozess gestört würde, sondern weil die Wände zu schwer werden, um von den Holzgerüsten getragen werden zu können.

>> Drei von einst vier Gradierwerken aus dem 18. Jahrhundert besitzt die Stadt Bad Salzuflen noch immer, zwei davon sind mehr oder weniger original erhalten. Das Salz nämlich imprägniert und konserviert das Holzgerüst. Das dritte wurde durch ein Erlebnis-Gradierwerk ersetzt, in dem man auch von innen entlanggehen kann und das einen schönen Rundblick über die Stadt bietet.

17 LEHMBRUCK MUSEUM
Aufbruch in die Moderne

Obwohl er als einer der bedeutendsten deutschen Bildhauer zu Beginn des 20. Jahrhunderts gilt, der dem Expressionismus sein ganz eigenes Gesicht verlieh, ist Wilhelm Lehmbruck längst nicht so im kollektiven Gedächtnis der Deutschen verankert wie etwa seine Malerkollegen August Macke, Max Pechstein oder Ernst-Ludwig Kirchner. Das mag auch damit zusammenhängen, dass der Grafiker und Bildhauer bereits mit 38 Jahren, auf dem Höhepunkt seiner Karriere, aus dem Leben schied. Der beste Ort, um den Arbeiten des Künstlers zu begegnen, ist das Lehmbruck-Museum in Duisburg, das sein Sohn Manfred entworfen hat.

Im Mittelpunkt von Lehmbrucks Schaffen stand der menschliche Körper. Seine Skulpturen wurzeln zwar noch in der naturalistischen Wiedergabe, aber ihre Körper sind gestreckt, ihre natürlichen Proportionen bereits im Sinne des Expressionismus übersteigert. Die Gesichter tragen keine individualistischen Züge, sie sind meist anonymisiert und spiegeln das Elend und die Hoffnungslosigkeit der Menschen. Aber sie nehmen auch Bezug auf das Leid des Künstlers selbst, auf die Depressionen und die Melancholie Wilhelm Lehmbrucks, der diese Plastiken am Übergang zur Moderne geschaffen hat.

LEHMBRUCK WIRD 1881 in bescheidenen Verhältnissen geboren, sein Vater ist Landwirt und Tagelöhner in Meiderich, heute ein Ortsteil von Duisburg. Sein Zeichenlehrer in der Volksschule erkennt das künstlerische Talent seines Schülers und unterstützt ihn bei der Erlernung eines Kunsthandwerks. Lehmbruck wird an der Düsseldorfer Kunstgewerbeschule angenommen, im Jahr 1901 erfolgt die Aufnahme an der Düsseldorfer Akademie. Nach dessen Beendigung wird die Kunstwelt schnell auf den jungen Bildhauer aufmerksam: Erste Sammler, wie der Hagener Karl Ernst Osthaus (siehe Tour 89) und Carl Nolden, kaufen früh Werke von ihm, Lehmbruck heiratet, wird Vater seines ersten Sohnes Gustav Wilhelm und zieht mit seiner Familie nach Paris, wo sein erstes international anerkanntes Werk »Die Kniende« entsteht. In Paris wird 1913 auch sein zweiter Sohn Manfred geboren, im selben Jahr entsteht der »Emporsteigende Jüngling«, eine Art Selbstbildnis, in dem Anstrengung und Einsamkeit sichtbar werden. Lehmbrucks Hauptwerke aber sind »Der Gestürzte« und »Sitzender Jüngling«, entstanden in Deutschland in den Jahren des Ersten Weltkrieges. Lange als Antikriegsplastiken gefeiert – und als solche später mit dem übrigen Werk Lehmbrucks von den Nazis als entartete Kunst geächtet und teils zerstört –, sind sie auch ein Abbild der persönlichen Einsamkeit und Melancholie. Wilhelm Lehmbruck nimmt sich im Jahr 1919 in Berlin das Leben. Sein Werk aber überlebt – insbesondere auch im Kunstmuseum Duisburg, das 1912 die erste Plastik Lehmbrucks erwirbt und seitdem die Sammlung kontinuierlich erweitert. Heute besitzt es eine Fülle der Lehmbruck'schen Plastiken, seit 2009 aber auch den Nachlass des Künstlers. Daneben zeigt das Museum internationale Kunst der Moderne, der Schwerpunkt liegt aber deutlich auf der Kunst des deutschen Expressionismus.

IN KÜRZE

LAGE
Ruhrgebiet; Duisburg

INFO
Lehmbruck Museum
Düsseldorfer Straße 51
47051 Duisburg
www.lehmbruck
museum.de

ZUM NACHLESEN

Mück, Hans-Dieter:
Wilhelm Lehmbruck
1881–1919:
Leben Werk Zeit.
Weimarer Verlagsgesellschaft 2014

»DIE KNIENDE« machte Wilhelm Lehmbruck 1911 mit einem Mal berühmt. Neben zahlreichen anderen Werken ist auch sie Teil der Duisburger Lehmbrucksammlung. Die war in den 1960er-Jahren so groß geworden, dass man sich für einen Neubau des Kunstmuseums mit einem großen Lehmbruck-Trakt entschloss: Entstanden ist ein Bau, der sowohl für die Kunst von Wilhelm Lehmbruck als auch für die herausragende Sammlung einen perfekten Rahmen bietet.

16 ARCHÄOLOGISCHER PARK XANTEN
Eintauchen ins Römerleben

Mit rund 10.000 Einwohnern, öffentlichen Plätzen, Thermen und Tempeln war die Colonia Ulpia Traiana eine der wichtigsten Außenposten der Römer nördlich der Alpen. Von der einstigen Grenzstadt ist vergleichsweise wenig erhalten und dennoch kann man heute hier eine fast vollständige römische Stadt bewundern. Wie geht das?

Verblüffend echt sehen sie aus, die römischen Prachtbauten im Archäologischen Park Xanten. Dabei ist alles nicht echt, zumindest nicht echt römisch. Die archäologischen Ausgrabungen machten es möglich, dass die römische Stadt auf den originalen Fundamenten maßstabsgetreu rekonstruiert werden konnte: Beeindruckende Monumentalbauten wie das Amphitheater, Stadttore, Stadtmauern und der alles überragende Hafentempel, aber auch die Herbergen, Bäder und Wohngebäude, die zum Teil nach antiken Vorbildern ausgestattet wurden, vermitteln eine Vorstellung von der einstigen Größe und Bedeutung die Stadt.

BEGONNEN HATTE ALLES mit einer kleinen Siedlung neben einem römischen Militärlager. Mit diesen Lagern sicherten die Römer, seitdem sie ihr Reich bis an Rhein und Donau ausgedehnt hatten, die Grenzen. Vom Vetera Castra in Xanten unternahmen sie Kriegszüge ins Innere Germaniens. Neben dem Legionslager siedelten in dem Gebiet Angehörige des germanischen Stamms der Cuberner. 100 Jahre wuchs die Siedlung, bevor sie von Kaiser Trajan zur Stadt, zur Colonia Ulpia Traiana, ernannt wurde. Ihre Aufgabe war es, den Limes vor Überfällen durch die Germanen zu schützen. Und sie war, neben Köln, der zweitwichtigste Handelsplatz der Provinz. Die römische Rheintalstraße, die im Verlauf etwa der heutigen B9 entspricht, verband sie mit Köln. Über die Via Romana reichten die Handelsverbindungen der Stadt bis ins niederländische Nijmegen.

NEUGIERIG GEWORDEN auf das römische Leben in Colonia Ulpia Traiana? Dann empfiehlt sich der Besuch des angeschlossenen RömerMuseums, in dem eine Vielzahl der Originalfunde aus der Colonia Ulpia Traiana ausgestellt sind: etwa die Überreste der römischen Badesäle im angrenzenden Thermenschutzareal oder Spuren von Tierpfoten und Karrenrädern aus der römischen Antike, ausgegraben aus einer Bodenschicht aus römischer Zeit. Vor den römischen Werkstätten bauen am Wochenende Schuhmacher und Schnitzer ihre Stände auf und zeigen etwas von ihrem Handwerk. Weil man dabei auch schon mal selbst Hand anlegen kann, zeigt sich schnell, welche Geschicklichkeit die Handwerker der Antike an den Tag legen mussten. Auch die aktuellen Grabungen im Park können in der Zeit besichtigt werden. Höhepunkt des archäologischen Jahres in Xanten ist aber mit Sicherheit das Römerfest im Sommer, wenn neben Märkten und Archäologieexperimenten das Amphitheater vom Waffenlärm der – nicht choreografierten – Gladiatorenkämpfe widerhallt und man hautnah erfährt, womit sich die römischen Bürger ihre Zeit vertrieben.

IN KÜRZE

LAGE
Niederrhein; Xanten

INFO
Eingang Archäologischer Park:
Am Rheintor (ehemals Wardter Straße)
46509 Xanten
Eingang am LVR-RömerMuseum:
Siegfriedstraße 39
46509 Xanten
www.apx.lvr.de

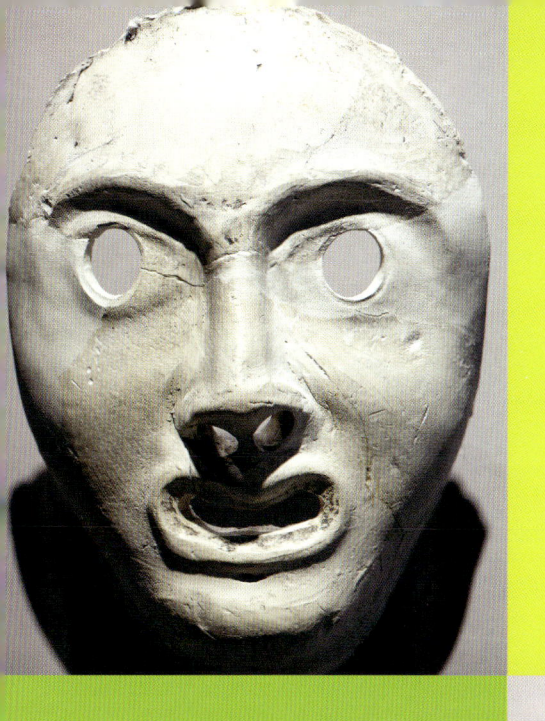

ALLTAG EINER ANTIKEN STADT

Es sind nicht die großen Kunstschätze, die im RömerMuseum beeindrucken, sondern die Zeugnisse des täglichen Lebens, wie etwa die Rad- und Tierspuren, die sich an einem regnerischen Tag im Schlamm (rechts) abdrückten und nach dem Abtrocknen anscheinend überlagert wurden, sodass sie über fast 2000 Jahre hinweg erhalten blieben. Auch die antike Theatermaske (links) ist im Museum in Xanten zu sehen.

OBEN Die monumentalen antiken Rekonstruktionen fügen sich harmonisch in das heutige Xanten mit dem gotischen St.-Viktor-Dom als markantem Monument ein.

LINKS Welche Ausmaße und damit welche Bedeutung die antike Stadt hatte, zeigen die originalgetreuen Rekonstruktionen von Stadtmauer und Amphitheater.

15 WALLFAHRT NACH KEVELAER
Der Weg ist das Ziel

Wallfahrten sind wieder in. Dabei ist es nicht unbedingt der religiöse Hintergrund, der die Menschen dazu bewegt, sich auf den Fußweg zu einer Pilgerstätte zu machen. Es ist oftmals der Wunsch, der Welt der Effizienz und Gewinnmaximierung für eine Weile den Rücken zu kehren und während der Pilgerfahrt einen neuen Weg für sich selbst zu finden, das Leben zu meistern. Eine solche Reise muss nicht immer bis nach Spanien führen, wo mit Santiago de Compostela das wohl berühmteste Pilgerziel liegt, oder wochenlang dauern. Sie kann direkt vor der eigenen Haustüre beginnen und ins niederrheinische Kevelaer führen.

Die klassische Wallfahrt nach Kevelaer, zur »Trösterin der Betrübten«, einem Bild der Gottesmutter Maria »Consolatrix Afflictorum« von Luxemburg, beginnt in Geldern. Gut zehn Kilometer liegen die beiden niederrheinischen Gemeinden auseinander und der Fußweg ist entsprechend gut zu bewältigen. Das Land ist eben, der Blick schweift über die weite Flur. Es ist nicht mehr ganz so still wie im 17. Jahrhundert, als der holländische Krämer Hendrick Busman seinen täglichen Weg von Geldern nach Weeze zurücklegte und an einem Wetterkreuz, an dem er zum Beten anhielt, drei Mal einen Ruf hörte. »An dieser Stelle sollst du mir ein Kapellchen bauen.«, hieß ihn eine Stimme. Als auch Busmans Frau die Vision eines Gnadenbildes hatte, das ihm wiederum kurz darauf von zwei Soldaten zum Kauf angeboten wurde, folgte der Händler dem Ruf, erwarb das Bildchen und errichtete 1642 einen Bildstock zu Ehren Marias. Acht (1647 anerkannte) Heilungs- und Erhörungswunder folgten dem Bau des Bildstocks und aus dem Flecken Kevelaer wurde ein Wallfahrtsort.

JEDES JAHR ZIEHT DIESER BILDSTOCK, der mittlerweile von der sechseckigen barocken Gnadenkapelle umgeben ist, Tausende von Pilgern nach Kevelaer. In den letzten Jahren sollen es um die 800.000 jährlich gewesen sein. Sie alle suchen in Kevelaer, in Gnadenkapelle, Kerzenkapelle – der ältesten Wallfahrtskapelle Kevelaers von 1645 –, der Basilika oder der Beichtkapelle Trost und Fürsprache. Oder sie sehen in Kevelaer ein gutes Ziel, dem Alltag für einige Stunden oder Tage zu entfliehen und seine Eintönigkeit zu durchbrechen.

ES LOHNT DAHER, mit der Pilgerreise buchstäblich an der Haustür zu beginnen. Mit leichtem Gepäck im Rucksack und die Wanderschuhe fest verschnürt, lässt sich eine Wallfahrt nach Kevelaer von jedem Winkel Nordrhein-Westfalens in einigen Tagen bewerkstelligen. Um etwa von Lübbecke in Westfalen zu Fuß nach Kevelaer zu gelangen, braucht es etwa 50 Wanderstunden. Doch auch die kleine traditionelle Sonntagsprozession von Geldern aus, die in großen Pilgergruppen organisiert wird, vermittelt einen guten Einblick einer Pilgerreise: Mit trifft auf andere Menschen, hat ein gemeinsames Ziel, tauscht unterschiedliche Erfahrungen aus. Am Ziel dann geht man auseinander, jeder folgt seinen eigenen Bedürfnissen, findet Trost oder aber sich selbst.

IN KÜRZE
LAGE
Niederrhein, Kevelaer

VOM RUSS GESCHWÄRZT sind die Außenwände der Marienbasilika in Kevelaer. Kein Wunder, entzünden doch seit mehr als 150 Jahren die Pilger Kerzen in den Ständern entlang ihrer Mauern. Die eigentliche Wallfahrt aber ist älter: Seit rund 370 Jahren kommen Pilger aus aller Welt, um vor dem Gnadenbild der Muttergottes eine Kerze zu entzünden und um Trost und Schutz zu bitten.

NST
ST
LSORGE

NOCH IMMER lebt und wirkt der Künstler Anatol Herzfeld auf der Insel Hombroich, seine Skulpturen sind mittlerweile in dem gesamten Museumsbereich zu finden. Wenn man viel Glück hat, kann man den Künstler bei der Arbeit beobachten oder ihn bei einem Spaziergang treffen. Hier ein Detail seines Ateliers.

14 MUSEUM INSEL HOMBROICH
Raus in die Kultur

»Es gibt keine Hierarchien, keine Rangordnung.« Was Karl-Heinrich Müller, Kunstsammler und Stifter des Museums Insel Hombroich, über dessen Entstehung schrieb, beschreibt auch das Museum selbst: Mitten in der Auenlandschaft der Erft gelegen, wurde die Kunst in die Natur integriert. Einander ebenbürtig stehen beide nun beisammen, wollen beide entdeckt werden. Zu dem Konzept gehört auch, dass die Kunstwerke nicht in reinen Zweckbauten untergebracht wurden, sondern architektonische Skulpturen der Kunst einen Raum geben, beides aber gleichrangig betrachtet werden darf. Die Insel Hombroich ist ein Museum, das dem Besucher keine Regeln auferlegt: Die Entdeckungsreise kann überall beginnen und überallhin führen!

Wie lässt sich eine Sammlung herausragender, aber bunt zusammengetragener Kunstobjekte präsentieren, wenn es nicht der herkömmliche Museumsbau sein soll? Karl-Heinrich Müller war auf der Suche nach einem perfekten Ort, der seine umfangreiche Kunstsammlung beherbergen sollte. Als er Anfang der 1980er-Jahre die Insel Hombroich entdeckte, eine ehemalige Auenlandschaft an der Erft kurz vor deren Mündung in den Rhein bei Neuss, hatte er ihn gefunden. Eine leer stehende Villa aus dem 19. Jahrhundert stand inmitten des Areals, der dazugehörige klassizistische Landschaftsgarten von Maximilian Friedrich Weyhe war verwildert.

MÜLLER KAUFTE DAS GEBIET UND beauftragte einen Landschaftsgärtner, der den Park neu anlegte und die trocken gefallene Auenlandschaft wiederherstellte. Er gründete mit ihm nahestehenden Künstlern wie Erwin Heerich und Anatol Herzfeld eine Künstlerkolonie inklusive Wohn- und Arbeitsplätzen und ließ der Kunst freien Lauf: Heerich gestaltete begehbare Skulpturen, die gleichfalls als Ausstellungsräume dienten, der Maler Gotthard Graubner dachte sich dazu ein passendes Museumskonzept aus: kein künstliches Licht, keine Schrifttafeln, keine klimatisierte Luft. Die Natur, in die zwar gestaltend, aber so wenig wie möglich und für den Betrachter oft nicht sichtbar eingegriffen wird, ist der gleichberechtigte und eigenständige Gegenpart zur Kunst, beides zusammen ein Gesamtkunstwerk. Bis heute hat sich an dem Konzept nichts verändert, aber das Museum ist gewachsen: 1997 kaufte Müller die Raketenstation Hombroich, einen alten NATO-Stützpunkt, der von renommierten Architekten neu gestaltet wurde und nun ein Ort für Natur, Kunst und Wissenschaft ist. Auf dem nahen Kirkeby-Feld verwirklichte Per Kirkeby seine skulpturalen Architekturideen. Alle drei Bereiche sind seit 1997 in der Stiftung Insel Hombroich zusammengefasst.

DAS ALLES MACHT DIE INSEL HOMBROICH zu einem einzigartigen, nie vorher erlebten Raum: Natur und Kunst – die ostasiatische und afrikanische Kunstobjekte ebenso umfasst wie Gemälde oder Skulpturen von Rembrandt, Hans Arp und Kurt Schwitters – werden zusammen, in Harmonie mit- oder im Gegensatz zueinander inszeniert. Die Interpretation bleibt dem Besucher überlassen!

IN KÜRZE

LAGE
Niederrhein; südlich von Neuss

INFO
Museum Insel Hombroich
Minkel 2
41472 Neuss
www.inselhombroich.de

Raketenstation Hombroich
41472 Neuss

Kirkeby-Feld Hombroich
Berger Weg
41472 Neuss

>> Eine grüne Wildnis umgibt auf der Insel Hombroich die Kunst, ist einerseits deren Kulisse, andererseits ein autarker Raum. Aus dem Zusammenspiel beider Bereiche ergibt sich eines der spannendsten Museen des Landes.

TURM
ERWIN HEERICH

Die begehbaren Skulpturen des Bildhauers Erwin Heerich, wie der »Turm«, errichtet zwischen 1987 und 1989, sind fantastische Beispiele für das gesamte Konzept der Insel Hombroich. Ausschließlich vom Tageslicht beleuchtet, befinden sich die Räume in stetem Wandel. Tages- und Jahreszeit sowie das Spiel von Licht und Schatten bestimmen die Stimmung in den Pavillons. Der »Turm« ist nicht mit weiteren Kunstwerken bestückt.

13 RED DOT DESIGN MUSEUM
Das sieht gut aus!

Man hätte keinen besseren Ort für das Red Dot Design Museum finden können als das ehemalige Kesselhaus der Zeche Zollverein. Es ist selbst ein Beispiel einer stark zweckgebundenen Architektur, die Funktionalität und Rationalität mit einem hohen Anspruch an Ästhetik verband – und dies meisterhaft umsetzte. In diesem Gebäude ein Museum unterzubringen, das prämiertes Design von Gebrauchsgegenständen und Produkten präsentiert, ergibt einfach mal Sinn.

Erbaut wurde das ehemalige Kesselhaus 1928/29 als Energiezentrale der Zeche. Die Pläne dafür stammten von Fritz Schupp und Martin Kremmer, den beiden Architekten, die für die gesamte Anlage um Schacht XII verantwortlich zeichneten (siehe Tour 32). Nach der Schließung der Zeche und ihrer Umwidmung zum Industriedenkmal übernahm der renommierte Architekt Sir Norman Foster den Innenausbau des Gebäudes, das außen geprägt ist von mit Klinkern beziehungsweise Fenstern ausgefachtem Stahlfachwerk. Neue Ebenen aus Glas und Beton wurden in den Bau eingezogen, die den Blick in die anderen Etagen, auf Stahltreppen, Rohrleitungen und Armaturen freigeben. So verschmilzt das alte Industriedesign, das dem Neuen Bauen zugeordnet werden kann, mit dem in ihm ausgestellten und ausgezeichneten Produktdesign.

BEI LETZTEREM HANDELT es sich um Alltagsprodukte und Gebrauchsgegenstände, die mit dem Red Dot ausgezeichnet wurden. Das kann von der Umverpackung für den Herrenduft bis zur Badewanne alles Mögliche sein. Hauptsache ist, die Exponate sind von herausragender Qualität sowohl im Hinblick auf Design als auch in Bezug auf ihre Funktionalität. Wer es ins Red Dot Design Museum schafft, darüber entscheidet alljährlich eine internationale fachkundige Jury, die in den verschiedenen Kategorien bewertet und mehreren Produkten einen roten Punkt verleiht. Einige wenige Produkte erhalten zudem den Titel »Red Dot: Best of the Best«. Mit circa 2000 Exponaten aus rund 45 Nationen ist das Red Dot Design Museum die weltweit größte Ausstellung für zeitgenössisches Design. Unter den Exponaten entdeckt man Designklassiker ebenso wie weniger bekannte Stücke. Manchmal wird man erst in der Ausstellung gewahr, dass viele Alltagsgegenstände der eigenen vier Wände zum ausgewählten Design gehören. Plötzlich betrachtet man seine Armaturen im Bad oder den Fernseher nach der Ausstellung mit ganz anderen Augen.

ERGÄNZT WIRD DIE SEHENSWERTE Dauerausstellung durch nicht weniger spannende Sonderschauen wie die spektakuläre Ausstellung »Smart Materials« im Jahr 2015, in der Designstücke zu bestimmten Themen zusammen präsentiert wurden. Eine weitere Sonderschau zeigt jedes Jahr ab Juli für vier Wochen die aktuellen Preisträger des Awards. Bei so manchem Stück stellt man sich dabei die Frage, warum gerade dieses den Einzug in das Museum geschafft hat. Das mag auch daran liegen, dass die Teilnahme am Wettbewerb nicht kostenlos ist, auch die Ausstellung bezahlt werden muss.

IN KÜRZE

LAGE
Ruhrgebiet; Essen

INFO
Red Dot Design Museum Essen
Gelsenkirchener Straße 181
45309 Essen
www.red-dot-design-museum.de

ROSTROTES STAHLFACHWERK, Glas und Beton: Die Industriearchitektur der 1920er-Jahre und die des Star-Architekten Sir Norman Foster verbinden sich im einstigen Kesselhaus der Zeche Zollverein harmonisch und liefern ein ideales Ambiente für die Ausstellungsstücke des Red Dot Design Museums.

12 MUSEUM ABTEIBERG
Alles ist Architektur! Jeder Mensch ist ein Künstler!

Kunst ist ein Teil des Lebens, sie soll sich nicht von ihm abschotten. Das ist einer der Botschaften der Avantgarde-Kunst der 1960er-Jahre. In Mönchengladbach steht ein außergewöhnliches Museum, das diesem Gedanken in Deutschland erstmals Rechnung trägt. Denn der gesamte Museumskomplex – gebaut von Hans Hollein – folgt der Idee, dass der Kunst eine vermittelnde Funktion zwischen Tradition und Moderne zukommt und dass Leben und Kunst eine Einheit bilden. Was Hans Hollein in Mönchengladbach erstmals umsetzte, wurde wegweisend für viele Museumsbauten in der ganzen Welt.

Drei Männer waren für das Museum Abteiberg, wie wir es heute kennen, von großer Bedeutung: Johannes Cladders, Hans Hollein und Joseph Beuys. Johannes Cladders wurde 1967 Museumsdirektor des Städtischen Museums Mönchengladbach. Er wollte der Kunst der Avantgarde einen neuen Rahmen geben. In demselben Jahr vertrat der Architekt Hans Hollein die These, dass vieles, was außerhalb der Architektur stehe, in diese eingreife und umgekehrt. Daher sei alles Architektur. Das passte gut zu Joseph Beuys' Ansicht von 1967, dass jeder Mensch in der Lage sei, die Welt kreativ und sozial zu gestalten, und daher ein Künstler sei. Der Künstler der Avantgarde holte den avantgardistischen Architekten an die Kunstakademie Düsseldorf, wo Hollein erst die Ausstellung »Alles ist Architektur« zusammenstellte und dann den Auftrag erhielt, den Neubau des Museums in Mönchengladbach zu entwerfen.

ENTSTANDEN IST EIN BAU, DER GANZ den Ansprüchen des Architekten gerecht wird, denn er vereint unzählige Bauten zu einem Gesamtkunstwerk. Der markante verspiegelte Turm soll an die Hochhäuser der Innenstadt erinnern, die verzinkten Shred-Dächer an die Architektur der nahen Industriegebiete. Auf die Akropolis wird in dem Bauwerk ebenso angespielt wie auf asiatische Reisterrassen, indem er die Hanglage mitberücksichtigt, seine Gebäude teils in sie einfügt und auch ins Innere des Hügels führt. Das Museum selbst ist schon ein Kunstwerk – eine Collage der Stile und Vorstellungen.

UND DIE KUNST SELBST? Zur Eröffnung 1982 veranstaltete Beuys zuerst im Museum ein Happening, um dann – als im Innern Jugendliche zu hören waren, die gegen die Schließung eines nahen Jugendzentrums demonstrierten – auf der Straße mit grüner Farbe an eine Wand zu sprühen »Haus Zoar muss bleiben – Joseph Beuys«. Auch eines seiner Hauptwerke, Unschlitt, war lange am Abteiberg ausgestellt, bevor es mit den restlichen Werken der Sammlung Marx in den Hamburger Bahnhof in Berlin verbracht wurde. Doch Beuys ist bei Weitem nicht der einzige große Name des Museums: Die Liste der Künstler, die mit Werken vertreten sind, reicht von Ernst Barlach und Marcel Duchamp über Günther Uecker und Jean Tinguely bis hin zu Martin Kippenberger, Sigmar Polke und Luis Jacob. Auch der angeschlossene Skulpturengarten ist sehenswert.

IN KÜRZE

LAGE
Niederrhein; Mönchengladbach

INFO
Städtisches Museum Abteiberg
Abteistraße 27
41061 Mönchengladbach
www.museum-abteiberg.de

ÜBER UND UNTER DER ERDE

Das Collagenhafte des Museumsbaus Abteiberg (oben) wird auch im Innern weitergetragen. Treppen, Rampen, Winkel – der Besucher soll auf Entdeckungsreise gehen, sich von den Räumen locken und damit zur Kunst führen lassen. Auf diese Weise wird die Kunst optimal in Szene gesetzt – beispielsweise die Werke von Gerhard Richter (unten).

11 SCHLOSS UND KLOSTER CORVEY
Jüngstes Welterbe

Seit 2015 kann NRW eine fünfte UNESCO-Welterbestätte sein Eigen nennen: das ehemalige Kloster und heutige Schloss Corvey. Der Grund für diesen Ritterschlag war insbesondere ein Bauteil, das man heute nur noch an wenigen Kirchen Europas bestaunen kann: das karolingische Westwerk.

Trutzig und wehrhaft empfängt »St. Stephanus und St. Vitus« den von Westen kommenden Gläubigen; beinahe wirkt die Kirche des einstigen Klosters Corvey abweisend. In karolingischer Zeit, als zwischen 822 und 885 die Kirche und das ihr vorgebaute Westwerk entstanden, mag dieser Eindruck der Wehrhaftigkeit noch deutlicher hervorgetreten sein. Damals war der Mittelturm der Basilika höher, wurde von zwei kürzeren Treppentürmen flankiert. Weil diese massive Turmanlage der Zeit nicht standhielt, wurde sie im 12. Jahrhundert zu der heutigen Doppelturmfassade umgestaltet. Auch die einst dreischiffige Basilika selbst wurde in den Schlachten und Scharmützeln des Dreißigjährigen Krieges stark beschädigt, musste abgerissen und durch einen barocken Neubau ersetzt werden. Von allen Kriegen und Umbaumaßnahmen aber blieb das Innere des Westwerks weitgehend verschont und gilt heute als ein herausragendes Beispiel der karolingischen Renaissance.

KARL DER GROSSE, ERSTER KAROLINGISCHER KAISER, selbst hatte bestimmt, dass am Ort des heutigen Corvey ein Kloster entstehen möge. Im gerade eroberten Sachsen sollte auf diese Weise der christliche Glaube verbreitet und gefestigt werden. Sein Nachfolger, Ludwig der Fromme, setzte die Pläne seines Vaters Karl in die Tat um. Die im Weserbogen gelegene Benediktinerabtei stieg bald zu einem der führenden Klöster des Früh- und Hochmittelalters auf. Auch die Reliquien des heiligen Stephanus und des heiligen Vitus trugen dazu bei. Das spiegelt auch die Architektur wider: Kloster Corvey ist reich, es kann es sich leisten, der dreischiffigen Klosterkirche einen prachtvollen, architektonisch wie liturgisch eigenständigen Zentralbau vorzulagern.

DAS ERGEBNIS KONNTE SICH SEHEN LASSEN: Im Erdgeschoss des Westwerks tragen vier zentrale Säulen mit korinthischen Kapitellen sowie Pfeiler an den Außenwänden ein Kreuzgratgewölbe. Über Treppen gelangt man ins Obergeschoss, in dem der Hauptraum wiederum von zwei Geschossen mit Laufgängen, Arkaden und Emporen umgeben ist. Geschmückt war der Raum einerseits mit Stuckfiguren, andererseits mit Wandmalereien und Fresken, von denen noch einige Spuren vorhanden sind, die beweisen, dass neben ornamentalen Verzierungen Szenen aus der Odyssee dargestellt wurden. An das Westwerk schließt sich die barocke Kirche an.

AUCH DAS HEUTIGE SCHLOSS CORVEY, seit den 1840er-Jahren im Privatbesitz der Herzöge von Ratibor, lässt sich in Teilen besichtigen: Höhepunkt sind der barocke Kaisersaal und die 15 Säle der Bibliothek. Das Weltkulturerbe umfasst auch die Civitas Corvey, die im 12. Jahrhundert wüst gefallene Stadt Corvey, unmittelbar am Kloster.

IN KÜRZE

LAGE
Ostwestfalen-Lippe; Höxter

INFO
Schloss Corvey
37671 Höxter
www.schloss-corvey.de

LINKS Welche Bedeutung das Westwerk in karolingischer Zeit tatsächlich hatte, ist umstritten: Einige Forscher gehen davon aus, dass es dem durchreisenden Kaiser als Kanzlei und Gerichtsort diente, andere sehen in dem wehrhaften Bau den Versuch, das von Westen kommende Böse abzuwehren. Eine dritte Meinung wiederum glaubt, es hätte eine besondere Bedeutung für die lithurgischen Handlungen im Kloster gehabt.

UNTEN Erdgeschoss des karolingischen Westwerks und Blick in das barocke Hauptschiff der Kirche.

>> Schloss Corvey beherbergt heute ein Restaurant, ein Weinhaus und das Weser-Aktivhotel. Darüber hinaus bieten die historischen Gemäuer einen schönen Rahmen für Veranstaltungen wie das Klosterfestival und die Corveyer Musikwochen.

VERGISS DEN ALLTAG!
Kunst und Kultur

11 SEITE 32
Schloss und Kloster Corvey
Jüngstes Welterbe

12 SEITE 34
Museum Abteiberg
Alles ist Architektur! Jeder
Mensch ist ein Künstler!

13 SEITE 36
Red Dot Design Museum
Das sieht gut aus!

14 SEITE 38
Museum Insel Hombroich
Raus in die Kultur

15 SEITE 42
Wallfahrt nach Kevelaer
Der Weg ist das Ziel

16 SEITE 44
Archäologischer Park Xanten
Eintauchen ins Römerleben

17 SEITE 46
Lehmbruck Museum
Aufbruch in die Moderne

18 SEITE 48
Bad Salzuflen
Die Kräfte des Salzes

19 SEITE 50
MARTa Herford
Spiel mit Form und Material

20 SEITE 54
EL-DE-Haus
Der Keller der Gestapo

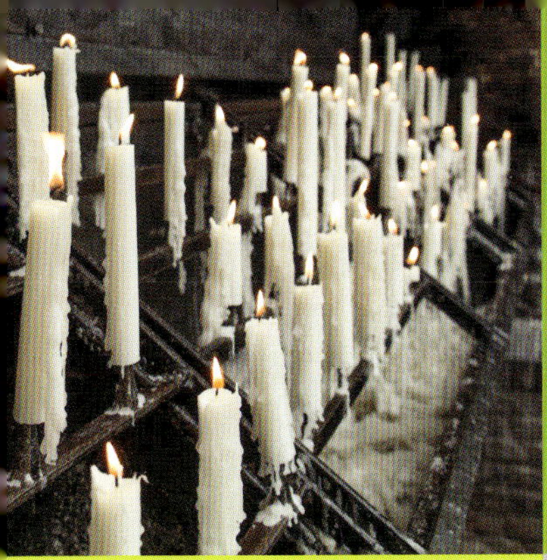
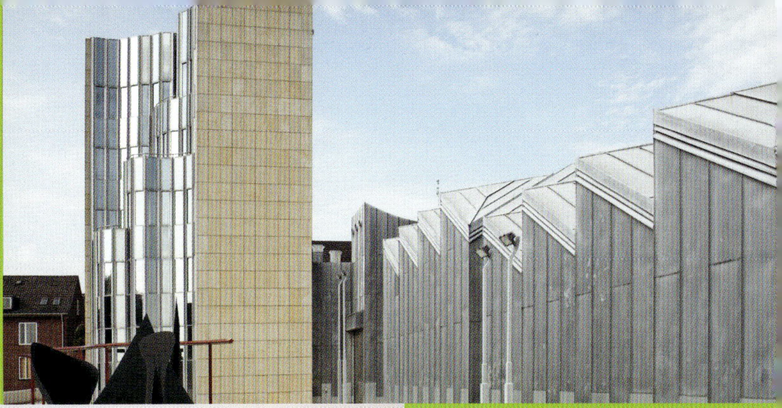
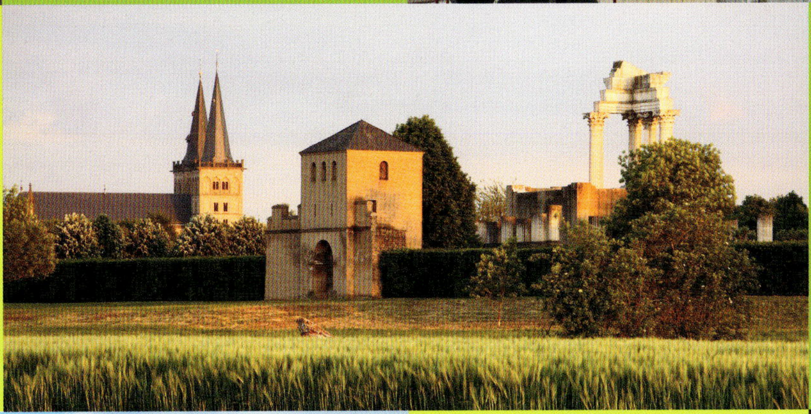
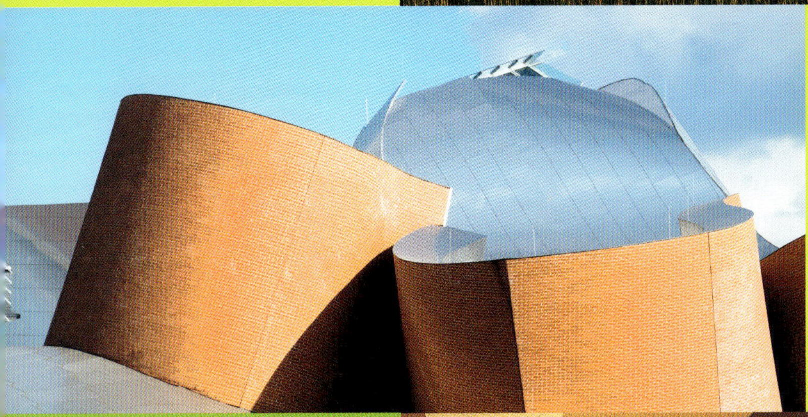
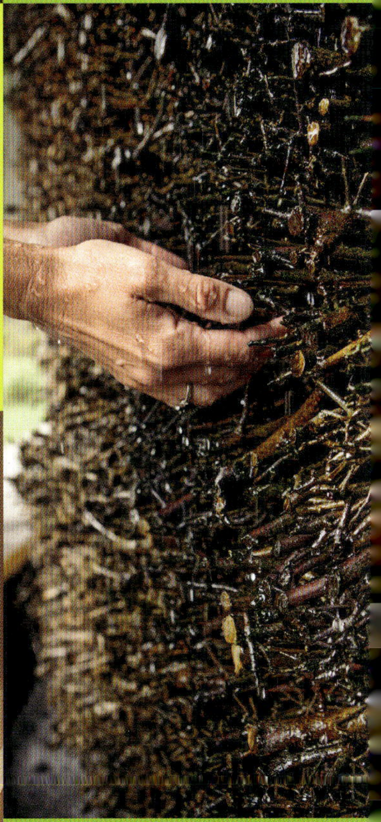
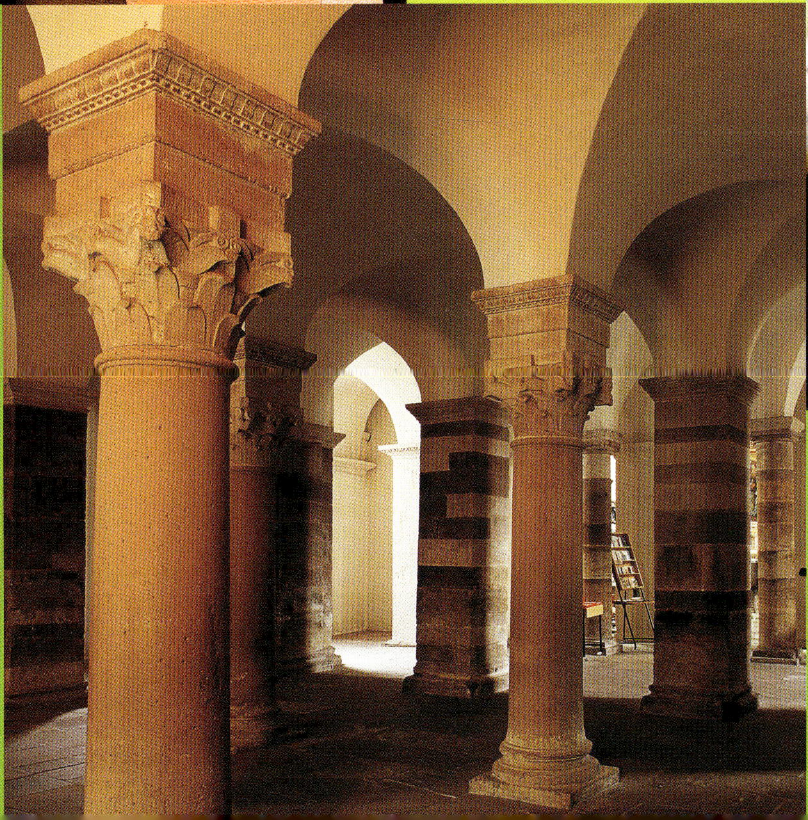

10 EMSRADWEG
»Durchs Emsland fahr ich emsig ...

... erst hinterm Emsland brems ich.« Nicht jeder scheint das Emsland zu schätzen. Zu Unrecht, wie sich spätestens bei einer Tour entlang der 375 Kilometer langen Emslandradstrecke zeigt. Die führt von den Emsquellen bis nach Emden am Dollart in Ostfriesland. 180 Kilometer des gesamten Fernradwegs liegen in Nordrhein-Westfalen, eine Tour, die viel Abwechslung bietet.

An den Emsquellen inmitten der traumhaft schönen Senne startet die Radtour entlang der Ems. Es geht stromabwärts, aber selbst wenn man entgegen der Fließrichtung der Ems fahren würde, wären die Höhenunterschiede nicht nennenswert. Der Fluss ist ständiger Begleiter auf dem Weg, der von Hövelhof am Fuße des Teutoburger Waldes ins Paderborner und Gütersloher Land führt. Die künstlich angelegte Teichlandschaft, ein Refugium für Wasservögel, wird gequert, 15 Kilometer weiter folgen die Emsniederungen, in der wiederum Feuchtwiesenvögel wie Kiebitz und Uferschnepfe eine Heimat gefunden haben. Dann folgt Rheda-Wiedenbrück mit den schönen Ems-Wassermühlen und den Fachwerkhäusern, die teils mit sensationellen Holzschnitzereien verziert sind. Eine Tagesetappe von rund 50 Kilometern hat sich auf dem Emsradweg bewährt und so bietet sich Rheda-Wiedenbrück oder seine nahe Umgebung an, um hier Station zu machen.

HINTER RHEDA-WIEDENBRÜCK durchfließt die Ems bis Warendorf offenes Ackerland. Das Städtchen ist Sitz des nordrhein-westfälischen Landgestüts (siehe Tour 96), aber auch der Ort mit seinem Markt, wo die Häusergiebel nähere Aufmerksamkeit verdienen, dem Franziskanerkloster und dem gotischen Turm lohnt den Besuch. In Warendorf sollte man sich auch entscheiden, ob die Tagesetappe hier enden soll oder ob man es noch 19 Kilometer entlang der schönen Mäander der Ems schafft.

AUCH IN TELGTE JEDENFALLS sollte man Station machen, am besten an einem Sonntag, denn dann ist in dem Wallfahrtsort am meisten los. Das Kornbrennereimuseum dagegen führt in die eher profanen Vorlieben des Münsterlandes ein, aber das kann auch ganz hilfreich auf dem Weiterweg sein. 111 Kilometer hat man in Telgte bereits überwunden; dahinter schlängelt sich die Ems durch einige Flussauen, um kurz darauf in die Große Bree vorzudringen. Eichen-, Eschen-Erlen- und Auenwälder durchziehen das Naturschutzgebiet ebenso wie Binnendünen. Altarme und Teiche liegen am Weg, einige Kilometer weiter quert der Weg den Dortmund-Ems-Kanal, der hier über die Ems mittels eine Brücke geführt wird. Ein kleiner Abstecher könnte nach Münster führen, aber der Weg verläuft weiter über Greven und Emsdetten nach Rheine. Der Fluss mäandert durch eine abwechslungsreiche Landschaft, durch offene Flur und kleine Wäldchen. Er ist deutlich mehr von Menschen geprägt als noch in der großen Bree.

RHEINE MIT SEINEN EMSWEHREN ist die letzte Stadt in Nordrhein-Westfalen. Fast die Hälfte des Emsradwegs ist bewältigt, aber es warten noch 195 weitere Kilometer darauf, entdeckt zu werden.

IN KÜRZE

LAGE
Ostwestfalen-Lippe/Münsterland

START UND ZIEL
Emsquellen in Ostwestfalen-Lippe bis Rheine im Münsterland

NATURIDYLLEN UND EIN SCHIFFFAHRTSKANAL

Mit seinen schönen Gehöften, dem Wechsel zwischen Feldern, Wiesen und Wäldern und dem verhältnismäßig naturbelassenen Fluss bieten Paderborner- und Münsterland ein idyllisches Bild. Nahe Greven aber quert der Dortmund-Ems-Kanal als bedeutende Schifffahrtsstraße die Ems, wodurch sich auch die Landschaft verändert. Sie wird urbaner, und ab Rheine ist der Kanal ein ständiger Begleiter der Ems und deckt sich teils sogar mit dem Bett des Flusses.

09 WITTGENSTEINER SCHIEFERPFAD
Die Spur der Steine

Die Fledermaus ist der ständige Begleiter auf einem Wanderweg, wie er abwechslungsreicher nicht sein könnte. Es geht hoch und runter, mal auf gut ausgebauten, dann auf naturbelassenen Waldpfaden. Ein Bächlein hier, eine schroffe Felsformation dort und ab und zu ein Relikt aus Zeiten, als sich rund um Bad Berleburg noch alles um den Schieferabbau drehte.

Die Wanderung beginnt am Parkplatz gegenüber dem Schieferschaubergwerk Raumland. Eine steile Straße führt hinab ins Tal der Eder, über diese hinweg und zu einer Tafel mit Karte, die den Schieferpfad einmal grafisch darstellt. Daneben eine Friedensskulptur auf einer Schieferhalde, der erste Hinweis darauf, welches Gebiet erwandert wird.

DEM NAHE GELEGENEN DÖRFCHEN Raumland den Rücken kehrend, geht man entlang der Eder und der einstigen Bahntrasse der Edertalbahn, die längst stillgelegt ist, durch lichten Wald. Man kann den Schieferpfad auch in die entgegengesetzte Richtung laufen, die Anstiege sind dann in der Regel etwas steiler, aber auch kürzer. Ein erster Rastplatz wird erreicht, doch die Schönheit des Waldes ist zu verlockend: Totholz zeugt davon, dass hier der Natur Raum gelassen wird, sich selbst zu gestalten. Das dankt sie durch urwaldartige Vegetation.

BEEINDRUCKENDE GESTEINSFORMATIONEN, ein Tunnel unter dem einstigen Bahndamm hindurch, Laubmischwald, Nadelwald, und zwar bei naturbelassenen Waldpfaden und im stetigen und durchaus schweißtreibenden Auf und Ab – das alles kennzeichnet den Wanderweg. Einmal kommt man an einem alten Lüftungsschacht vorbei: Unter den Füßen verläuft noch immer ein Gewirr aus Stollensystemen, in denen Bergleute bis in die 1970er-Jahre geschuftet haben.

Traumhafte Ausblicke auf Bad Berleburg und die Eder, das Durchstreifen des Bliesterbachtals und das zarte Plätschern des Meckhäuser Bachs entschädigen sofort für jede Anstrengung, das vermeintliche Wegelabyrinth rund um »Braut und Bräutigam« oder die merkwürdigen Riefen im Fels sorgen für Abwechslung und Spannung. Letztere, so ein Schild, sind Räderspuren auf dem hier einst verlaufenden Handelsweg. Bei alldem muss man auf den Weg achten: Die Wegmarkierung ist zwar überall dort zu finden, wo sie absolut notwendig ist, aber es gibt selten eine Beruhigungsmarkierung und ein Abzweig ist schnell verpasst.

SCHLIESSLICH BRINGT UNS DIE FLEDERMAUS ins Naturschutzgebiet Grubengelände Hörre. Es ist der Grund, warum die Fledermaus als Wegmarkierung gewählt wurde, denn seitdem die ehemalige Grube unter Schutz gestellt wurde, siedeln sich hier zahlreiche Fledermausarten an: Große und Kleine Bartfledermaus, das Große Mausohr, Bechstein- und Fransenfledermaus, das Braune Langohr und die Wasserfledermaus finden in dem brüchigen Schiefergestein ausreichend Nahrung und Spalten, die ihnen Schutz geben. Das Ende der Wanderung ist nun erreicht. Wer im Anschluss sehen will, was mit dem entlang des Schieferpfads gebrochenen Gestein geschaffen wird, sollte sich im Zentrum Bad Berleburgs die schieferverschindelten Häuser anschauen.

IN KÜRZE

LAGE
Sauerland; bei Bad Berleburg

LÄNGE
14,2 Kilometer

ANSPRUCH
mittel; festes Schuhwerk und Trittsicherheit sind Voraussetzung, ebenso wie eine gute Kondition

MARKIERUNG
Fledermaus

START UND ZIEL
Parkplatz an der Eder, gegenüber dem Schieferschaubergwerk Raumland, Im Edertal, 57319 Bad Berleburg

WAS IST SCHIEFER?

Und wie wird er abgebaut? Das alles lernt man im Schieferschaubergwerk Raumland. Führungen zwischen April und Oktober; Infos unter www.schieferschaubergwerk.de

VON DER NATUR ZURÜCKEROBERT

Das Gebiet entlang des Schieferpfads ist ein eindrucksvolles Beispiel für die Regenerationsfähigkeit der Natur: Jahrhundertelang wurde hier Schiefer abgebaut, die Eisenbahn durchfuhr das Edertal. Seit wenigen Jahrzehnten aber wird das Gebiet vorsichtig renaturiert oder sich einfach selbst überlassen, ist aber unter Schutz gestellt. Und siehe da: Die Natur übernimmt es ganz, und es kann sich wieder eine Artenvielfalt etablieren, wie sie nicht in vielen Gebieten Deutschlands zu finden ist.

08 IM WINDECKER LÄNDCHEN
Kein Empfang!

Sein Handy kann man getrost zu Hause lassen, denn sobald die Wanderung beginnt, geben die meisten Mobilnetze auf: Man ist nicht am Ende der Welt, aber zumindest technisch mal wieder ein bisschen von ihr abgeschnitten. Und das ist gut so, denn es gibt viel zu sehen.

Die Wanderung beginnt in Schladern auf dem Parkplatz hinter dem Bahnhof. Über die Gleise hinweg lohnt ein Blick auf das Bahnhofsgebäude: Er wurde im Jahr 1860 im historisierenden Stil des einstigen Schlosses Windeck errichtet. Das Schloss des Nachbarorts brannte 1945, kurz vor Kriegsende, nach Beschüssen durch die Amerikaner aus, nachdem es im Zweiten Weltkrieg etlichen Bewohnern der Gegend Schutz geboten hatte. Nun zeugt nur noch der Bahnhof von Schladern vom Aussehen des hübschen Schlösschens.

DER WANDERWEG FÜHRT – begleitet von den roten Schildern der Erlebniswege Sieg – hinunter zum Siegfall. Auf dem Weg dorthin sind zwei Metallschienen in den geschotterten Weg eingelassen. Sie zeigen den ursprünglichen Verlauf der Sieg, bevor der Fluss im Zuge des Eisenbahnbaus umgeleitet wurde. Auch der Siegfall ist nicht natürlichen Ursprungs, er diente wie der umgeleitete Fluss der Energiegewinnung. Aber man sollte sich nicht daran stören, dass der Wasserfall nicht »echt« ist: Idyllisch ist er dennoch und an warmen Sommertagen bietet der 84 Meter breite und teils vier Meter tiefe Fall Badewilligen jede Menge Spaß.

DER SIEG KURZE ZEIT FLUSSAUFWÄRTS folgend, überquert man den Fluss und betritt damit für einige Kilometer den Westerwald. Noch ein Blick auf den Siegfall, dann verläuft der Weg Richtung Dreisel. Es geht durch lichte Wälder und schließlich über Weiden bis Dreisel. Dort kehrt man, erneut die Sieg querend, ins Bergische Land zurück und wandert weiter Richtung Altwindeck.

DAS DORF ALTWINDECK, EIN ORTSTEIL VON WINDECK, ist mit seinen alten Fachwerkhäusern ein zauberhafter Flecken. Die winzige, weiß getünchte Marienkapelle stammt aus dem 18. Jahrhundert. Die barocke Madonna im Altarraum ist nur eine Kopie; das Original findet sich im nahen Heimatmuseum, das zusammen mit einer Reihe von alten und neuen, von schön bepflanzten Bauerngärten umstandenen Fachwerkhäusern das Museumsdorf Altwindeck bildet. Das mittelalterliche Leben in der Region wird hier nachgestellt, aber auch die jüngere Windecker Geschichte kommt nicht zu kurz. Einmal jährlich, am Tag der Deutschen Einheit, haucht der Burgmarkt, bei dem altes Handwerk gezeigt wird, dem Museumsdorf weiteres Leben ein.

DIE BURGRUINE AUF DEM WEITERWEG bietet einen herrlichen Ausblick auf die Altarme der Sieg und das sie umgebende Naturschutzgebiet Krummauel, durch das der Mäanderweg nun wieder hinunter ins Siegtal nach Schladern führt. Das Naturschutzgebiet mit seinen Auwäldern ist ein letzter Höhepunkt, bevor mit dem Siegfall wieder Schladern erreicht ist.

IN KÜRZE

LAGE
Windecker Ländchen; zwischen Schladern und Windeck

LÄNGE
8 Kilometer

START UND ZIEL
Bahnhof Schladern

AM SIEGFALL
So kann man es an heißen Sommertagen aushalten: In den Becken des Siegfalls ist Erfrischung garantiert. Zum Trocknen legt man sich am besten auf die von der Sonne gewärmten Felsen. Auch für ein Picknick nach der Wanderung ist dies ein geeignetes Plätzchen.

>> Von den Höhen des Rothaargebirges bahnt sich die Sieg über gut 155 Kilometer hinweg ihren Weg zum Rhein. Ihre schönen Mäander laden zu vielfältigen Freizeitvergnügungen ein: Der Siegsteig mit seinen teils alpin anmutenden Passagen verläuft an ihrem Ufer, der Fluss selbst lässt sich nicht zu Fuß, wohl aber per Boot erwandern und auch Baden und Angeln sind an manchen Stellen der Sieg erlaubt.

07 DREIBORNER HOCHFLÄCHE
Den Elementen ausgeliefert

Es zieht fast immer hier oben auf der Dreiborner Hochfläche. Wenn die Sonne nicht scheint, kann es empfindlich kalt werden, wenn sie scheint, ist man schneller verbrannt, als man gucken kann. Wind, Schnee, Regen, Sonne – welches Wetter gerade herrscht, es ist deutlicher zu spüren als an andere Orten der Eifel. Doch dafür bekommt man auch etwas geboten: Die Fernsichten sind großartig und es kann vorkommen, dass man außerhalb der Ortschaften auf der gesamten Wanderung niemandem begegnet. Man sollte eine Wanderung auf der Dreiborner Hochfläche bald in Angriff nehmen, denn es ist keinesfalls sicher, wie lange die Landschaft dort noch so bestehen bleibt.

Nicht jedermann mag die Hochflächen der Eifel. Einigen fehlt das Spektakuläre in ihrer Landschaft. Und in gewisser Weise stimmt das sogar: Das 3300 Hektar große Gebiet, bis Ende 2005 der Truppenübungsplatz Vogelsang (siehe Tour 71), zeigt keine beeindruckenden Felsformationen, keine Wasserfälle oder Vulkane. Es ist in erster Linie eine von Ginster bestandene Graslandschaft, denn bis 1946, als das Gelände zum Truppenübungsplatz wurde, war es Kulturland. An den Rändern aber, wo sie von zahlreichen Flüsschen sowie von Urft- und Rursee begrenzt wird, zeigen sich Buchen-, Eichen- und Fichtenwälder, die sich selbst überlassen wurden, als noch Truppen hier marschierten, und so haben sich kleine Urwälder entwickelt. Eine Landschaft von ganz eigener Schönheit.

DER WEG ÜBER DIE HOCHFLÄCHE startet an der Kapelle von Erkensruhr. Es ist wichtig, auf den Wegen zu bleiben, denn bei einem ehemaligen Truppenübungsplatz ist nie gesichert, ob nicht noch irgendwo Blindgänger herumliegen. Von der Kapelle aus folgt man der Straße Richtung Nordosten, um nach etwa 250 Metern rechts abzubiegen, die Erkensruhr zu überqueren und durch den Wald Richtung Dreiborn zu wandern. Der Anstieg ist schweißtreibend, aber es ist der einzige dieser Art auf der Wanderung. Oben lichtet sich der Wald und es geht nun über die Hochfläche weiter. Der Gierberg ist zu sehen. Wenn man am Wegweiser nach Hirschrott ankommt, folgt man dem nach rechts bis zum Müsauelsberg. Der Weg verläuft im stetigen Auf und Ab weiter, aber die Aufstiege haben es nicht mehr so in sich. Am Wegekreuz folgt man wieder dem Pfeil rechts nach Hirschrott.

DER WEG TAUCHT in den Nadelwald ein: An der ersten Wegkreuzung geht es links, anschließend rechts ab, bis man zu einem Bach kommt. Es geht wieder nach rechts, der Wanderweg verläuft parallel zum Bach, bis dieser in den Wüstebach mündet, dem man nun nach rechts, also nach Norden, folgt. Einige aufgelassene Stollen signalisieren, dass hier früher Schiefer abgebaut wurde, doch die Stollen sind vergittert, zum Schutz der in ihnen hausenden Fledermäuse. Wo der Wüstebach in die Erkensruhr mündet, quert man kurz die Erkensruhr über eine kleine Holzbrücke und wandert durch den Wald an Hirschrott und Erkensruhr vorbei bis zu einer Waldkapelle. Weiterwandernd gelangt man bald zum Ausgangspunkt der Tour.

IN KÜRZE

LAGE
Eifel; zwischen Dreiborn und Einruhr

LÄNGE
16 Kilometer

ANSPRUCH
von der ersten Steigung abgesehen leicht

DAUER
4 Stunden

DIE ZUKUNFT DER HOCHFLÄCHE
... ist ungewiss. Seit der Truppenübungsplatz aufgegeben wurde, wird darüber diskutiert, ob man das Land weiterhin offen halten soll – beispielsweise durch Schafherden –, was dem Nationalparkgedanken der Region widerspricht, oder ob man die Beweidung einstellen soll, woraufhin das Gebiet verbuschen und schließlich verwalden wird.

06 DER ROTHAARSTEIG
Mit und ohne Speed

Speedhiking ist das neue Wandern. Ausgerüstet mit Stöcken und leichtem Gepäck wird das Tempo gegenüber dem Wandern etwas erhöht. Das bedeutet nicht, dass man rennt (das wäre dann Trailrunning), aber beim Speedhiken geht's auch nicht mehr gemütlich zu. Die vorgeschlagene Wanderung ist in zwei Tagen zu schaffen: mit und sogar ohne Speed.

154 Kilometer ist der gesamte Rothaarsteig lang. Sein Weg führt über den Hauptkamm des Rothaargebirges durch Nordrhein-Westfalen und Hessen. Wie für einen Gebirgskamm üblich, ist auf dem Weg mit einem ständigen Auf und Ab zu rechnen. Allein das macht die Touren auf dem Rothaarsteig nicht allzu leicht. Wenn dann, auch bei den Anstiegen, das Tempo nicht reduziert wird, treibt das den Puls ordentlich in die Höhe. Wer untrainiert ist, der sollte es bei einer normalen Wanderung belassen, die ist schon schweißtreibend genug.

DER ERSTE TAG FÜHRT von Bruchhausen nach Winterberg. Das Naturdenkmal Bruchhauser Steine, aus Porphyr bestehend, ist das Wahrzeichen der Region. Der Weg verläuft nicht nur auf dem Hauptkamm des Mittelgebirges, sondern auch entlang der Grenze zu Hessen und der Wasserscheide zwischen Rhein und Weser. Erstes Etappenziel ist der Langenberg, mit 843 Metern höchster Berg Nordrhein-Westfalens. Die karge Fläche, die so gar nicht nach einem Gipfel aussieht, wird von Wald, dann von Heide abgelöst. Sie ist die größte der in NRW ohnehin seltenen Hoch- und Bergheidelandschaften. In erträglichem Auf und Ab geht es weiter, Wald und Heide wechseln, ab und zu eine Quelle, von denen die bekannteste die der Ruhr ist. Hat man diese erreicht, ist auch Winterberg nahe. Die Quelle ist hübsch anzuschauen und hier kann man aus ihr auch noch trinken, was sich 219 Flusskilometer weiter, an ihrer Mündung in den Rhein, nicht mehr empfiehlt. In Winterberg wird übernachtet: Der Speedhiker hat für die Strecke etwa fünf Stunden gebraucht, der Wanderer etwa sieben.

AM ZWEITEN TAG IST DIE ZU BEWÄLTIGENDE Strecke deutlich kürzer, die An- und Abstiege sind maßvoller. Auch hier wechselt Wald- mit Heidelandschaft. Zunächst geht es an der St. Georg Schanze von Winterberg vorbei, der markanten Sprungschanze des Ortes. Die Bedeutung als Wintersportort ist der Tatsache geschuldet, dass das Rothaargebirge als nordöstlicher Teil des Rheinischen Schiefergebirges sehr schneereich ist.

VON WINTERBERG IST DER KAHLE ASTEN nicht weit, der für seine Wetterstation bekannt ist. Heidelandschaft, durch die es nun zur Lennequelle geht, breitet sich rund um den Gipfel aus. Immer dem roten Quadrat folgend, trifft der Rothaarweg schließlich auf den Waldskulpturenweg. Der verläuft zwischen Bad Berleburg und Schmallenberg und kreuzt den Rothaarsteig an der Skulptur »Kein leichtes Spiel«. Der Weg aber führt nach Kühhude, einem beschaulichen Weiler, zum Ende der Wanderung, wo man nach einem leckeren Essen ein Taxi zum Bahnhof von Bad Berleburg bestellen kann.

IN KÜRZE

LAGE
Sauerland

LÄNGE
Bruchhausen–Winterberg: 25 Kilometer
Winterberg–Kühhude: 18 Kilometer

MARKIERUNG
rotes Quadrat mit zwei weißen Linien, die ein liegendes R ergeben

ANSPRUCH
mittel

LINKS Wie steinerne Nasen ragen die Bruchhauser Steine aus dem bewaldeten Gelände. In den Klüften des Vogelschutzgebietes brüten Wanderfalken. Auch verschiedene Kauzarten, Uhus sowie Schwarz- und Grauspecht sind dort ansässig.

UNTEN Nahe Kühhude führt die Rothaarsteig-Hängebrücke 40 Meter über einen Taleinschnitt.

>> Eine friedliche Stille liegt über dem Rothaarsteig: Einzig das Gurgeln von Bächen und Quellen und das Gezwitscher der Vögel begleitet den Wanderer auf seinem Weg.

05 RADROUTE WASSERQUINTETT
Die Eroberung des Bergischen Landes

Radeln im Bergischen Land ist nichts für Untrainierte? Doch, sofern man sich von den steilen, serpentinenreichen Straßen fernhält und auf die zu Radwegen umgewidmeten Bahntrassen ausweicht. Dann nämlich wird das Radfahren zum reinen Genussradeln und man kann sich ganz der Betrachtung der Landschaft widmen.

Regionaler Strukturwandel kann auch seine guten Seiten haben. Dann nämlich, wenn er den Freizeitwert einer Region deutlich steigert. In Nordrhein-Westfalen bedeutete das Ende vieler Industriestandorte auch das Ende zahlreicher Bahntrassen. Was tun mit den nutzlos gewordenen Schienen, mit den Unmengen an Brachland, mit Tunneln und Brücken, die nur noch den Jugendlichen der Region als Fläche für ihre Graffitis dienten? Die Lösung war recht einfach: umwidmen. Auf und entlang einer Vielzahl stillgelegter Eisenbahntrassen entstanden nach und nach Radwege, denn sie haben gerade in hügeliger Landschaft einen klaren Vorteil vor den die Straße begleitenden Radwegen: Berge und Täler wurden für die Eisenbahnen mittels Tunneln, Brücken und Viadukten ausgeglichen, die Steigung der heutigen Bahntrassenradwege weist nie mehr als 2,5 Prozent auf. Und das ist für all diejenigen, die nicht für die nächste Bergetappe der Tour de France trainieren, sondern einfach nur einen sonntäglichen Ausflug machen möchten – gegebenenfalls mit Kind oder Anhänger – eine echte Erleichterung.

EINE DER SCHÖNSTEN BAHNTRASSENSTRECKEN im Bergischen Land ist die Wasserquintett-Route: Sie ist als 73 Kilometer lange Rundtour befahrbar, aber auch als Streckentour von 28 Kilometern Länge: die richtige Länge für einen schönen Sonntagsausflug ohne Muskelkater.

IN BERGISCH BORN, nahe dem einstigen Bahnhof, startet die Tour, zunächst noch dem Logo des Bergischen Panoramawegs Richtung Hückeswagen folgend. Immer bergab verläuft der Weg, den Höhsieper Tunnel querend, bis in das bergische Städtchen, das mit seinen typischen schieferverschindelten Häusern auf die eigentliche Tour einstimmt. An Hückeswagen grenzt die erste der fünf Talsperren, die dem Radweg den Namen verliehen, an. Doch noch ist es zu früh für eine Rast. Sanft, kaum spürbar bergauf folgt der Radweg mal näher, mal weiter entfernt der Wupper, die ab Wipperfürth flussaufwärts Wipper heißen wird. Die Bevertalsperre, Neyetalsperre und später Kerspetalsperre liegen rechts der Wupper eingebettet in die schönen Hügel des Bergischen Landes, doch der Radweg streift sie nicht; es bedarf schon eines kleinen Abstechers, um an ihre Ufer zu kommen. Der Radweg aber hält sich weiterhin an die Wipper, streift Örtchen wie Niederwipper und Klaswipper, beide mit gänzlich unterschiedlichen, aber recht interessanten Kirchen ausgestattet. Es ist eine grüne, beschauliche Stille, eine abwechslungsreiche Landschaft aus Wäldern, kuhbestandenen Weiden und Flüsschen, die hier durchfahren wird und die in Marienheide ihren Höhepunkt findet. Spätestens hier locken Bergische Waffeln und ein Bad in der Brucher Talsperre und bieten den perfekten Abschluss für eine beschauliche Radwanderung.

IN KÜRZE

LAGE
Bergisches Land

STRECKE
Von Bergisch Born (Remscheid) über Hückeswagen und Wipperfürth nach Marienheide

LÄNGE
28 Kilometer (zzgl. Anfahrt)

AN-/RÜCKFAHRT
Mit der Bahn nach Remscheid-Lennep, von dort 4,3 Kilometer zum Startpunkt; zurück mit der Bahn vom Bahnhof Marienheide

START
Südlich des ehemaligen Bahnhofs Bergisch Born am Kreuzweg zwischen Balkantrasse und Bergischem Panoramaweg Richtung Hückeswagen

MARKIERUNG
Logo der Radroute Wasserquintett ist ein grünes Quadrat mit blauem Strich und fünf blauen Punkten.

NICHT VERGESSEN!
Einkehrmöglichkeiten sind in den Ortschaften ausreichend vorhanden, Wasser sollte dennoch mitgeführt werden.

MEHR ZUM (BAHNTRASSEN-) RADELN IN NRW:
www.radroutenplaner.nrw.de

BRUCHSTÜCKE VERGANGENER TAGE BAHNTRASSENRADELN

Relikte der einstigen Schienenwege finden sich überall auf und entlang der neuen Bahntrassenradwege: Schienen und Schwellen verlaufen neben den Wegen, sind aber teils auch in diesen eingelassen, graffitigeschmückte Tunnel werden durchfahren, Prellböcke markieren den einstigen Schienenverlauf.

>> Die fünf Talsperren entlang der Radstrecke laden immer wieder zum Baden ein – also Badesachen einpacken!

OBEN RECHTS Eine typische Bergische Waffel mit heißen Kirschen, Vanilleeis und Schlagsahne darf auf einer Radtour durchs Bergische Land nicht fehlen.

MITTE Das Bergische Land ist eine schöne Mischung aus dichten Wäldern und offenem Kulturland mit Viehweiden.

UNTEN Die Wuppertalsperre macht den Auftakt zum Quintett der Talsperren entlang des Radwegs.

04 AMEISEN-BARFUSSPFAD
Keine Angst vor Krabbeltieren

Es ist schmutzig, es tut manchmal weh – aber es ist ein Erlebnis: ein Spaziergang auf dem Ameisenpfad bei Schermbeck. Denn was ihn von allen anderen Spaziergängen sonst unterscheidet, ist nicht die Natur, sind nicht die Wege, es ist die Tatsache, dass die Schuhe im Rucksack verstaut sind und es barfuß durch den Wald geht.

Lehmiger Waldboden, sandiger Waldboden, Schlamm, Gras, eine kleine hölzerne Balancierstrecke – das sind die angenehmen Böden beim Barfußwandern. Aber dann gibt es den Schotter und den Kies, Tannenzapfen und Kiefernnadeln; darüberzugehen tut ab und zu schon ein bisschen weh. Die spitzen Steine und die Kiefernzapfen, über die läuft man nicht so einfach hinweg. Und dann sind da noch die Roten Waldameisen, die mitten im Wald rund um einen alten Baumstamm ihre Burg gebaut haben. Schätzungsweise 1,5 Millionen Tiere, die hier nisten, die Brut pflegen und auf Nahrungssuche gehen.

GUT VIER KILOMETER ist der Barfußpfad in der Nähe des niederrheinischen Schermbeck lang. Er sollte barfuß erwandert werden, damit sein eigentlicher Zweck erfüllt wird: die Natur in ihrer ganzen Fülle, ihre flauschig-weichen wie ihre harten Materialien zu spüren, mit ihren lebenden Organismen wie ihrem toten organischen wie anorganischen Material in Berührung zu kommen. Er führt durch einen kleinen Teil der Üfter Mark, ein Waldgebiet mit hauptsächlich im 19. Jahrhundert aufgeforsteten Kiefernwäldern, aber auch noch vereinzelt auftretenden alten Birken- und Eichenwäldern. Die Mark ist Naturschutzgebiet, nachdem sie jahrhundertelang erst landwirtschaftlich als Weiden und dann intensiv als Forstwirtschaft für das Ruhrgebiet betrieben wurde. Heute werden die Monokulturwälder mit Laubbäumen wie Erlen, Birken und Stieleichen bepflanzt, um langfristig die ursprüngliche Natur wiederherzustellen.

ZURÜCK ZUM BARFUSSPFAD UND DEN AMEISEN: Der ein oder anderen Ameise wird man natürlich begegnen – so wie auch mit Käfern, Würmern und Schnecken, vor allem aber mit Tierfährten zu rechnen ist –, aber selbstverständlich führt der Pfad mit ausreichendem Abstand um die Burg herum. Stattdessen kann man die Tiere, die in scheinbarem Chaos leben und doch eine hoch entwickelte Organisationsstruktur besitzen, ausgiebig beobachten. Im Übrigen sind Ameisen die wohl erfolgreichste biologische Familie der Welt: Mit Ausnahme der Antarktis sind Ameisen auf jedem Kontinent vertreten und die Gesamtbiomasse aller Ameisen auf der Erde übersteigt die des Menschen deutlich. Eine Tafel am Ameisenhügel gibt einige interessante Infos zu den Insekten, so wie entlang des gesamten Weges immer wieder zu wesentlichen Waldphänomenen Auskunft gegeben wird.

ES GIBT IN NORDRHEIN-WESTFALEN einige weitere Barfußpfade (siehe Webadresse rechts) und es ist jedes Mal ein Erlebnis, die Schuhe auszuziehen und zu spüren, dass sich die Erde überall ein bisschen anders anfühlt.

IN KÜRZE

LAGE
Niederrhein; bei Schermbeck

LÄNGE
4,2 Kilometer

DAUER
1,5–2 Stunden

LÄNGE
4,2 Kilometer; Ausgangspunkt ist der Parkplatz auf dem Nottkamp, der von Schermbeck kommend links der Freudenbergstraße am Waldrand liegt.

WEITERE BARFUSS-PFADE IN NRW

www.barfusspark.info/laender/nrw.htm

MIT NACKTEN FÜSSEN DURCH DIE WELT

Barfuß über die Straße laufen – das ist nicht jedermanns Sache. Scherben, Pfützen, Hundehaufen, Hitze auf dem Asphalt, das verleidet einem das schuhlose Gehen schon. Im Wald aber, auf ausgesuchten Barfußpfaden, ist das Barfußwandern nicht nur meist angenehm, es ist auch gesund. Es trainiert die Fußmuskeln, die Reflexbögen werden stimuliert und der Tastsinn der Füße wird gestärkt, der durchs Schuhetragen verkümmert.

03 WASSERWANDERN AUF DER RUR
Paddeln in trügerischer Ruhe

Kanu ins Wasser lassen, einsteigen und gemächlich flussabwärts paddeln – so stellt man sich als Einsteiger eine Kanutour auf der Rur vor. Schließlich ist die Rur kein Gebirgsbach, sondern ein Eifeler Flüsschen, noch dazu im Bereich Heimbach–Zerkall eingekeilt zwischen zwei Staubecken. So schwierig kann die Wasserwanderung also wohl nicht werden. Aber der Anblick täuscht – die Rur hat es in sich.

Nach zehn Minuten auf dem Wasser weiß man: Heute Abend und vor allem morgen werden Rücken und Beine schmerzen, die Arme dick sein von der ungewohnten Anstrengung. Ist das der stille freundliche Fluss, bei dessen Anblick man sich auf eine hübsche kleine Spazierfahrt von Heimbach nach Zerkall gefreut hat? Dass der Einstieg ins Kanu schwierig war, leuchtet ja noch ein, aber warum ist es so kompliziert, die Fahrtrinne zu finden? Zum Glück ist der Rest der Gruppe ähnlich ungeschickt, wenn es darum geht, von einem Ufer ans nächste zu wechseln, Kiesbänken und anderen Hindernissen auszuweichen und nicht von diesem tief in den Fluss hängenden Ast erschlagen zu werden.

NUR MIT MÜHE ERINNERT MAN SICH, wenn es darum geht, schnell zu reagieren, an die Trockenübungen in Heimbach. Dann verhakt man sich eben doch in einem in den Fluss ragenden Baumstamm: Der Begleiter der Tour muss gerufen werden, manchmal geht's nicht, ohne auszusteigen. Das Wasser ist ganz schön kalt, 8–10 °C. Irgendwann aber hat man den Dreh raus, dann muss man sich weiter konzentrieren, denn Hindernisse im Fluss und die kleinen Stromschnellen der Rur müssen umbeziehungsweise durchschifft werden, aber man hat das Boot so weit im Griff, dass man auch mal einen Blick auf die Landschaft werfen kann. Derentwegen ist man ja schließlich losgefahren.

IN SANFTEN, WEITGEHEND NATÜRLICHEN SCHLINGEN durchfließt die Rur ihr Tal. Sie hat sich über Jahrmillionen in den Buntsandstein der Region (siehe Tour 47) gefressen und versorgt mit den ausgewaschenen Mineralien das Umland mit Nährstoffen. Früher war das Tal gänzlich mit dichtem Mischwald und Auwald bestanden, heute drängen sich auch Felder, kleine Ortschaften und Campingplätze dort an den Fluss, wo sein Tal Raum bereitstellt. Der Fluss selbst ist jedoch meist durch Bäume von der Zivilisation abgeschottet, die nur ab und zu durch das Grün hindurchleuchten. Auch die Felsen lassen sich vom Wasser aus bestaunen. Angler und Badende sowie ab und zu eine Brücke, die beispielsweise von der Rurtalbahn gequert wird, stören die nun herrschende Ruhe nicht, sie sind Teil der Flusslandschaft.

14 FLUSSKILOMETER IST DIE TOUR LANG. Was zu deren Beginn eine fast unzumutbare Anstrengung schien, die Koordination der Paddel, mit sich selbst, dem Hintermann im Zweierkanu und den anderen Booten im Fluss, ist zu einer relativen Selbstverständlichkeit geworden. Der Kopf ist frei, wenn man in Zerkall ankommt, und die Glieder schmerzen schon jetzt.

IN KÜRZE

LAGE
Eifel

LÄNGE
14 Kilometer

START UND ZIEL
Heimbach bis Zerkall

TOURANBIETER
Kanu Petry in Heimbach
www.kanu-petry.de
Rechtzeitige Anmeldung unbedingt notwendig, da nur 100–120 Boote gleichzeitig auf dem Fluss zugelassen sind.

NOCH MEHR PADDEL-HOTSPOTS

Wer es noch wilder mag, versucht sich im Paddeln auf der Rur oberhalb des Rurstausees. In Monschau gibt es gute Einstiegsmöglichkeiten. Auch die Sieg ist ein gern befahrener Kanufluss.

WANN UND WO?

Nicht immer ist aus Gründen des Naturschutzes das Befahren der Rur (unten) erlaubt. Gefahren werden darf zwischen dem 15. Juli und dem 28. Februar, vorausgesetzt, der Wasserstand erreicht an der Bruchsteinbrücke in Heimbach die grüne Pegelmarkierung. Der ist nur zwischen Juli und Oktober garantiert. Dagegen darf auf dem Rursee (oben), im Heimbacher Staubecken und auch flussabwärts auf dem Obermaubacher Stausee ganzjährig gepaddelt werden.

02 FRIEDENSROUTE
Dem Frieden auf der Spur

175 Kilometer kann man auf der Route des Friedens radeln, grenzüberschreitend sogar bis nach Osnabrück. Man fährt damit im Grunde auf historischen Spuren, immer an Orten entlang, an denen am Ende des Dreißigjährigen Krieges ein friedliches Miteinander der Konfessionen und allgemein der Friede in Europa ausgehandelt wurde. Aber eigentlich denkt man auf dieser Radtour recht wenig an reitende Boten und an endlose Verhandlungen in düsteren Sälen, geschmückt mit den strengen Porträts katholischer und protestantischer Herren. Stattdessen genießt man frische Luft, Bewegung und vor allem die friedliche Landschaft von Münsterland und Teutoburger Wald.

Man schrieb das Jahr 1648. 30 Jahre Krieg im Deutschen Reich gingen zu Ende. Die Bedingungen für den Frieden wurden in Münster und Osnabrück ausgehandelt. Zwischen den beiden Städten pendelten Friedensreiter, um die Beschlüsse von dem einen zum anderen Verhandlungsort zu bringen. Zum Glück gab es eine Nord- und eine Südroute, und nur zwischen Bad Iburg und Osnabrück überschneiden sich Hin- und Rückweg – dadurch wird es heute hoch zu Rad statt Ross deutlich interessanter und man bekommt mehr von der stillen Landschaft von Münsterland und Teutoburger Wald zu sehen. Indem es über Bad Iburg nach Osnabrück geht, verlässt man auf der Strecke auch Nordrhein-Westfalen und durchquert ein Stückchen, insgesamt rund 50 Kilometer, Niedersachsen. Man wird mit der wunderschönen Stadt Osnabrück belohnt, dem Rathaus des Westfälschen Friedens, aber auch den mittelalterlichen Häusern mit ihren Treppengiebeln, der idyllischen Nackten Mühle oder dem hübsch, aber ein wenig schwindlig machenden ornamentierten Ledenhof, einem alten Adelssitz.

DAS PENDANT ZU OSNABRÜCK IST das nordrhein-westfälische Münster, in dem die Tour auch beginnt. Auch Münster hat ein Rathaus, in dem die Friedensverhandlungen stattfanden. Das gotische Gebäude mit dem herrlichen Giebel sollte man von innen gesehen haben, bevor die Tour beginnt.

DIE FÜHRT ZUNÄCHST ÜBER DIE NORDROUTE: Greven – Ladbergen – Tecklenburg – Lengerich – Lienen – Bad Iburg – Hagen – Hasbergen – Osnabrück. Von Osnabrück geht es bis Bad Iburg auf gleicher Strecke zurück, um von dort aus auf der südlichen Route weiterzufahren. Stationen sind hier Bad Laer, Glandor, Ostbevern und zuletzt Telgte, bevor es zurück nach Münster geht.

DIE TOUR IST IM GROSSEN UND GANZEN unanstrengend, lediglich beim Durchqueren des Teutoburger Waldes sind die Steigungen nicht ohne, dafür aber die Abfahrten recht lustig. Wer sich die Anstrengung ersparen möchte, der lässt den Abstecher von Bad Iburg nach Osnabrück und zurück einfach ausfallen. Dann ist lediglich die Strecke um Tecklenburg etwas anstrengender. Was den Radtouristen erwartet: Eine traumhaft ruhige Kulturlandschaft, die ab und zu von einem historisch bedeutsamen Ort durchbrochen wird. Lassen Sie sich überraschen!

IN KÜRZE

LAGE
Münsterland und Teutoburger Wald

LÄNGE
ca. 175 Kilometer

START UND ZIEL
Münster

MACHEN SIE einen Abstecher nach Niedersachsen. Die Friedensroute führt Sie bis zum Osnabrücker Rathaus, dessen Türgriff bereits auf den Westfälischen Frieden von 1648 verweist. Wie im Rathaus von Münster tagten auch in dem spätgotischen Bau in Osnabrück die Kriegsparteien, um den Friedensvertrag auszuhandeln.

01 AM PERLENBACH
Auf zur Narzissenblüte!

Bis zu zehn Millionen wilde Gelbe Narzissen blühen im April im Tal von Perlenbach und Fuhrtsbach, strecken ihre gelben Glocken durch das noch braune Gras und sind die ersten Boten des erwachenden Frühlings.

Die Natur im Perlenbach-Fuhrtsbachtal ist im April noch kaum erwacht. Die Fichten, die in den 1950er-Jahren in Massen gepflanzt wurden und nun nach und nach wieder gefällt werden, verströmen Düsternis und an den Laubbäumen und Sträuchern sind selten Knospen zu sehen. An manchen Tagen liegt die Eifel sogar noch in winterlichem Schnee. Doch es gibt Zeichen der Hoffnung.

IN DER CHRISTLICHEN MYTHOLOGIE ist die Gelbe Narzisse (Narcissus pseudonarcissus) Symbol der Auferstehung und des ewigen Lebens. Nicht umsonst wird sie als Osterglocke bezeichnet. Auf der Narzissenroute bei Höfen versteht man, wie sie zu diesem Symbol werden konnte. Denn während die gesamte umgebende Natur wie tot erscheint, sprießen grüne, lanzenförmige Blätter aus dem braun-welken Gras, bilden sich längliche Knospen, die sich bald zu leuchtend gelben, sternumrankten Glocken öffnen. Es ist ein großartiger Anblick, davon Tausende auf einer einzigen Wiese am Perlenbach zu sehen.

DIE WANDERUNG BEGINNT am Nationalparktor in Höfen, das sich durch seine übermannshohen Hecken einen Namen gemacht hat, zunächst dem Wildkatzenlogo folgend Richtung Höfener Mühle und weiter zur Brücke Holländerhäuschen. Hier muss man sich für die kleine oder große Narzissenroute entscheiden. Erstere biegt nach rechts ab, folgt ausschließlich dem Narzissenlogo, ist eine fünf Kilometer lange Rundwanderung entlang des Perlenbachs und wird zuletzt unterhalb der Brücke wieder nach Höfen zurückkehren.

DIE GROSSE NARZISSENROUTE führt dagegen nach links und biegt zunächst ins Fuhrtsbachtal ab, vorerst weiter dem Wildkatzensymbol folgend. Gut drei Kilometer führt sie am Fuhrtsbach entlang und biegt an der Antoniusbrücke nach rechts ab. Nun ist die Narzisse gültige Wandermarkierung bis zurück zum Holländerhäuschen. Die nächsten drei Kilometer verlaufen durch Wald, bis der Weg auf den Perlenbach trifft und man sich entscheiden muss, ob man ihm orografisch rechts oder links folgen will. Für die Länge der Tour ist das nicht wirklich erheblich, auch für die Schönheit der Strecke nicht.

GEPRÄGT SIND DIE FLUSSTÄLER einerseits von der Blütenpracht der wilden Narzissen, die es bundesweit ausschließlich in der Eifel und im Hunsrück gibt. Andererseits aber ist es eine abwechslungsreiche Natur, die auf eine jahrhundertelange extensive Bewirtschaftung zurückgeht. Auf den Talwiesen wurde etwa 600 Jahre lang Heu gewonnen, mittels der sogenannten Flüxgräben wurden sie mit dem Wasser aus Perlen- und Fuhrtsbach bewässert. Der Artenreichtum solcher Wiesen ist enorm, wurde aber durch die Aufforstung mit Fichten fast zerstört. Nun rodet man diese, um die Vielfalt zu erhalten.

IN KÜRZE

LAGE
Eifel; bei Höfen

LÄNGE
5–14 Kilometer

DAUER
1,5–4 Stunden

ANSPRUCH
leicht

START UND ZIEL
Wanderparkplatz am Nationalparktor in Höfen (Monschau) Hauptstraße 72

MARKIERUNG
Wildkatzensymbol und Narzissenblüte

DIE BEDROHTE FLUSSPERLMUSCHEL

Flussperlmuscheln, die teilweise die begehrten schwarzen Flussperlen bergen, gaben dem Perlenbach seinen Namen. Bis zur Besetzung von Rheinland und Eifel durch die französischen Truppen nach der Französischen Revolution durften allein die Herzöge von Jülich nach den kostbaren Perlen fischen. Als die Franzosen dieses Hoheitsrecht aufhoben, wurden die Muscheln so stark befischt, dass die Tiere bis auf eine kleine, von Wissenschaftlern geheim gehaltene Kolonie ausstarben. Nun gelang die Zucht der seltenen Muschelart, Babymuscheln wurden wieder im Perlenbach ausgesetzt. Aber suchen und fischen Sie nicht danach; Sie machen sich strafbar, sollten Sie die Tiere aus dem Wasser nehmen.

OBEN LINKS Wenn die Narzissen blühen, ist die Tour entlang von Perlen- und Fuhrtsbach am schönsten.

OBEN RECHTS Folgen Sie dem Osterglockensymbol – dann können Sie den Weg auf der Narzissenroute nicht verfehlen.

UNTEN Meterhohe Hecken, die dem Windschutz dienen, zeichnen das Eifeldorf Höfen aus. Sie ermöglichen spannende Einblicke.

RAUS MIT EUCH!
Draußen unterwegs

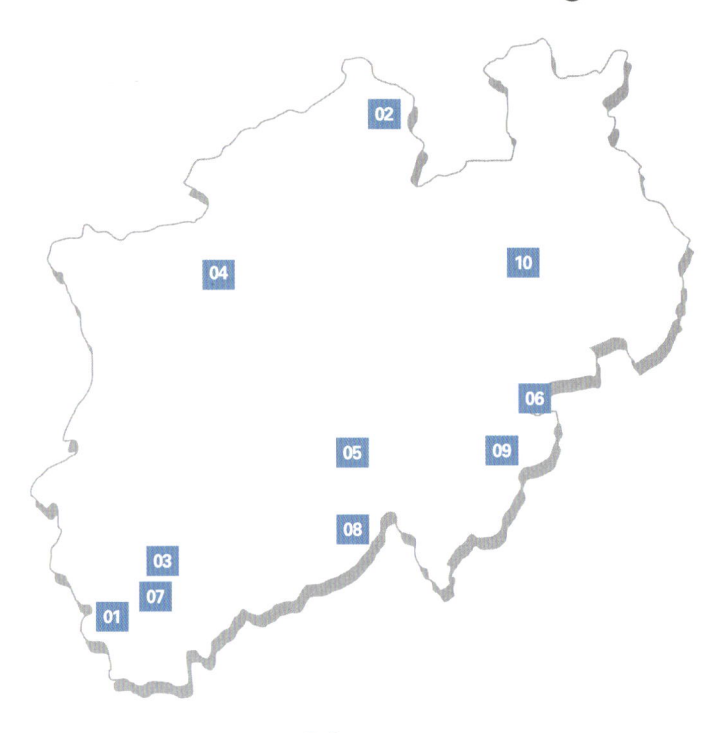

01 SEITE 10
Am Perlenbach
Auf zur Narzissenblüte!

02 SEITE 12
Friedensroute
Dem Frieden auf der Spur

03 SEITE 14
Wasserwandern auf der Rur
Paddeln in trügerischer Ruhe

04 SEITE 16
Ameisen-Barfußpfad
Keine Angst vor Krabbeltieren

05 SEITE 18
Radroute Wasserquintett
Die Eroberung des Bergischen Landes

06 SEITE 20
Der Rothaarsteig
Mit und ohne Speed

07 SEITE 22
Dreiborner Hochfläche
Den Elementen ausgeliefert

08 SEITE 24
Im Windecker Ländchen
Kein Empfang!

09 SEITE 26
Wittgensteiner Schieferpfad
Die Spur der Steine

10 SEITE 28
Emsradweg
Durchs Emsland fahr ich emsig ...

FRIEDE

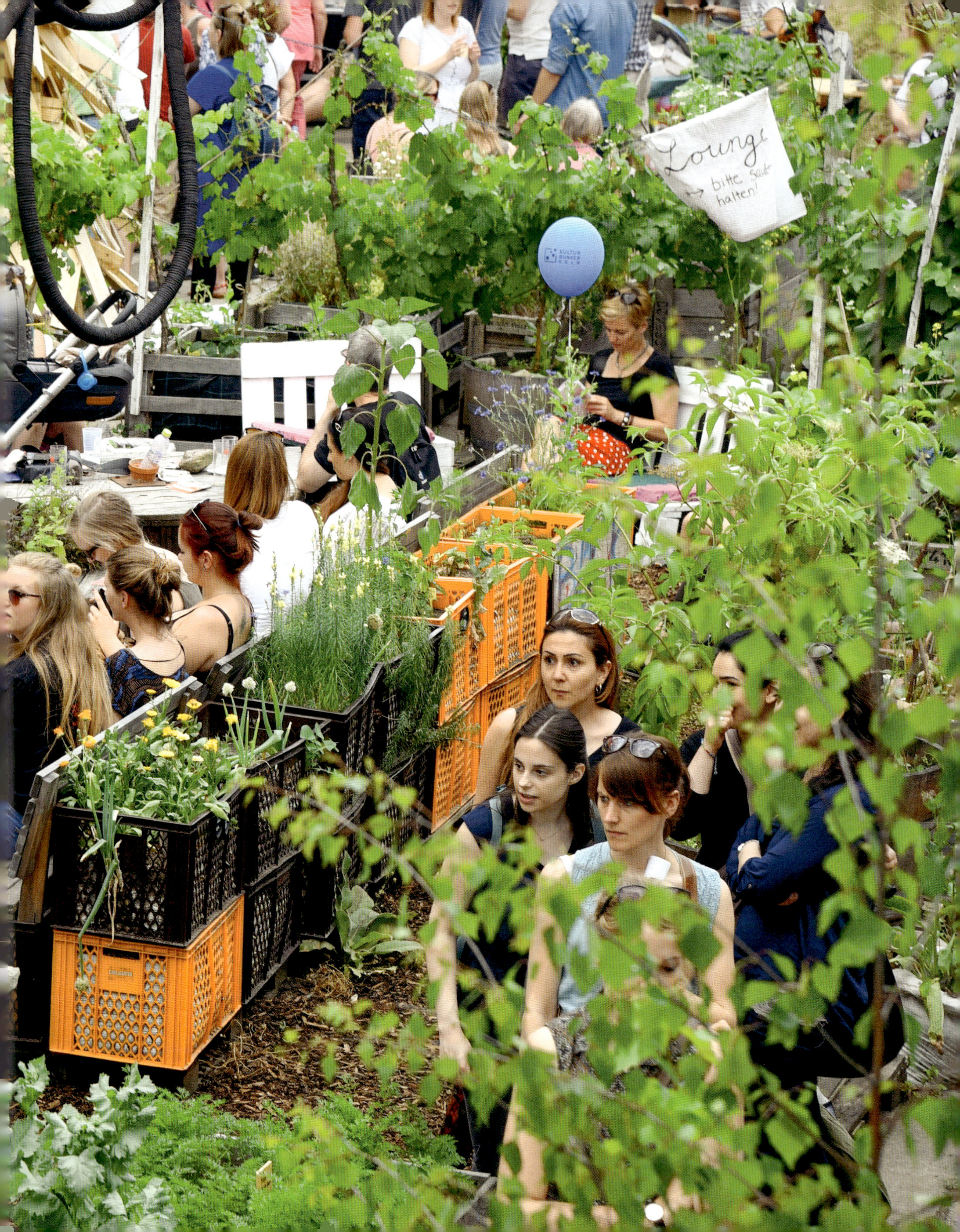
Lounge
→ bitte Sauber halten!
KULTUR BUNKER KÖLN

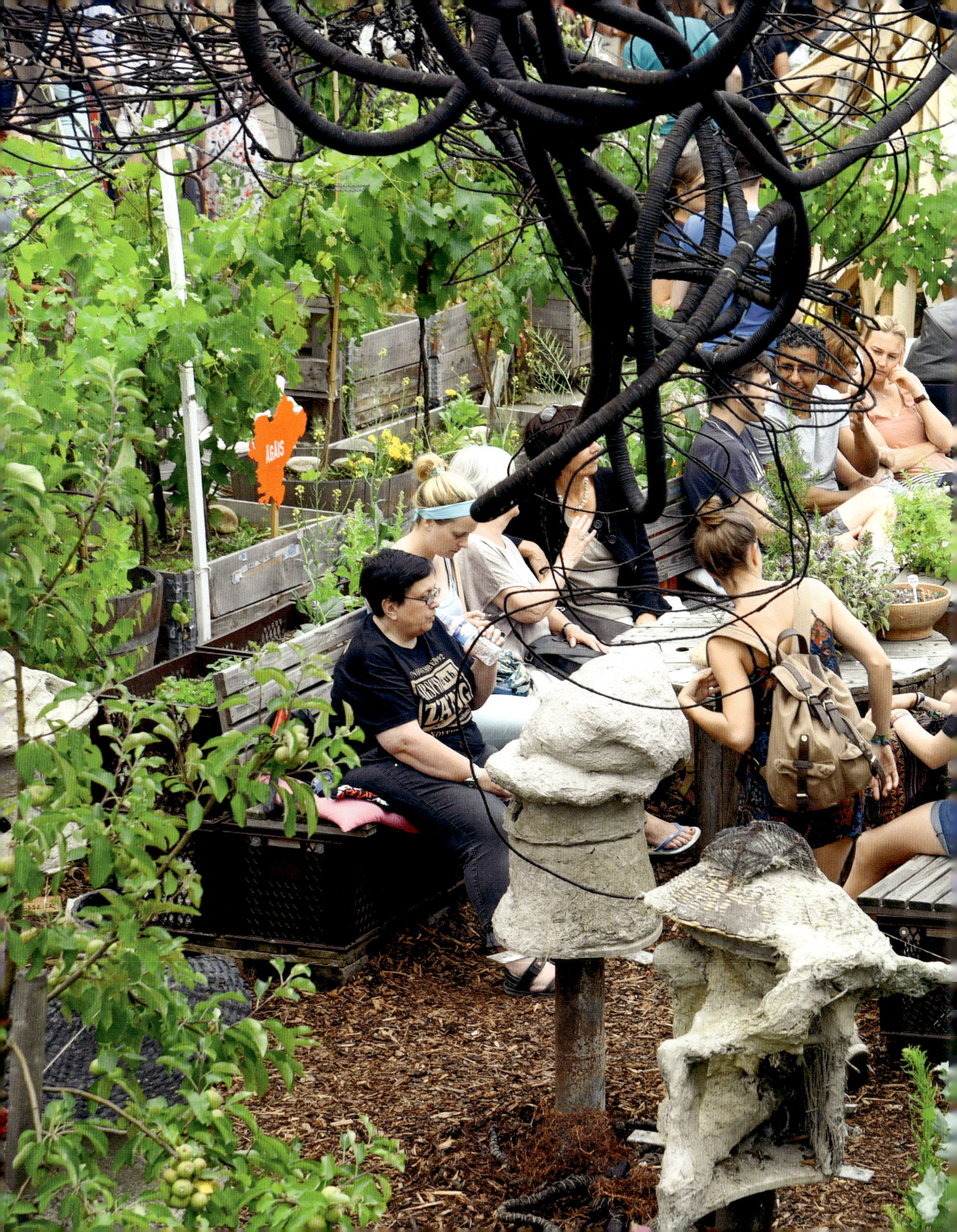
ÄGÄIS

Erdgeschichte

- 41 Die Schlade · 104
- 42 Rheinisches Braunkohlerevier · 106
- 43 Der Geologische Garten Bochum · 108
- 44 Dechen- und Attahöhle · 110
- 45 Felsenmeer Hemer · 114
- 46 Neanderthal Museum · 116
- 47 Der Buntsandstein · 118
- 48 LWL-Museum für Archäologie · 122
- 49 Freilichtmuseum Oerlinghausen · 126
- 50 Mineralogisches Museum Bonn · 128

Natur vor der Haustür

- 61 Plästerlegge · 154
- 62 Externsteine · 156
- 63 Gartenkunst in Schloss Dyck · 158
- 64 Wahner Heide · 160
- 65 Bislicher Insel · 162
- 66 WisentWelt Wittgenstein · 164
- 67 Die Senne · 166
- 68 Großes Torfmoor · 168
- 69 Urdenbacher Kämpe · 172
- 70 Dülmener Wildpferde · 174

Architektur zum Staunen

- 81 Mies van der Rohe in Krefeld · 202
- 82 Balthasar Neumann · 204
- 83 Die Familie Böhm · 206
- 84 Weserrenaissance · 210
- 85 Wasserstraßenkreuz Minden · 212
- 86 Wasserburgen im Münsterland · 214
- 87 Die Schrägseilbrücken am Rhein · 216
- 88 Backsteinexpressionismus · 218
- 89 Hagener Impuls · 220
- 90 Bruder-Klaus-Kapelle · 222

Musikfestivals

- 51 c/o pop · 132
- 52 Summerjam Festival · 134
- 53 Rock im Revier · 136
- 54 Moers Festival · 138
- 55 Juicy Beats Festival · 140
- 56 Open Source · 142
- 57 Haldern Pop Festival · 144
- 58 Schumannfest Düsseldorf · 146
- 59 Vainstream Rockfest · 148
- 60 Zeltfestival Ruhr · 150

Deutsche Geschichte

- 71 Ordensburg Vogelsang · 178
- 72 Bonn · 180
- 73 Die Krupps in Essen · 184
- 74 Kaiserpfalzen · 186
- 75 Via Belgica, Via Agrippa · 188
- 76 Ausweichsitz NRW · 190
- 77 Drachenfels · 192
- 78 Die Schlacht im Teutoburger Wald · 194
- 79 Haus der Geschichte · 196
- 80 Das Täuferreich von Münster · 198

Städte neu entdeckt

- 91 Kölner Dom · 228
- 92 Düsseldorf und der Rhein · 232
- 93 Aachener Printen · 234
- 94 Orgelbau Klais in Bonn · 236
- 95 Konzerthaus Dortmund · 238
- 96 Nordrhein-Westfälisches Landgestüt · 242
- 97 Paderborn · 244
- 98 Der Hexenbürgermeister von Lemgo · 246
- 99 Essen-Kettwig · 248
- 100 Zollfeste Zons · 250

Alle Ausflüge auf einen Blick

Draußen unterwegs

- 01 Am Perlenbach · 10
- 02 Friedensroute · 12
- 03 Wasserwandern auf der Rur · 14
- 04 Ameisen-Barfußpfad · 16
- 05 Radroute Wasserquintett · 18
- 06 Der Rothaarsteig · 20
- 07 Dreiborner Hochfläche · 22
- 08 Im Windecker Ländchen · 24
- 09 Wittgensteiner Schieferpfad · 26
- 10 Emsradweg · 28

Abenteuer und Entspannung

- 21 Wellnessoasen · 60
- 22 Outletdorf Bad Münstereifel · 62
- 23 Neue Häfen · 64
- 04 Das Wunderland Kalkar · 66
- 25 Die Japanische Gemeinde Düsseldorfs · 68
- 26 Senfmühle Monschau · 70
- 27 Maximilianpark Hamm · 72
- 28 Kohlenmeiler Walpertsdorf · 74
- 29 Biere in NRW · 76
- 30 Pferderennen · 78

Kunst und Kultur

- 11 Schloss und Kloster Corvey · 32
- 12 Museum Abteiberg · 34
- 13 Red Dot Design Museum · 36
- 14 Museum Insel Hombroich · 38
- 15 Wallfahrt nach Kevelaer · 42
- 16 Archäologischer Park Xanten · 44
- 17 Lehmbruck-Museum · 46
- 18 Bad Salzuflen · 48
- 19 MARTa Herford · 50
- 20 EL-DE-Haus · 54

Auf der Route der Industrie

- 31 Aquarius Wassermuseum · 82
- 32 Zeche Zollverein · 84
- 33 Deutsches Bergbaumuseum · 86
- 34 Gasometer Oberhausen · 88
- 35 Müngstener Brücke · 90
- 36 Landschaftspark Duisburg-Nord · 92
- 37 Textilfabrik Cromford · 94
- 38 Industrienatur · 96
- 39 Schiffshebewerk Henrichenburg · 98
- 40 Wuppertaler Schwebebahn · 100

Inhalt

RAUS MIT EUCH!
Draußen unterwegs
Seite 8–29

LAUT UND SCHMUTZIG? LÄNGST NICHT MEHR!
Auf der Route der Industrie
Seite 80–101

GLANZ UND SCHATTEN
Deutsche Geschichte
Seite 176–199

VERGISS DEN ALLTAG!
Kunst und Kultur
Seite 30–57

WAS DIE ERDE ERZÄHLT
Erd- und Menschheitsgeschichte
Seite 102–129

SCHAUT EUCH DAS AN!
Architektur zum Staunen
Seite 200–225

DAS BRINGT SPASS
Zwischen Entspannung und Abenteuer
Seite 58–79

VON LAUT BIS LEISE
Musikfestivals
Seite 130–151

DER REIZ VON DETAILS
Städte neu entdeckt
Seite 226–251

GROSS INSZENIERT
Natur vor der Haustür
Seite 152–175

100 IDEEN FÜR AUSSERGEWÖHNLICHE AUSFLÜGE

NRW

ENTDECKE NRW

100 Ideen für außergewöhnliche Ausflüge

DUMONT